U0612979

水土资源约束下我国
粮食安全问题研究

高江涛　著

中国农业出版社

北　京

图书在版编目（CIP）数据

水土资源约束下我国粮食安全问题研究／高江涛著.
北京：中国农业出版社，2025. 2. -- ISBN 978-7-109
-33062-7

Ⅰ. F326.11

中国国家版本馆 CIP 数据核字第 2025L8D469 号

中国农业出版社出版

地址：北京市朝阳区麦子店街 18 号楼
邮编：100125
责任编辑：边　疆　张潇逸
版式设计：杨　婧　责任校对：张雯婷
印刷：北京中兴印刷有限公司
版次：2025 年 2 月第 1 版
印次：2025 年 2 月北京第 1 次印刷
发行：新华书店北京发行所
开本：720mm×960mm　1/16
印张：12.5
字数：231 千字
定价：98.00 元

版权所有·侵权必究

凡购买本社图书，如有印装质量问题，我社负责调换。

服务电话：010 - 59195115　010 - 59194918

　　本书的出版得到河南省高等学校青年骨干教师培育计划项目——"一带一路"框架下农业资源走廊建设问题研究（2021GGJS061）、2020 年度国家社会科学基金一般项目"基于粮食安全目标的国际粮食资源利用机制与制度优化研究"（20BGJ016）、江西省社会科学院一般课题"以大食物观保障江西省粮食安全的路径研究"（23ZXYB10）、江西省社会科学院一般课题"农业强国视域下我国粮食产业链韧性提升研究"（23GJPY13）资助。

前　言

　　"十四五"时期是开启全面建设社会主义现代化国家新征程的第一个五年，立足世界百年未有之大变局，面对中华民族伟大复兴战略全局，保障国家粮食安全对人类命运共同体的构建具有非同寻常的价值和意义。当前我国粮食连年丰收，但粮食安全根基仍需进一步筑牢，尤其是粮食生产资源供给不足、匹配不均衡、利用不合理等问题仍然存在。面对我国粮食需求的刚性增长、水土等生产资源供给的硬约束、进口国外粮食的不确定性等挑战，未来我国粮食供需还将长期处于紧平衡状态。因此，要根据新形势下国家粮食安全新战略，结合我国国情、民情、粮情，深入探索我国粮食安全发展模式、实现路径与保障机制，这对建设农业强国、推进社会主义农业现代化、实现第二个百年奋斗目标具有重要现实意义和理论价值。

　　本书基于经济学和管理学相关理论，以全国及 13 个粮食主产区为研究对象，从水土资源的视角出发，探索研究我国粮食安全问题。首先梳理 2001—2021 年我国粮食的供给、需求、贸易等现状，客观评价我国粮食安全的总体状况；其次从我国实体水土资源情况出发，对全国及粮食主产区水土资源的区域特征和时空匹配格局进行分析，揭示水土资源对我国粮食安全的硬约束；再次从虚拟水土资源的视角，研究国内虚拟水土资源盈亏量和空间分布规律，并探索影响国际粮食虚拟水土资源贸易的主要因素和驱动力；然后依据实证分析结果和我国粮食安全战略规划，结合资源禀赋理论和产业发展理论，探索构建四种粮食安全发展模式，并从理论和现实层面勾勒符合我国各区域发展和需要的粮食产业带；最后提出水土资源约束下符合我国国情的粮食安全实现路径及保障机制。

　　具体来看，本书研究内容如下：第一、二、三章依据资源稀缺、要素禀赋、公共产品等相关理论，对水土资源与我国粮食安全关系的机理进行分析，得出对我国实体水土资源的过度消耗和不合理利用，以及对虚拟水土资源的过度依赖，都会对我国粮食安全产生不利影响。保护性开发国内水土资源与适度利用国内外粮食虚拟水土资源，能够有效保障我国粮食长久安全。第四章通过对我国粮食生产、贸易、消费、水土等粮食生产资源的可持续发展现状进行分析，发现我国粮食刚性需求增长、国际贸易量大、来源国集中度高、进口品种单一，而我国粮食生产供给受水土资源约束较大，这不利于我国粮食安全。基于产业安全理论，运用 DEA 与影子价格相结合的分析方法对我国粮食产业安全进行实证评估，结果表明，2001—2021 年我国粮食产业总体处于安全状态，但是个别年份，尤其是近几年受贸易政策、政治关系、自然灾害、突发事件等影响，我国粮食产业安全具有风险性。综合来说，提升粮食自给率、降低对外依存度、增强国际竞争力能够有效保证和提升我国粮食安全。第五、六章作为本书的重点，分别从实体水土资源和虚拟水土资源的视角实证分析我国粮食安全。其中在实体水土资源实证分析部分，用 Lisa 聚类分析图、要素转移重心模型、修正的耕地压力指数模型、粮食安全驱动力模型及粮食安全评估模型等方法，综合得出，粮食生产大省多年来以水土等自然资源消耗为代价，为国家粮食安全做出了卓越贡献，所以保护国内水土资源，促进水土资源的可持续发展，是解决现阶段国内水土资源对我国粮食安全约束的重要路径。在国内外虚拟水土资源实证分析部分，通过计算虚拟水土资源盈亏量和运用随机前沿引力模型，得出粮食主产区的水土资源可以供养本地区人民，但是就支撑全国人民的粮食需求来说具有较大压力。所以我国要想提升粮食市场竞争力、弱化外资市场控制力，就要继续积极参与和搭建全球贸易合作平台，选取具有合作优势的粮食贸易国，不断拓展和发掘国际间优质粮食资源。第七、八、九、十章结合我国各区域水土资源分布状况，分别构建纵横交错、纵向延伸、径向发散、横向拓展的粮食安全发展模式，并根据这四种发展模式，分别对国内的经典案例进行分析。同时结合水土资源的分布特征和粮食作物的生产规律，在已有粮食资源的基础上优化布局粮食产业带。然后从"以我为主、立足国内、确保产能、科技支撑、适度进口"方面提出水土资源约束下我国粮食产业发展的实现路径，并提出强化政策制定、创新组织管理、完善利益补偿、健全法律法规、明确责任追究的保障机制。最后归纳总结研究结论并对未来提出展望，以期为国家和政府部门在当前水土资源约束下保障我国粮食长久安全提供参考。

　　本书是在自己博士论文基础上修改完成的一部学术著作。由于自身理论基础和实践经验有限，书中某些结论和建议难免会有疏漏和不当之处，请理论界学者和实务界专家批评指正。

著　者

2024 年 10 月

目　　录

第一章 绪 论

第一节 研究背景与意义

一、研究背景

"民以食为天，食以粮为本。"粮食是人类生存之本、社会发展之基，更是关系国计民生的重要战略物资。保障国家粮食安全是各国政府和科研人员长期以来重点关注的重大问题。国际著名学者莱斯特·布朗曾"三问"中国的粮食安全问题，发表了《谁来养活中国一文》。有学者认为，布朗所担心的"谁来养活中国"纯属一个伪命题[1-2]。2020年以来，全球新冠疫情和百年变局叠加共振，在蝗灾、水害、全球气候变暖、地区冲突等多种特殊事件的考验下，全球粮食安全显得尤为重要[3-4]。联合国的预警报告曾指出，2022年共有25个国家处于严重饥饿风险[5]。中国作为世界大国之一，人口不足世界总人口的20%而耕地只占全球的9%左右，淡水资源大概仅占6%，水土资源严重匮乏的基本国情决定了在相当长的时期内我国粮食供求仍将处于紧平衡状态[6]。

一直以来我国政府都高度重视粮食安全。2020年以来，各级政府及各部门都对粮食安全做出重要指示。"十四五"规划中明确指出，要增强农业综合生产能力，夯实粮食生产能力基础，坚持最严格的耕地保护制度，强化耕地数量和质量提升，严守18亿亩*耕地红线，遏制耕地"非农化"、防止"非粮化"。2020年11月17日国务院办公厅印发《关于防止耕地"非粮化"稳定粮食生产的意见》，指出要采取有力措施防止耕地"非粮化"，切实稳定粮食生产，牢牢守住国家粮食安全的生命线[7]。2022年10月16日党的二十大再次明确提出，要全方位夯实粮食安全根基，牢牢守住十八亿亩耕地红线，确保中国人的饭碗牢牢端在自己手中。2023年12月29日十四届全国人大常委会第七次会议通过了《中华人民共和国粮食安全保障法》，首次将国家粮食安全以立法的形式提到了一个新的高度[8]。2024年中央1号文件也从耕地保护、农机装备、农业基础建设、农业科技、农业经营体系等方面强调如何抓好粮食安

---

* 亩为非法定计量单位，1亩=1/15公顷。——编者注

全[9]。2024 年 3 月 12 日国务院印发《新一轮千亿斤粮食产能提升行动方案（2024—2030 年）》，提出全面实施新一轮千亿斤*粮食产能提升行动，全方位夯实国家粮食安全根基，到 2030 年实现新增粮食产能千亿斤以上，进一步增强全国粮食综合生产能力，牢牢把握粮食安全主动权。2024 年 12 月底召开的中央农村工作会议也强调，要坚决扛牢保障国家粮食安全重任，持续增强粮食等重要农产品供给保障能力，稳定粮食播种面积，深入推进粮油作物大面积单产提升行动，加强农业防灾减灾能力建设，确保粮食稳产丰产。

习近平总书记强调："粮食多一点少一点是战术问题，粮食安全是战略问题"。粮食安全是"国之大者"，粮食事关国运民生[10]。2024 年 3 月，习近平总书记在湖南考察时强调，湖南要扛起维护国家粮食安全的重任，抓住种子和耕地两个要害，加快种业、农机关键核心技术攻关。2024 年 12 月在中央农村工作会议召开之际，习近平总书记指出"要严守耕地红线，高质量推进高标准农田建设，强化农业科技和装备支撑，确保粮食和重要农产品稳产保供"[11]。

新中国成立以来，经过几代中国人的不懈努力，实现了亿万人民由勉强温饱到丰年有余，再到全面建成小康社会的历史性跨越。2024 年我国粮食总产量高达 14 130 亿斤，首次突破 1.4 万亿斤，创历史新高[12]。然而，也要看到在这个数字背后我们所付出的巨大努力[13]。我国农业长期处于一种自给自足的农业生产模式，实际上就是立足国内既有生产条件，最大限度地开发农业资源来保障我国粮食安全。在生产技术和机械水平没有重大突破的情况下，持续追求粮食数量的增长，在资源禀赋的约束下将会加剧生态环境的恶化，同时将限制粮食的增产。当前国内人均耕地面积仅有 1.36 亩左右，不足世界平均水平的 40%，耕地产能自给率为 80%，同时我国人均水资源仅为世界平均水平的 25%，远远低于其他国家，水土资源已经成为限制我国农业发展的最大约束因素[14]。最新的《全国土壤污染状况调查公报》显示，我国耕地点位超标率为 19.4%，主要受到重金属和有机物的污染。同时，新型污染物（如微塑料等）在土壤中的积累也日益严重，进一步影响了农产品质量安全。截至 2023 年，我国耕地质量平均等级为 4.76，按照我国耕地质量等级由高到低依次划分为 1 至 10 等，其中 7 至 10 等的低质量耕地占 22%，数量超过 4 亿亩，南方酸化地、北方盐碱地等局部耕地质量退化仍未根本扭转，我国耕地质量等级总体不高[14]。严峻的水土资源形势和国家粮食安全保障的重任，使得资源保护与粮食安全处于两难的境地：一是粮食需求刚性增长，对水土资源的消耗呈增加态势；二是农业供水不足和耕地资源有限，用于粮食生产的水土资源供

---

* 斤为非法定计量单位，1 斤＝500 克。——编者注

给呈下降趋势，两者矛盾更加凸显了水土资源要素对粮食生产的制约[15]。面对当下这种局面，如何促进水土资源与粮食安全的和谐发展，实现资源与粮食的双安全，成为当前研究关注的焦点。

（一）人口总数庞大，对粮食刚性需求大

基于我国人口总量多、城市化进程加快、人们生活水平提高等国情，粮食等产品的需求量呈刚性增长趋势。根据国家统计局官网数据，2023 年末全国人口共 140 967 万人[16]。另外，2023 年我国城镇化率已经高达 66.16％，有研究显示，每增长 1％的城镇化率，国内粮食的需求量就会增加 100 亿斤。据预测，我国十年后的城镇化率将会突破 70％，也就是说至少 1 亿农村人口会进入城市[17]。随着中国城市化进程的加快，大量人口从农村转移到城市。城市人口的饮食结构与农村有所不同，对加工食品、肉类等需求更高，这进一步增加了对粮食的间接需求。因为生产肉类需要大量的饲料粮，城市居民对便捷食品的需求也促使粮食加工产业的发展，而这些产品的基础依然是玉米、大豆等粮食作物，同时这对粮食等农产品数量和质量的提升提出了更高的要求。中国庞大的人口总数也决定了对粮食的刚性需求巨大，这就要求中国在粮食的生产、储备、分配等各个环节都要做好规划和管理，以确保粮食安全。

改革开放至今，在工农业剪刀差的发展模式下，农业在时代浪潮中逐渐失去竞争优势。另外，农村人口结构的改变也推动着农业劳动力产生变化，具体表现为农业劳动力女性化、老龄化、弱质化问题突出。中国正在步入老龄化社会，老年人的饮食需求也有其特点，如对营养丰富、易于消化的粮食制品需求较大。这也在一定程度上影响着粮食的需求结构和总量，需要更多种类的适合老年人食用的粮食产品来满足这部分人口的需求。中国老龄科学中心的调查数据显示，在我国农村地区 60～64 岁、65～69 岁、70～74 岁的人群中依然分别有 62.72％、47.61％和 29.24％的人在从事农业生产[18]。随着"人口红利"的消失，上一代务农人员的退出，未来"谁来种地、如何种地"，以及如何保障粮食安全成为我国农业发展中亟待解决的一个重要问题。依据舒尔茨和贝克尔等专家提出的人力资本理论，农业人口的老龄化致使种粮农民的生理机能下降和思想观念僵化等，这会影响农业生产，如果不及时采取适当的应对措施，会危及国家粮食安全[19]。

（二）农业用水总量不足

水是人类万物生存的第一资源，也是粮农作物生产的基础要素，水资源与农业的安全问题备受世界各界关注。当前一些国家一味追求高速的经济发展，

以至于其处于水资源危机之中，据报道每年有 300 万～400 万人死于与水有关的疾病。我国多年平均水资源总量约 2.8 万亿立方米，居世界第 6 位，而人均水资源量仅 1 986 立方米，不足世界人均水平的 1/4，单位耕地面积的水资源量仅为世界平均水平的 1/2。特别是水资源与其他社会资源的空间分布不匹配，国土面积、耕地面积、人口和 GDP 分别占全国 64%、60%、46% 和 44% 的北方地区，其水资源量仅占全国的 18%，"水缺" 比 "地少" 更为严峻。在北方水资源紧缺形势下，我国粮食生产重心仍在不断北移，北方粮食产量占全国粮食总产量的比重由 2000 年的 36.7% 增加到 2020 年的 63.3%，全国 5 个粮食净调出省份中北方省份占 4 个。2024 年 3 月 8 日 *Nature Water* 也发文指出："21 世纪全球 52% 的灌溉面积扩张发生在已经面临水资源压力的地区，虽然增加了全球作物产量，但也导致了对淡水资源更大的压力"。在我国北方水资源紧缺地区，农业过度开发导致农业用水量大，加之用水效率低，引发了华北平原严重的地下水水位下降、西北内陆河流域下游土地沙化、沙进人退、绿洲萎缩、东北地下水水位大幅度下降、湿地退化等生态环境问题，进一步加剧了区域水资源短缺，对农业可持续发展和人类生存环境形成了严峻挑战[20-21]。

我国以灌溉农业为主，每年的农业用水约占全国总用水量的 60%。全国共有灌溉耕地 6 714.1 万公顷，占总耕地面积的 49.81%，粮食产量约为全国总产量的 70%。据统计，全国每年的农业用水缺口约 300 亿立方米[22-23]。全国粮食生产重心北移以后，将会加剧原本生态脆弱和水资源分布不均的北方地区水—土—粮的失调，区域间的水土资源不协调和粮食生产集中度过高会恶化粮食生产环境，甚至严重制约我国粮食安全[24]。北方地区每年的农业缺水近 200 亿立方米，全国每年超采地下水约 160 亿立方米，并且华北和西北地区水资源开发已经趋近于饱和[25-26]。在灌溉用水方面，我国的灌溉用水利用效率仅为 50%，大概比发达国家低 20%，比以色列低 40%，我国水资源短缺与浪费并存[26-27]。另外，我国农业水效指标与国际先进水平仍然有较大差距，全国灌溉水利用系数为 0.576，粮田单方灌溉水生产力为 1.80 千克，旱地降水利用率为 63%，而国际先进水平分别在 0.7～0.8、2.0 千克以上和 80% 以上。2023 年，全国农业用水 3 672.4 亿立方米，占全社会总用水的 62.18%，而目前我国农业用水的有效利用率仅为 40% 左右，远低于发达国家 70%～80% 的水平[20]。水资源的高效利用体现在水资源的利用过程中，利用效率低，也就代表着浪费严重。

（三）耕地资源有限

土地是人类生存与生活的重要资源，土地资源的开发与保护是全球共同关注的一个重要话题。近一个世纪以来人类的不合理利用造成的土地质量严重下降，具体来说就是土地的生产力、土壤、生物量、生物多样性、生态系统服务和环境修复能力的部分或全部丧失。国际组织及有关学者认为，土地退化主要是指水土流失、土地沙化和荒漠化、盐碱化、土壤污染、土地肥力下降等几个方面。土壤中的物理、化学和生物等功能的下降是制约粮食生产的重要因素[28]。土地资源对生态承载力起到决定性的作用，土地的退化将导致其他自然资源的恶性竞争，长此以往不仅会严重影响我国经济和环境的良好发展，甚至会危害人类的身心健康。在我国经济高速发展和人口不断增长的情况下，土地资源稀缺性的特点决定了土地对我们的生存和发展越来越重要。

我国虽然地域辽阔，但山地、高原等不适宜耕种的地形占比较大。从国土面积来看，耕地仅占国土总面积的 12.68% 左右，与一些耕地资源丰富的国家相比，总量相对有限。与世界人均耕地面积相比，我国人均耕地面积仅为 1.36 亩左右，不足世界平均水平的 40%。在一些人口密集的省份，如河南、山东等地，人均耕地更是少之又少，人地矛盾尤为尖锐。同时我国耕地在地域分布上呈现出显著的不均衡态势。从东、中、西部来看，东部地区地势平坦、气候湿润，耕地资源相对集中，是我国粮食的重要产区；中部地区耕地面积也较为可观，但随着经济发展，耕地保护压力渐增；西部地区受自然条件限制，山地、荒漠广布，耕地稀少且质量较低，生态环境脆弱，耕地开发利用难度大。

伴随着我国城市化和工业化的快速发展，再加上农业资源的高强度开发利用和不合理的施肥方式，导致一些地区的土壤有机质含量降低，土壤板结现象严重。传统粮食产区由于多年来大量使用化肥而忽视有机肥的施用，土壤中的微生物群落遭到破坏，土壤保水保肥能力变弱，影响了农作物的生长和产量，让我国水土资源总量不足和分布不均衡的劣势再次凸显，土地资源的污染和退化给我国耕地资源的可持续发展造成巨大的压力[29]。我国粮食的多年连丰除了对农化产品的高投入依赖外，更是对地力的严重消耗。相关调研资料表明我国耕地中土壤的有机质含量为 2.08%，比 20 世纪 90 年代初降低 0.07 个百分点。我国东北地区的黑土地水土流失面积约为 4.47 万平方千米，占黑土区总面积的 26.3%。另外全国耕地中的酸性土和盐碱土、盐渍化、荒漠化、沙化分别占总耕地的 60%、25%、27.21%、17.92%[30]。

（四）粮食进口量大，缺乏比较优势

改革开放后我国参与世界贸易范围逐渐扩大，尤其是从 2001 年加入世界贸易组织（WTO）后，与世界各国有了更多的粮食资源贸易。在国际粮食市

场不断深度融合的背景下，国内粮食需求只增不减，粮食供需矛盾开始逐年加剧，以国际粮食市场来解决国内粮食余缺已成为保障我国粮食安全的重要组成部分。在国际贸易保护势力的影响下我国粮食贸易受到挑战，尤其是中美贸易争端、新冠疫情、国际粮食的金融化和能源化、地区冲突等事件的影响下，让我国在国际粮食市场处于竞争劣势[31]。具体来说，我国 2000 年的粮食进口量为 1 357 万吨，2010 年增长到 6 051 万吨，再到 2023 年的 16 196 万吨，处于翻倍增长趋势[31]。分析近些年中国粮食贸易的数据，能够知道我国的粮食贸易存在以下风险。

一是粮食进口数量稳增不减。根据公开数据，2023 年我国进口的粮食总量达到 16 196 万吨，同比增长 11.7%，为历史第二高位。而 2023 年我国粮食总产量是 69 541 万吨，2023 年我国进口粮食占我国粮食产量的比重达到 23%，进口粮食占我国整体粮食消费量的比重也达到 20%左右。究其原因，首先是随着人口的增长和消费结构的变化，我国的粮食需求量不断增加。特别是随着城镇化的进程，人们生活水平的提高带来消费结构的变化，也极大地推动了粮食消费量的增加。其次是尽管我国的粮食产量连续多年保持稳定增长，但消费结构变化导致粮食结构性短缺，所以依然需要通过进口来弥补缺口。最后是随着畜牧业的发展，对饲料粮的需求不断增加，这也推动了粮食进口的增长。

二是国内外粮价价差不利于我国粮食贸易。国际粮价之所以比国内低，主要是因为：发达国家以政策支持为主导的成熟规模化和产业化的粮食生产，在粮食生产过程中就降低了成本；发达国家对农户大量的农业补贴政策，让粮食成为可以受国际资本操纵的农产品，从而控制国际粮食价格[32]。国内粮价之所以比国外高，主要是因为：以小农生产为代表的粮食生产本身就具有低生产效率和高生产成本的特性，再加上以种子、化肥、农药等为代表的生产资料价格的上涨，在粮食生产的源头就处于高成本的劣势；我国的垄断性收储性质和最低收购价为代表的粮市托底机制，不仅抬高了我国粮食价格，也造成了巨大的财政负担；国际结算方式和金融资本的汇率等也对国内外粮价价差的形成具有举足轻重的作用[33]。这些年在粮食生产成本及汇率等多种因素的作用下，国内外粮食价格一直处于一种稳定的价格差距，面对我国大豆和玉米居高不下的需求量，我国粮食市场的对外依赖性会越来越强，这不利于我国粮食安全。

三是粮食进口集中度高。一方面，粮食进口产品集中。中国粮食的进口品种结构不平衡，国际市场上相应粮食品种供给结构出现较大变动的时候，国内的市场难以应对这种变化。大豆是最主要的进口粮食，然后是玉米、小麦和稻米，从 2001—2023 年的数据来看，大豆进口规模要比其他粮食进口规模更大，多数年份都占据四种主要进口粮食进口规模的 80% 以上,并且国内的大豆产量一直在较低的水平,若国际市场大豆供给大幅度下降,中国的大豆需求会难以保障。此外,近年来,随着生物燃料和禽畜业的发展,对玉米的需求也在迅速增加,但是国内玉米的产量并没有增加多少,因此玉米的进口量也随之成倍增长,已由 2016 年的 317 万吨增长到 2023 年的 2 714 万吨,在短短八年增长了 8 倍多。另一方面,中国粮食进口市场过于集中。较少的几个进口来源国或地区,在中国粮食进口上处于垄断地位。进口方面,美国是中国最重要的粮食进口来源市场,中国进口的小麦、玉米、大豆这三大类粮食,美国都是主要进口来源国家,而且在部分年限占比都超过了一半,加剧了中国粮食进口贸易中的风险[34]。市场过分集中可能会出现当粮食贸易风险发生时难以通过灵活的方式进行转移的情况,从稻米、玉米、小麦的总生产量与其进口量的比例和进口依存度来看,中国稻米进口市场较高的集中度不会对中国的粮食产生较大的影响,但是几乎所有年份大豆进口占粮食进口的份额都在 80% 以上,是所有粮食中进口量最大的,且进口依存度一直处于较高水平。大豆的主要三个进口来源国是美国、阿根廷和巴西,若这三个国家因为国内政策变化对中国进行粮食禁运,或者国内发生某些自然灾害,会对中国造成比较严重的影响[35]。例如,近年来以美国为首的贸易保护主义不断抬头,某些国家为了维护本国农产品市场的稳定,限制本国农产品的出口。某些国家甚至采取包括高标准检疫证明和管理配额等在内的非关税限制性措施来抑制国际贸易,这将严重阻碍世界粮食贸易市场的自由化发展[36]。在这种局势下,如果粮食生产大国突然采取限制粮食出口的措施,将会打破固有的贸易平衡,冲击全球粮食价格,这必然会对我国的粮食贸易发展产生不利影响。

二、研究意义

(一)理论意义

一是丰富了我国粮食安全研究的理论体系。由于粮食安全的内涵处于动态变化之中,在学术界始终属于不断探索的状态,因此,在新时期、新的发展战略规划下,面对现阶段我国社会主要矛盾的转变,如何满足人民日益增长的美好生活需要,需要更加关注粮食的供需结构和产品质量问题。立足国内当下实际情况,如何理解和应对有限资源与经济发展的关系、资源约束与粮食安全的关系、水土资源利用与粮食安全保障的关系,如何确保资源保护与经济发展的协同共赢,对于实现生态资源与粮食产品的"双安全",推动我国粮食安全的可持续发展具有一定的理论参考意义。

二是界定了粮食安全的概念。科学界定粮食安全的概念是应对和破解我国粮食安全问题的前提，但由于粮食安全的概念具有与时俱进的动态变化特征，所以目前相关概念界定模糊，缺乏统一性和特异性。本书结合国内外已有的研究成果和当前我国粮食安全的实际情况指出，粮食安全是国家主体为其人民生存和生活所需提供数量充足、品质健康、价格合理、结构均衡粮食的供给保障的能力。该概念的界定属于国家层面的粮食安全，认为一国的粮食安全要立足国内，以我为主，但是不能局限于本国之内，在我国社会主义市场经济体制下，要结合国际国内市场来论述我国粮食安全。粮食安全不只是数量和质量问题，更要看到深层次的国内粮食生产资源的约束等一系列问题和当前国内国际形势下未来我国的粮食安全可持续发展问题。所以本书遵循了"从一般到特殊，从抽象到具体"的思维方法，将抽象的粮食安全具体化为保障粮食产量充足供给、提升粮食质量效益、畅通国际国内市场供给这三个可操作目标，拓展了粮食安全研究的理论内涵，对构建相关评价指标体系具有一定的参考价值。

三是构建了水土资源对粮食安全约束的研究框架。基于刚性需求—资源约束—国内生产供给和国际虚拟资源补充的总体脉络来研究我国粮食安全问题。从理论层面对水土资源与粮食安全的制约和保障关系机理进行论述，对我国的粮食安全基本情况做出分析，再对我国水土资源的区域间分布状况、粮食生产资源配置等方面进行深化研究，从时空两个维度拓宽粮食安全水土资源的研究视角，从国际和国内、宏观和微观等多个层面提出科学合理的水土资源约束下我国粮食安全的实现路径和保障机制，为后继学者对国家层面的粮食安全研究提供了可借鉴的分析框架，对理解和把握粮食安全的研究思路及实现路径起到一定的理论指引和启发意义。

(二) 现实意义

第一，有利于优化我国粮食生产供给结构，实现粮食科学布局。长期以来，我国粮食总体产能充足，然而结构性产品和优质特色产品经常面临市场供给不足的局面。改变这种大而不强、多而不忧的国内供给局面，需要立足国内，宏观把控我国自然资源分布特征，因地制宜，科学合理布局和规划国内粮食生产供给结构，弥补国内粮食市场供给的品种不足和数量不够现状。同时，调整资源的开发利用与循环更新，确保粮食生产资源的数量和质量，保证粮食产品的优质供给。因此本书实证分析了我国粮食主产区水土资源与粮食生产的协调程度，进一步探讨了以我为主，宏观调控粮食生产水土资源，并坚持立足国内，落实"藏粮于地、藏粮于技"的方针政策，确保优化粮食生产供给结构的可行路径，为促进我国粮食产区的科学布局、提升我国粮食产能、优化粮食生产供给结构提供政策参考。

第二，有助于推动我国粮食安全转型升级，促进粮食生产供给的可持续。面对当前我国粮食安全存在的诸多隐患，以往"高投入、高能耗、高污染"的粗放型发展模式已不再符合新发展阶段我国粮食产业可持续发展的方针政策，绿色、高效、优质的粮食安全保障措施才是高质量发展阶段转型升级的要求。未来我国粮食提质增效和高效供给将更依赖于优质自然资源、科技创新与技术进步的驱动作用，这也是当前及未来我国"藏粮于地"的高标准农田建设和"藏粮于技"的种业振兴方针有效结合来实现粮食产业更高效率和更高质量发展的目的。基于此，本书对我国粮食供需状况和粮食生产水土资源的数量、质量、空间分布、开发利用现状进行总体分析，通过实证分析探讨各地区及研究期内粮食生产水土资源的时空变化特征，以及水—土—粮的匹配情况等，试图掌握我国水土资源对粮食安全的约束情况和制约因素，进而为探索解决水土资源约束下我国粮食安全的转型升级问题和促进我国粮食安全的可持续发展寻找出路。

第三，有益于探索我国粮食安全的实现路径和保障机制，维护国家总体粮食安全。目前，党和政府高度重视我国粮食安全问题，对于我国粮食安全的实现路径一直处于探索发展阶段。如何基于"粮食安全新战略"，结合以国内大循环为主体、国内国际双循环相互促进的新发展格局，从我国实际情况出发，探索国家总体的实现路径和保障机制来保障我国的粮食安全，仍然是尚未解决的棘手问题。作为农业大国和人口大国，在百年未有之大变局的关键转型发展期，深入探索和拓展资源约束下的粮食安全实现路径对我国当前及未来都起到决定性的作用。因此，本书根据前文实证分析的研究结论，结合最新的粮食安全相关方针政策，分别探索粮食安全发展模式和布局构建粮食产业带，再从国际和国内、宏观和微观层面探讨了我国粮食安全的实现路径及保障机制，将理论研究与现实状况相结合，为解决水土资源约束下我国粮食安全问题提供多方位、全面、充足的发展模式和路径选择。

第二节　国内外研究综述

一、有关我国粮食安全问题的研究

当前社会各界对粮食安全问题研究探讨的涉及范围广阔，研究角度丰富，基本涵盖了与粮食相关的政治、经济、生活的方方面面。结合已有文献分析可知，在不同的发展阶段和不同时期有不同的粮食安全概念，概括来说，粮食安全是指一个国家或地区基于当前发展阶段，能够确保所有人在任何时候都能够获取充足、安全和富有营养的粮食，同时维持本国或本地区粮食生产、消费、贸易等领域进行动态、有效平衡的政治经济活动。

很多专家从粮食的生产要素来分析粮食的生产安全。尹成杰指出，在不同阶段和不同区域，粮食综合生产能力的构成要素各不相同，基础要素、支撑要素、促进要素、保障要素是其主要组成部分，基础要素是水土资源，支撑要素由技术和科技组成，促进要素由作物布局结构和粮食品种结构组成，保障要素由生产者经营行为和扶持政策组成[37]。樊闽等则认为，粮食播种面积、土地开发力度、粮食单产水平、政策保障制度是决定粮食生产能力的重要因素[38]。郭燕枝等认为，提高粮食综合生产能力，要稳定粮食耕地面积、采取多熟制间作套种、重视农田水利建设、强化机械装备水平、稳定粮食生产资料和市场价格[39]。Cao X、Cheng M 等提出，提高耕地利用效率、灌溉效率、农业机械化水平能提升我国粮食产量[40-41]。何蒲明等用实证分析得出，提升我国粮食综合生产能力最根本的途径是在粮食的研发和生产环节加大投资力度，用优质粮种提高粮食单产水平，同时增加粮食复种指数，强化农业抗灾能力建设[42]。也有学者提出，农业面源污染将对我国未来的粮食安全造成不可估量的危害[43]。及时减少农化产品和辅助类生产资料在农业生产中的使用量，是扭转当前我国粮食不安全局面的重要方法，也是促进我国粮食提质增效的必要措施[44]。

粮食安全的研究离不开国际粮食贸易。傅龙波等提出，决定我国粮食安全的因素既包括粮食进口量，也包括粮食来源国，避免国际粮源进口渠道的单一集中化能够提高我国的粮食安全程度[45]。刘晓梅认为，在国际政治经济稳定的前提下，只要财政资金充足，可以通过国际粮食贸易满足本国的粮食需求，并且进口国外粮食有利于本国的生态环境改善和粮农资源保护[46]。李晶晶认为，我国的粮食自给率过高会导致粮食责任主体一味地扩大粮食播种面积和提升粮食单产，这容易造成生态环境破坏和污染，也不利于安全健康粮食的生产。"适度进口"国际优质粮食能够调整国内粮食余缺，优化国内粮食生产结构和粮农资源的配置，对我国农业产业化和粮食工业化发展起到一定促进作用[47]。汤洋等认为，控制一定的粮食自给率，适量进口国际粮食资源，既能够合理控制我国粮食安全水平，也能够发挥我国农业比较优势，分享国际农业分工带来的福利[48]。沈茂胜认为，我国人口众多，依赖国际粮食资源维持我国粮食安全是危险的，我们应该采用国内粮食供需紧平衡与国际粮食资源适度调配相协调的国家粮食安全战略[49]。

二、有关水资源与粮食安全的研究

（一）实体水与粮食安全研究

水资源是日益稀缺的战略性资源，国内外学者从水资源约束出发对粮农可持续发展的重要性都做出过不同程度的评价和分析。20 世纪末，美国学者莱斯特·布朗曾坦言，中国未来粮食安全的核心问题在于粮食生产扩大与水资源不足的尖锐矛盾，甚至会影响世界粮食安全。21 世纪初，在自然资源对农业生产约束日渐凸显的情况下，国内众多学者开始重视并提出水资源与农业可持续发展问题。近年来，随着全球气候变化和温度上升，水资源与粮食安全之间的矛盾逐渐被重视，国家粮食安全的可持续发展问题备受社会各界关注。

关于水资源对粮食生产的研究，大多数学者通过测算农业用水来分析粮食安全的发展现状及趋势。操信春等构建粮食生产用水综合评价体系，基于绿水和蓝水足迹的影响，从区域层面测算粮食生产与水资源利用之间的关系[50]。刘聪使用 CROPWAT 软件，运用彭曼公式测算中国各省份粮食作物的绿水、蓝水及灰水足迹，同时评价了粮食生产的耗水量及水资源利用效率，认为小麦、玉米和水稻的水资源消耗数量有明显的地区差异[51]。吕娜娜等提出，水资源是限制我国西北干旱区粮食生产与发展的重要因素[52]。罗海平、黄晓玲对我国 13 个粮食主产区的粮食生产水资源利用进行实证分析，结果表明，我国粮食主产区每增加 1%的水资源投入，就会增加 1.96%的粮食产出，强化水资源利用率是保障我国粮食安全的重要举措[53]。

阻尼系数能够反映水资源对粮食安全的阻尼程度，关于阻尼系数方法的运用，很多学者针对不同的对象进行过研究。诺德豪斯（Nordhuas）最早在其研究中明确指出，自然资源存在"增长阻尼"或"尾效"现象[54]。之后 Romer 对"增长阻尼"的概念做出解释，即是否受资源约束的经济增长之间的差值。依据索洛模型构建自然资源对经济增长阻尼效应的分析框架，测算经济增长的阻尼系数，测评资源限制对经济增长的制约程度[55]。国内学术界借鉴国外的研究成果，就国内水土资源对经济增长的阻尼效应进行了分析。2004 年薛俊波在其研究中指出，国内土地的经济增长阻尼为 0.017 5[56]。2005 年谢书玲等研究得出，水资源对经济增长的尾效为 0.001 397[57]。章恒全就 1978—2013 年我国水资源对各个产业的阻尼效应进行研究，得出第一产业受水资源阻尼影响最小，第三产业受水资源的阻尼影响最大[58]。近年来，李明辉等就山东 2001—2016 年水资源对粮食生产的阻尼系数进行测度，得出结果为

$0.000\ 22^{[59]}$。

（二）虚拟水与粮食安全研究

虚拟水一词由托尼·艾伦（Tony Allan）于 1993 年最早提出，一开始该概念是指农产品生产消耗的水，主要用来指代贸易中的粮食，指在整个过程中具有流动效应的虚拟水[60]。之后托尼·艾伦于 1996 年对虚拟水和虚拟水贸易概念的内涵做出更具体的概括，虚拟水指的是包含在产品中，人们为生产产品及服务需要而消耗的水资源。虚拟水贸易是指水资源不足国家通过贸易的方式购买水资源密集产品来满足本国对水资源的需求，虚拟水是以虚拟的形态存在于产品和服务中的"看不见"的水[61-62]。虚拟水不仅有经济价值，而且对地区生态恢复、社会发展、人民生活等方面具有重要作用[63]。

虚拟水概念最初在 2003 年由程国栋院士首次从国外引入，然后学术界开始展开对虚拟水的研究。虚拟水的研究为我国水资源不足和粮食安全等问题的探讨拓展了思路。程国栋院士对我国西北干旱地区进行虚拟水研究的时候发现，西北地区的社会经济系统中隐含着 567.7×10^{8} 立方米的虚拟水以贸易的方式在流通[61]。徐中民等通过研究 2000 年甘肃的城乡居民生产及消费产品的虚拟水含量，提出虚拟水战略对解决水资源短缺问题、提高水资源配置效率和改善人们消费模式等具有一定效果[64]。周俊菊等测算了甘肃主要农产品虚拟水含量，得出甘肃各地区农产品虚拟水含量差异较大，甘肃可以进行虚拟水贸易[65]。尚海洋等通过研究甘肃城镇 1992—2005 年的虚拟水消费量，并对各收入群体虚拟水消费特征进行分析，得出消费结构的改变和消费模式的改善能够节约一定的水资源[66]。尚海洋通过分析 2006—2012 年河南城乡居民人均食物虚拟水消耗量，得出城乡人均虚拟水消耗量与经济收入呈正相关关系。

虚拟水贸易的研究大多集中在粮食贸易方面[67]。程国栋院士认为，解决地区之间的粮食供给平衡和缓解水资源不足地区的水资源及生态问题可以采用虚拟水战略[61]。柯兵等认为，虚拟水资源的进口有利于促进我国水资源和生态资源的可持续发展[68]。刘红梅等通过随机前沿引力模型分析我国农产品虚拟水国际贸易的潜力和影响因素，指出虚拟水战略的实施要以国家为主导，才能发挥其最大效用[69]。马超等建议优化国内农产品贸易结构和促进贸易伙伴合作多元化，能够缓解我国农产品贸易结构单一的现状[70]。孙才志等计算分析 1999—2010 年中国各区域的虚拟水流量，指出中国地区间虚拟水贸易的主要驱动力是经济因素而不是生态环境因素[71]。王红瑞等以北京粮食虚拟水为研究对象，发现北京的粮食作物主要通过虚拟水来满足日常需求，呈逐渐减少趋势[72]。徐中民采用扩张式的分析框架,认为实施虚拟水战略的标准方式很多,不只有进口粮食这一种方式[73]。

从国外引进虚拟水研究至今,我国学者经过长期的探索取得了一定的收获,综合研究结果可知,虚拟水的研究对我国制定合理的水资源管理政策和农产品贸易规则等具有重要的指导意义[74]。

三、有关耕地资源与粮食安全的研究

(一)实体耕地资源与粮食安全的研究

国内外学者对中国耕地资源与粮食安全关系的研究从未间断,已有研究成果主要是从耕地的数量、质量等方面来开展研究工作。具体来说,我国政界和学术界重点关注耕地资源与粮食安全之间的关系。陈佑启认为,耕地资源利用不当会制约粮食生产环境、粮食生产面积、粮食生产水平等[75]。郭毅等研究表明,耕地利用结构的变化对粮食生产的约束性逐渐增强,但对粮食产量增长的影响不大[76]。胡岳岷提出,人地矛盾是我国粮食安全永远存在的制约[77]。张凤荣、张晋科等的研究表明,国内耕地资源减少会降低粮食产量[78]。也有学者从耕地质量的角度来分析粮食安全。傅泽强、蔡运龙等研究表明,人均耕地逐年减少会破坏粮食生产的自然条件,进而制约粮食安全;耕地总量与耕地质量应该处于一个平衡的动态变化中,这样才能在水土资源匹配不均和过度开发的利用过程中确保粮食安全[79]。张士功、王建湘提出,耕地资源安全是粮食安全问题的核心,耕地资源安全涵盖粮食产量安全、粮食质量安全、自然生态安全[80]。聂英指出,耕地是粮食生产唯一的载体,耕地的数量和质量对粮食的产量和品质具有基础性的保障作用,所以,耕地资源安全是破解我国粮食安全问题的核心[81]。苏小珊、祁春节等研究表明,制约我国粮食安全的主要因素是耕地资源不足[82]。马述忠、叶宏亮通过研究国内的虚拟耕地贸易,得出耕地资源的质量对粮食安全的制约作用大于耕地数量对粮食安全的制约作用,国外的耕地资源不能有效供给国内的耕地质量,粮食进口贸易不是保障我国粮食安全的根本策略[83]。罗海平、黄晓玲认为,耕地资源的数量充足和粮食产量的稳定增加对我国粮食安全具有决定性作用[53]。

在耕地资源与粮食安全关系的实证分析方面,耕地压力是学者们普遍采用的方法。饶应祥等是国内最早探讨耕地压力与粮食安全的学者[84-85]。之后蔡运龙等在此基础上构建了耕地压力计量模型,并提出最小人均耕地面积概念,又追溯了耕地资源流失的成因[86]。随着研究领域的不断扩大和研究层次的逐

渐深入,学者们修正并发展了蔡运龙的耕地压力指数模型。谭术魁等通过构建耕地压力系统动力学模型来分析耕地压力与人口增长和农业科技的关系,提出保证耕地资源有效供给来保障粮食安全的相关建议[87]。王燕辉等选取耕地生态系统压力、状态和系统构建生态安全指标体系,研究得出,耕地系统状态与系统压力所形成的有效阻力不断增加[88]。黄亚捷等基于神经网络模型和 U 形矩阵面板,从生态安全和粮食安全视角分析我国各省份的耕地生产力,在此基础上分析研究耕地生产力与各要素之间的相关关系[89]。匡丽花等采用修正的 TOPSIS 方法从我国耕地的数量、质量、生态保护的视角对我国粮食安全进行评价并对障碍因子进行诊断[90]。罗翔、林正雨、胡聪等对耕地压力进行测度和预测,对比耕地压力给出耕地利用风险等级,分析耕地压力波动对粮食安全的影响[91-93]。喻保华、杨伟州等实证分析我国耕地压力的空间地区差异与粮食安全的关系,提出耕地压力的地域差异显著,人口增长、耕地压力与粮食安全发展平稳性不够协调[94-95]。张鹏岩等通过耕地生产力对粮食安全的耦合关系,对河南地区间耕地特征进行分析,得出农民种粮积极性与国家粮食安全具有负相关关系,农民种粮积极性与耕地开发程度呈正相关关系[96]。

(二)虚拟耕地资源与粮食安全研究

虚拟耕地这个概念原本来自虚拟水,所以两者特点具有很大相似性。现阶段我国处于城市化和城镇化快速发展的时代,虚拟耕地的相关研究能够为缓解人地矛盾、保障粮食安全起到一定的作用,很多学者赞同以虚拟耕地的进口来保障我国的粮食安全。布朗在对我国的粮食安全问题探讨中多次提出,我国不断下降的地下水位可能会对我国的粮食安全造成不利影响,进而对国际粮食市场造成一定影响[22]。我国的学者对虚拟耕地贸易与粮食安全问题开始了大量的研究。翟商等研究我国 1980—2004 年的虚拟耕地和粮食贸易数量,得出虚拟耕地数量的主要影响因素是人民的生活质量,这是更高层次的粮食安全。粮食安全是一种具有政治意义的战略产品,国内应该关注粮食产能,适度调整虚拟耕地进口量[97]。吴峰等认为,针对我国粮食的供需缺口问题,可以尝试提升复种指数来提高粮食产量和耕地利用率,在我国内部进行虚拟耕地的流通以解决区域性的粮食供需问题[98]。陈伟华研究我国 1996—2008 年四大主粮的虚拟耕地进口量,提出进口虚拟耕地能够解决我国耕地供需紧张问题,同时能够保障我国粮食安全,保护生态和环境[99]。曹冲等对我国进口虚拟耕地在国际粮食市场的比较优势进行分析,认为现阶段进口虚拟耕地是保障我国粮食安全的战略选择[100]。

虚拟耕地本就是一个比较抽象的概念，目前国内外对于虚拟耕地的估算方法普遍借助于虚拟水的相关理论进行探索。外国的很多学者选择以消费者为研究对象来分析虚拟水和虚拟土，如 Chapagain、Hung、Hoekstra 等，他们大多选择引力模型来进行实证分析，认为粮食贸易是国际贸易的分支，虚拟水土含量的计算要根据本国消费同样产品和服务的数量来衡量[101-104]。Huang 等、Zimmermanetal 等、Tamea 等学者也采用引力模型来研究虚拟资源的影响因素[104-106]。我国学者如成丽、马博虎等，在计算虚拟耕地进出口量时也以国内的单位面积产量为依据。还有学者用其他方法计算虚拟耕地的进出口量[107-108]。闫丽珍等对我国区域间玉米贸易的研究中，采用各区域之间调动的粮食数量和消费地单位粮食耕地的投入量来计算虚拟耕地数量[109]。贲培琪等则是通过线性优化的方法，用农作物播种面积与产量的比值来得出单位产量的虚拟耕地含量，从资源利用优化视角来分析我国的粮食贸易[110]。刘红梅等在分析我国粮食虚拟水土资源进口量的影响因素时，采用多元回归模型和改进的引力模型[111]。

四、有关国家粮食安全保障策略的研究

保障国家粮食安全是全球共同关注的课题。我国作为世界粮食生产和消费大国，粮食安全问题关系国家整体的经济发展和社会安定，很早就有学者研究保障我国粮食安全策略。学者们认为，耕地的数量和质量是确保粮食生产的重要资源，未来几十年我国粮食的产量和质量由耕地的发展情况决定，所以耕地是决定未来我国粮食安全的重要因素[112-113]。通过加大对农业的公共基础设施投资来改善粮食生产条件，再增加科学技术因素，能够有效提升我国的粮食安全[114-115]。也可以加大农业公共投资、农业基础设施、农业科研投入力度，通过提升农业生产效率来应对我国人多地少的基本国情，进而保障国家粮食安全[116]。我国一直高度重视粮食安全，针对不同时期的不同问题应该采取不同措施，所以政策制定者和执行者应审时度势地调整农业政策，维护种粮主体利益，调动农民种粮的积极性[117]。Yunusa 从供给侧（水资源、耕地面积、科研投入）与需求侧（人口）的二分法因素探讨了多种因素对粮食安全不同程度的影响效果，认为保障粮食长久安全应该从政策入手，研发投资的目标要满足农民需求，同时要加强问责制的治理机制[118]。有的学者对粮食安全的关注点聚焦在土地流转领域，认为国家对粮食的补贴投入效果并没有那么明显，主要是因为土地流转的作用没有发挥出来。只有加强对耕地流转的管控，才能强化国家粮食安全的基础[119]。在城市化进程中，人们消费产品逐渐由植物性食物

转化为动物性食物，导致粮食资源型生产的重要性向城市的工业化加工转变，这种变化显然加剧了我国城市化与粮食安全的矛盾。还有学者研究城市化与粮食安全之间的发展关系，得出城市化进程能够提升我国粮食安全水平[120]。在这种形势下，学者们通过多种方法探寻保障粮食安全的新途径，其中韩立民提出"蓝色粮仓"，把辽阔宽广的海洋纳入国家食物生产体系[121]。孙致陆认为，完善国内农业政策体系来支撑粮食贸易继续扩大开放，也能够促进我国粮食安全[122]。Duggan 等认为，需要提高中国在世界粮食市场的话语权，必须重视中国在国际平台上发挥的关键作用[123]。Sartori 和 Carr 从社会网络分析角度实证研究了粮食虚拟水贸易网络，得出世界各国之间的粮食贸易关系正处于深化合作阶段并将走向稳定，国际间加强合作能够有效抵御粮食危机[124-125]。这部分将是本书论述的重点及落脚点，在当前我国加快构建以国内大循环为主体、国内国际双循环相互促进的新发展格局下，基于共建"一带一路"倡议和《区域全面经济伙伴关系协定》（RCEP），通过研究国际粮食虚拟水土资源贸易的发展情况，尝试探索一条以国内大循环为主、国内国际双循环相互促进的粮食安全发展道路。

五、文献评述

从已有的文献资料来看，学者们从粮食的生产要素、获取方式、方针政策等方面，对我国的粮食安全进行研究。这些成果为本书进一步分析水土资源与粮食安全的框架构建、内在机理、实证分析、路径选择等方面奠定了扎实的基础，提供了丰富的研究视角和方法思路借鉴。然而现有文献依然有一些不足之处，需要进一步深化拓展研究来不断丰富完善。

第一，水土资源与粮食安全之间的内在关系机理需要进一步完善。水土资源与粮食安全之间的作用关系、制约逻辑、调节与保护机理仍然处于一种笼统的理解，需要从理论层面对现象背后的形成机理进行解释，并进一步用实证研究来检验。

第二，有关实体水土资源、虚拟水土资源对粮食安全影响的研究结论需要进一步深入研究，并不断取得新进展。各位研究者从各自视角对水土资源进行界定，大都将水土资源界定为简单的农业用水和耕地资源。这种界定比较模糊，未充分考虑我国现阶段国情发展、资源环境变化、科学技术进步以及社会化服务、需求等方面的变化。从文献分析和实证角度来看，现有实证研究缺乏对时间维度与地域分布的差异化分析，难以消除不同时间和地区之间潜在的内生性影响因素，可能影响实证结果的准确性。

第三，基于多维异质性视角进行实证研究有待进一步深化。已有的文献研究普遍将"粮食"看作一个整体，缺乏对粮食具体作物的细分，笼统地讨论了资源对粮食产量的影响。然而不同粮食作物的生长特征受生长环境、地域气候、水热条件等的影响而存在很大的差异性，所以粮食作物具有异质性，如果笼统地将粮食作物的产量简单加总，会与现实情况存在较大偏差，以至于计量和统计出现误差。因此，在具体的实证分析部分，在统计数据过程中，需要对粮食作物进行分类，再进行分析研究。

第四，引入的影响因素对研究主题补充调节的实证研究不够丰满。国际间贸易冲突、我国水土资源弱化、国外粮食的质量和成本各有差异等现实情况与我国粮食生产量、进口量、库存量"三量齐增"的现象长期并存，那么究竟是哪些因素起到了正向调节作用？哪些因素制约了我国粮食安全？针对这些约束因子和影响因素，我们国家应该选择怎样的道路才能保障国内粮食长久安全呢？目前，关于这些问题的实证研究和文献论述存在不足，因此，这方面问题将是本书重点探讨的一个内容。对这些问题进行实证研究，有利于厘清资源约束与粮食稳定增长并存背后的原因，有望找到破解资源不足与未来粮食长久安全的有效路径及保障机制。

第三节 研究目标与研究内容

一、研究目标

首先，从国际、国内两个层面，分析国内实体水土资源与国内外虚拟水土资源对我国粮食安全的制约因素。然后，依据实证分析结果，按照我国粮食安全新战略的总体要求，从经济发展新格局出发，制定水土资源约束下我国粮食安全的模式选择、产业带建设、实现路径及保障机制。具体研究目标如下。

目标一：总体评估我国粮食安全。首先，从全国角度论述我国粮食的生产、消费、贸易基本现状；其次，从粮食生产资源视角分析我国当前及未来的粮食安全可持续发展情况；最后，根据产业安全理论，应用以数据包络分析（DEA）和影子价格为主的实证研究方法，从粮食产业安全层面探讨我国总体的粮食安全。

目标二：分析水土资源对我国粮食安全的制约因素。首先，以我国13个粮食主产区为研究对象，用2000—2021年的相关统计数据，实证分析粮食生产水资源阻尼系数区域特征、耕地资源与粮食安全耦合关系、水—土—粮匹配度测算及区域特征，深度揭示国内实体水土资源约束下我国粮食安全面临的困境。然后，实证分析国内虚拟水土资源的盈亏量和国外虚拟水土资源对我国粮食安全的制约因素。

目标三：基于加快构建新发展格局，立足我国"粮食安全新战略"，从国内和国际、微观和宏观视角提出水土资源约束下我国粮食安全的模式选择、产业带建设、实现路径和相对应的保障机制，为缓解国内水土资源与粮食安全之间的矛盾寻找解决方案，实现"谷物基本自给"和"口粮绝对安全"可持续发展的粮食长久安全终极目标。

二、研究内容

（一）研究设计

（1）研究框架设计（第一、二、三章）。确定研究问题，明确研究目标、思路、方法。梳理国内外相关研究成果，结合现阶段我国粮食安全现状，确定需要拓展和深化的领域，借鉴相关学者的研究思路和方法，明确拟解决的关键问题。以水土资源约束下我国粮食安全为研究对象，设计研究框架和技术路线，并对相关概念进行界定，结合资源稀缺、产业安全、公共产品等理论分析水土资源与粮食安全的机理，为全书奠定理论基础。

（2）我国粮食安全的基本现状及问题分析（第四章）。结合数据统计与描述性分析，对我国粮食的生产、消费、贸易等供需现状和水土资源、粮食安全的可持续发展现状进行总体分析，并基于产业安全理论对 2000—2021 年的粮食安全状况进行评估分析，找出影响我国粮食安全的主要因素和当前存在的主要问题，为进一步研究做好铺垫。

（3）水土资源对我国粮食安全影响的实证分析。综合运用多种计量模型和实证分析方法，分别从国内实体水土资源和国内外虚拟水土资源进行实证分析（第五、六章）。具体来说，采用以水资源阻尼系数、修正的耕地压力指数、匹配度模型为主的分析方法测算实体水土资源对我国粮食安全制约因素。从虚拟水土资源角度分析国内粮食虚拟水土资源的进口效益及时空匹配格局，同时用随机前沿引力模型分析国际粮食虚拟水土资源贸易的潜力和主要驱动因素。总结实证分析结论，为下一步解决水土资源约束下我国粮食安全存在的一系列问题提供明晰的方向。

（4）水土资源约束下我国粮食安全的模式选择、产业带建设、实现路径及保障机制（第七、八、九、十章）。根据前面的理论分析和实证研究结果，结合我国粮食生产水土资源的开发利用现状，基于社会效益、经济效益和生态效益等多目标协同发展，从国际和国内、宏观和微观多个维度探索构建水土资源约束下我国粮食长久安全的模式选择、产业带建设、实现路径与相应的保障机制，并对全书研究结论做出总结和展望。

（二）拟解决的关键问题

（1）实证分析水土资源对我国粮食安全的制约因素。借助 Stata17、空间计量、Eviews 等软件，用水资源阻尼系数、耕地压力指数、匹配系数与随机前沿引力模型等，探索研究期内水土资源约束下我国粮食安全的制约因素，并基于相应的理论和现阶段粮食安全的实际状况，进一步分析实证结果，为破解水土资源约束下保障我国粮食安全寻找出路。

（2）探索水土资源约束下我国粮食安全的模式选择、产业带建设、实现路径及保障机制。在"粮食安全新战略"和以国内大循环为主体、国内国际双循环相互促进的新发展格局重大战略任务指导下，根据实证分析结果，结合我国水土资源与粮食安全的实际情况，多层次、多维度、多视角地探讨和选择水土资源约束下我国粮食安全的模式选择、产业带建设、实现路径及保障机制，最终达到确保我国粮食长久安全的终极目的。

第四节 技术路线与研究方法

一、技术路线

根据我国水土资源与粮食安全现状，结合国民经济现实需求，从整体与局部、宏观与微观的不同视角论述我国粮食安全，具体来说，研究思路主要是"提出问题—分析相关文献—找出理论基础—梳理现状并清晰目标—分视角、分层次深化研究并实证分析—提出探索模式、发展方向、实现路径及保障机制—解决实际问题"，本书的技术路线如图 1-1 所示。

二、研究方法

综合运用多种学科理论知识为本书奠定基础，采用文献研究法、定性分析与定量分析相结合、时间与空间相结合、比较分析与综合分析相结合、微观分析和宏观分析相结合等多种研究方法，其中涉及的主要研究方法包括以下几种。

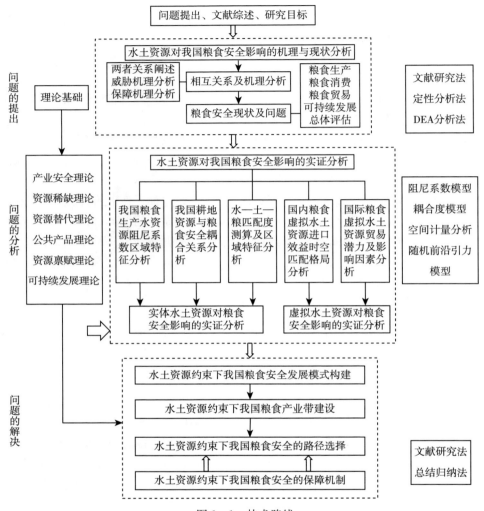

图 1-1　技术路线

（一）文献研究法

　　文献研究法是一切科学研究工作最为基础的研究方法。研究者通过学校图书馆、中国知网、百度学术、万方数据库等，收集大量国内外关于水土资源与粮食安全、国际间粮食贸易的文献，包括期刊文献、硕博士论文、研究报告等，熟悉了解当前我国资源安全、粮食安全、粮食贸易等研究的现状。这些研究成果对于本书研究思路的拓展和研究框架的构建具有重要作用，也为本书研究内容的充实、研究方法的运用及问题的解决等提供了很好的借鉴。

（二）定性分析与定量分析相结合

定性分析能够深入剖析研究对象的本质内涵与发生机理，是定量分析的前提。定量分析采用空间计量分析、阻尼系数模型、耦合度模型等，通过计算分析能够准确展示研究对象各系统变量与总量的变化关系，具有一定的科学性和准确性。两种方法各有优势，结合使用能够让科学研究更具有可靠性与可信度，所以，定性分析与定量分析相结合的方法已经被众多学者普遍应用于大部分科学研究中。本书对我国粮食生产水土资源、粮食安全、粮食产业安全之间相关机理，以及在各个时期的发展情况和变化趋势进行了定性分析。在此基础上，运用数理模型和计量模型定量分析我国水土资源与粮食安全之间的数量及因果关系，并深刻揭示了彼此之间的内在逻辑和交互机理，为探索制约和影响我国粮食安全的主要因素起到支撑作用。

（三）时间与空间相结合

从时间和空间这两个视角来研究我国水土资源对粮食安全约束问题，能够让研究内容更加充实，让研究对象更加具体，让研究结果更加具有真实性。本书从时间角度分析了 2000—2021 年我国粮食的供需数量与进出口贸易量的变化，以及研究期内水土资源与我国粮食生产的匹配状况，既充实了研究内容，也增加了研究对象的真实性。从空间视角分析了我国粮食生产水土资源空间格局的变化，用 ArcGIS 软件对研究期内水土资源与粮食安全匹配状态的空间差异进行可视化分析，让研究对象具有动态变化特征，为研究结论和路径选择提供强有力的支撑。

（四）多种计量方法的综合连用

基于经典的经济学理论，运用统计资料或相关机构提供的数字资料，选择科学的计量分析方法，通过对各变量之间数量关系的分析和变化规律的总结，基于相关理论得出一定的结论，这是国内外普遍运用的研究方法。具体而言，本书运用数据包络分析法、影子价格分析法、阻尼效应模型、耕地压力指数、匹配度模型、耦合度模型、空间计量分析法、时空匹配格局分析法、随机前沿引力模型等方法，对我国粮食安全、粮食生产水土资源、虚拟水土资源等相关问题及彼此之间的相互关系进行实证研究，让研究结论更加科学真实。

第五节　研究的创新点与不足

一、创新之处

第一，虽然很多文献分别从水资源或耕地资源来探讨我国粮食安全问题，但是水土资源具有共存性，对于国家粮食安全来说，有必要将两者结合起来，这样能够有效避免对国家粮食安全问题研究的局限性和片面性。所以本书创新性地从两个视角进行研究：一是构建国内实体水土资源和国内外虚拟水土资源相结合的研究框架，从国内与国际的视角来实证分析影响我国粮食安全的主要因素，这样得出的结果更加准确和全面；二是基于新发展格局，结合我国水土资源分布规律和粮食发展实际情况，根据我国粮食安全新战略的总体要求，从国内和国际视角寻找水土资源约束下我国粮食安全的实现路径及保障机制。既为水土资源约束下我国粮食长久安全提供了新的研究框架和研究思路，也拓展了粮食安全的研究范畴。

第二，本书突破了传统以非空间面板回归为主的固有实证分析研究范式，创新性地运用 DEA 与影子价格相结合的方法，从动态和静态两个方面对我国粮食产业安全进行评估分析，能够更加系统全面地探讨我国总体的粮食安全。同时还创新性地采用剥离法将农业用水和农业用地转化为粮食用水和粮食用地，摒弃以往那种粗略的权重系数法，让研究结果更加准确可靠。最后将耕地生产力评估模型、要素转移重心模型、耕地压力指数、耦合度模型相结合，多种方法综合连用，让研究对象更加聚焦，使耕地资源与粮食安全的研究更加具体和详细。

第三，现有研究成果大多局限于如何提升粮食产量和粮食效益等方面，对更深层次的粮食生产资源等方面关注不足，对于探讨我国粮食安全问题的实现路径与保障机制方面，也难以对其根本问题进行解决。根据本书实证分析结果，创新性地得出我国粮食主产区粮食生产的水土资源要素是较不匹配的，粮食产量越高的省份，水土资源要素对其粮食生产的约束作用越显著；长期以水土资源高消耗为代价的粮食产出，导致水土资源对粮食生产的支撑能力呈减弱趋势；我国粮食产量的多年连丰是以农用化学品的大量使用和以水土资源为代表的自然资源的牺牲为代价的。据此，结合国内外实际情况，提出适度生产粮食和开展可持续的粮食生产，建议实施海外"飞地"战略及应急机制建设。这些结论和观点为新时期我国粮食安全问题的解决和方针政策的制定提供了有益借鉴和有力支撑。

二、不足之处

在本书研究过程中，由于本人理论水平有限，再加上受制于各种条件，本书的研究还存在一定的不足之处。一是数据庞大复杂，且个别年份数据缺失，虽然采用多种方法进行补充处理，但是难以代表真实数据，再加上有些省份的粮食贸易数据没有统计，致使实证结果不能达到完全精准。二是由于用于粮食生产的水土资源具有动态变化性及区域差异性，再加上数据统计口径的不一致，导致实证分析结论可能存在些许偏差，这会在一定程度上影响全书研究的全面性和客观性。三是因为近年贸易保护势力抬头、新冠疫情暴发、地区冲突升级等，导致全球政治经济不稳定，国家间的粮食资源贸易受到影响。在本书的研究过程中，虚拟水土资源的实证分析部分难以对当下的国际贸易形势做出现实的分析，这也是本书在研究中存在的主要不足之一。总的来说，粮食安全与水土资源领域的研究比较多，在具体的水土资源与粮食安全市场的利益补偿机制、政府的宏观调控政策、种粮农民的收入保障等问题上还需后继学者进一步深化。

第二章　概念界定与理论基础

粮食安全是个抽象的概念，其所涉及的范围和应用到的理论比较广泛。明确研究对象的概念和掌握相关的理论基础是开展研究的首要工作，因此，本章首先对本书涉及的相关概念和理论进行梳理，为全书研究奠定基础。

第一节　概念界定

一、粮食与粮食安全

粮食是维持人类生存和发展的重要能量来源，为人们身体的健康成长和生命的发育延续提供基本的物质和营养。粮食中主要包含脂肪、膳食纤维、碳水化合物、蛋白质、维生素等成分。在不同国家和地区、不同时期、不同语言中粮食的含义各不相同，为了避免不必要的误解，本节首先对粮食与粮食安全的概念做出解释与说明。

国内外对粮食概念的理解不尽相同。国外对粮食的称呼是食物（food），有学者指出，该单词指代的食物是指与饮料相关联、可以吃的干的物质[126]。"food"一词在牛津字典中的解释是：为生命及代谢过程的稳定提供物质能量，主要由蛋白质、碳水化合物、脂肪三部分组成，这种物质的形态是固体的。粮食有两个含义接近的英文单词，分别是"grain"和"cereal"。"grain"指谷物植物（cereal）结出的硬粒固体果实，也叫"coarse grain"，比如小麦；"cereal"指谷物（grain）或谷物植物加工后产生的产品，比如麦片。直到1999年，为了便于世界各国之间的沟通和交流，FAO 将谷物目录分类为小麦、稻谷、粗粮，其中粗粮中包含的食物种类最多，如玉米、燕麦等，然而这一分类中却缺少了我国粮食概念中的"大豆"。2011 年 20 国集团（G20）农业部长会议为增强全球粮食安全所发起的农产品信息系统（AMIS）中的粮食概念主要是指小麦、玉米、稻米和大豆。这一粮食概念符合各国对农产品的定义，且清晰明确，便于在国际粮食贸易中进行区分和比较[127]。长期以来我国将国产大豆作为粮食作物，进口大豆则归类为油料作物。根据我国由来已久的传统四大主粮划分和本书的现实需要，将大豆划入粮食作物范畴。因此本书研究的粮食是指稻谷、小麦、玉米和大豆。

粮食安全的含义在历史上经历了一个不断演化的过程。FAO于1974年首次提出粮食安全并对其做出阐释：任何人在任何时候都能够得到自身发展所需求的粮食数量。在1983年FAO对粮食安全的含义做了修订，即保证所有人在任何时候都能买得起、买得到自己需要的食物。1996年在《世界粮食安全罗马宣言》中对这个概念再次更正，即所有人在任何时候都能够在数量上、安全上、营养方面得到需求的粮食，同时能够满足健康生活的膳食需求[128]。吴志华曾经提出，粮食安全是一个国家或地区的任何人在任何时候都能够得到满足其健康生活所需要的粮食，也是粮食的流通与消费动态平衡的一个政治经济活动[129]。欧璇、侯杰认为，可以从两个角度理解粮食安全：第一，国家粮食安全—家庭粮食安全—个人营养安全；第二，数量安全—质量安全—生态安全。FAO以及各国研究人员对于粮食安全的评价指标有很多，如粮食储备率等[130]。普雁翔、张海翔对粮食与粮食安全的概念进行解析，提出政府有责任出台产业政策来保护具有公共属性的粮食安全[131-132]。本书认为，粮食安全是地区或者国家主体为其人民生存和生活所需提供数量充足、品质健康、价格合理、结构均衡粮食的供给保障能力。

二、水资源与灌溉水

水是生命之源，也是人类生产和生活中必备的一种资源。具体来说，水主要包含水量与水质两个方面，是存在于自然环境中不可替代的重要资源，可以被人类开发利用并提供一定价值的各种形态的天然水体。从其用途来分类，分为农业水资源、工业水资源、生活水资源和生态水资源。其中农业水资源是从事农业生产所消耗的水资源，主要来自天然水和灌溉水[133]。天空降水和土壤中涵养的水源属于天然水，受地形和气候等因素的作用，天然水很难控制和量化。灌溉水来自江河湖泊水和地下水，这两种水源通过农田水利设施可以相互转化，它们都是农作物生长的水源。用经济学视角来看，天然水与灌溉水具有很大的不同。天然水属于非市场产品，没有成本投入，而灌溉水具有稀缺性的特点，再加上农田水利设施的前期投入较大，投资成本决定了农业灌溉水的使用需要支付一定的费用，因此灌溉水是农业生产中最重要的投入变量[134-135]。所以本书选择了可控程度较大和便于量化的灌溉水作为水资源研究对象。

灌溉水是粮食作物和经济作物等农作物的重要用水来源，占农业用水总量的90%左右[136]。对于粮食主产区而言，农业生产主要就是粮食生产，主产区的农业灌溉用水基本被用于粮食生产。所以粮食生产水资源就是在粮食生产过程中直接和间接所消耗掉的水资源。本书涉及的粮食生产水资源量的计算借鉴李明辉的方法，运用比例法从农业灌溉用水中进行剥离处理。

三、土地资源与耕地

土地资源是人类生存发展过程中最为重要的自然资源。其狭义的概念仅包含陆地、水域的平面土地，不具有空间的概念。其广义的概念包含空间地理，是指包括地上和地下的大气圈、生物圈、岩石圈在内的一个复合系统[137]。本书中的土地是指不具有空间概念的狭义平面的土地资源。

关于耕地资源的相关论述已经十分广泛，很多专家学者侧重从宏观视角来分析耕地的数量、质量、生态等领域，大多重点研究耕地的供给安全。本书对耕地安全的研究是从资源安全等视角来定义。从耕地内涵来看，这是一个由多重要素组合构成的综合体，所以要从两个方面来研究耕地安全。作为自然要素，耕地安全是指耕地能够承受各种人类活动，具有稳定性和恢复力[138]。从人类自身角度来说，我们采用掌握的技术和制定一系列制度来保护耕地，确保耕地能够持续稳定地为我们提供舒适健康的生存环境。耕地作为人类活动的重要资源，具有自然属性和社会经济属性，所以本书认为，耕地安全是指能够满足人类健康生活和可持续发展需求并且能够持续稳定地发挥自身固有功能的特征。由于社会的发展进步，与耕地相关的社会化活动逐渐增多，现阶段的耕地安全已经外延到了粮食安全、经济安全、社会安全、国家安全等层面[139-140]。对耕地安全概念的解释所涵盖的范围更广，涉及的内容更多，需要解决的问题也更全面。

四、虚拟水土资源

全球人口增长、城市化进程加快、全球气候变暖等现象导致人类对水土资源的消耗与日俱增，造成有限的水土资源日趋紧张。据世界银行统计，全世界约有至少16亿人处于缺水状态。在此背景下，虚拟水土资源理论就为优化国际资源配置提供了理论支撑，为生态环境与资源利用的可持续发展拓展了新的研究视角。农产品虚拟水土资源的研究不仅有助于优化水土资源利用和区域间水土资源配置，也为粮食安全提供基础保障。

虚拟水这个词语在20世纪20年代被提出，源自水资源产品的商业化和资源配置的全球化，指代商品生产和服务过程中消耗的所有水资源，在不同的背景下也被称为"嵌入水"或"外生水"[60]。虚拟水这一概念使人类的一系列经济活动与水资源更好地联系起来，为地区间产品交易提供了可量化的水资源消耗数量。该理论主要用于研究不同地区水资源禀赋和生产相同产品所需消耗的虚拟水量的不同，以地区间产品贸易的方式衡量水资源的使用量，从另一个角度来看也为缓解区域水资源短缺问题提供了解决方法[141]。虚拟水也多用于虚拟水贸易和虚拟水战略方面，主要是为了协调区域间水资源配置和经济发展问题[142]。农业是耗水量最大的部门，农产品的生产过程是主要消耗环节[143]。本书中涉及的虚拟水是指初级农产品的虚拟水含量，主要是以农作物蒸发蒸腾所消耗的水量进行转换和计算。根据 FAO 介绍的彭曼公式计算方法，农作物需水量用作物需水（ET0）与作物系数（Kc）相乘得到[144]。

虚拟耕地的概念来自虚拟水，自从 2003 年程国栋引进虚拟水后，学者罗贞礼在 2004 年首次提出虚拟土地这个概念，指代生产产品和提供服务过程中所消耗的土地资源[145]。虚拟土地贸易是指某一国家或者地区根据资源禀赋的理论，通过土地资源密集型产品的进出口贸易来平衡本国或本地区的土地资源。随后张燕林等学者提出，虚拟耕地除了体现在国际商品贸易中，也可以应用在直接对外投资中，如海外购买或者租赁耕地[146]。本书采用的虚拟耕地资源与闫丽珍等学者所提出的概念相一致，将虚拟耕地资源看作依附在产品或者服务当中的虚拟耕地贸易[109]，具体理解为国际粮食贸易中的虚拟耕地资源。

第二节　理论基础

一、资源稀缺理论

经济学中资源稀缺理论是指，相对于人类无限的需求欲望，资源是相对有限的。这两者之间的不平衡需要协调，这也是经济学产生的重要原因之一。人类需求的无限性主要是指在人类整个发展过程中的不同阶段会有不同的需求变化，这个需求是处于一种不断变化的状态，从效用原理来说就是满足一个需求就会有第二个需求，甚至有更多的需求产生。根据马斯洛的需求层次理论，人性的这种需求具有多样化特征，包括生理需求、安全需求、社交需求等。造成资源稀缺的另一个主要原因是资源的空间分布与人类需求的不匹配，人类的集聚性特点与资源的分布不规律特征相互矛盾，供给与需求之间的关系需要平衡。水土资源是人类生存之基，发展之本。水土资源作为人类最重要的自然资源，对其稀缺性的研究具有重要意义，为平衡地区间和产业间的供需平衡提供参考，为不同区域粮食生产水土资源的优化配置和科学分配提供指导。

二、资源配置理论

亚当·斯密在《国民财富的性质和原因研究》中首次提出了"资源配置"的概念，把市场看作"看不见的手"，对稀缺资源配置理论做出阐述。该理论中，亚当·斯密提出，自由市场会对国民财富做出最优调配，让资源充分流动，最终达到优化配置[147]。经济学中假设的理性经济人在进行市场的交易及契约等经济活动中都有利己的动机倾向，好像有一只"看不见的手"在指导，在进行资源配置的利益交换时也间接地推动了生产资源的调配与社会经济的发展[148]。受利益的驱动，市场作为"看不见的手"会推动社会资源的优化配置，这也是效率最高的配置方式。新古典学派的经济学家习惯于利用一些假设条件来研究市场上的变量关系，把市场看作独立而封闭的系统，以价格作为协调人们经济活动的手段，把市场活动作为配置稀缺资源最有效的方式[149]。

资源配置理论主要用来分析资源稀缺性和人类欲望无限性之间的矛盾。水土资源不能够协调配置的主要原因除了自身资源的不足外，更重要的是在经济规律的作用下，产业结构之间的逐利行为让水土资源向高效益部门流动。人口的刚性增长和快速发展的城市化加剧了水土资源的稀缺程度，这对水土资源的优化配置提出了更高的要求。农业是第一产业，其本身的经济效益就不如工业和服务业，再加上农业的产业效益低且耗水量巨大，不利于提升水土资源的经济效益。在经济利益的驱动下，长此以往就会出现其他产业与农业争抢水土资源的局面，水土资源的非农化和非粮化将会直接制约粮食生产。在水土资源稀缺的情况下，如何协调各产业之间的资源分配，实现水土资源与粮食安全的协调发展是我们要解决的重要问题。

水土资源在粮食生产领域的资源配置要符合我国创新、协调、绿色、开放、共享的新发展理念，促进人口、资源、环境、经济、生态的协同发展。第一，要坚持水土资源的可持续性。保证水土资源的更新率不能小于利用率，让水土资源能够不断更新和持续供给，达到水土资源开发利用与循环再生的动态平衡，不断满足人们持续的生活生产需要。第二，要坚持经济发展的利益共享。只有种粮农民有稳定客观的经济收入，才能够在从事农业生产过程中投入粮食生产需要的水土资源，才能提高粮食的经济与社会效益。第三，要促进生态与资源的协同发展。水土资源的合理配置需要有良好的资源做基础，人类对资源的开发利用要注重与合理保护相一致，加强对生态与资源的保护，为人类生存发展提供一个良好的环境。

三、公共产品理论

公共产品理论是英国古典经济学派提出的，源自于大卫·休谟的"草地排水"分析和亚当·斯密对于国家三项职能的分析。在经济学中公共产品的含义是每一个人对某种产品的消费和使用不影响其他人对该产品的消费和使用，且该产品具有非排他性、非竞争性、不可分割性等特点，一般由政府提供，如国防、公共安全等。

在经济学中，由于公共产品的免费性质，便出现了"搭便车"这个问题，也就出现了公共产品的私有化，这就会出现"市场失灵"，市场就失去了资源高效合理配置的价值，市场机制就不能让所有行业领域达到"帕累托最优"，最终出现经济社会的不均衡和不公平现象。没有公共产品的存在就无法实现社会资源的合理配置。另外公共产品具有一定程度的外部效应，在现实的社会发展中公共产品的供给远不能满足个人的需求，由此就会出现公共产品供给不足所造成的不良现象。水土资源具有有限的非竞争性和局部的非排他性特征，所以水土资源属于准公共产品，不完全属于纯公共产品，也就是说，只要越过临界点就不具有非竞争性和非排他性。

四、要素禀赋理论

要素禀赋理论由赫克歇尔和俄林在 20 世纪 30 年代提出。该理论与比较优势理论经常可以替换使用，主要运用在国际贸易中，有以下几个观点：一是国家或地区要用自己丰富充足的要素资源生产产品，能够让本国在比较优势中获利；二是国际贸易存在的原因就是商品价格的比差；三是国际贸易的终极目的就是平衡生产要素之间的差异化，达到产品价格与要素价格之间的合理化。相比于比较优势理论，要素禀赋理论认为国家的生产要素分为自然资源（水土资源）、资本以及劳动力。根据产品在生产过程中生产要素配置的不同，可以将所有产品归类为资源密集型产品、资本密集型产品、劳动密集型产品。国家作为产品生产与资源利用的主体，应该根据本国资源条件的实际情况，在不同的发展阶段根据本国的具体需求和生产水平，依据资源禀赋理论合理利用生产资源进行产品生产，提高资源的价值，实现利益的最大化。根据资源禀赋理论，不同国家不同阶段的资源条件优势是不同的。比如在改革开放初期，我国劳动力资源丰富，自然资源价格较低，资本优势不足，所以在这个时期发展劳动密集型产业，开展出口加工产品，进口资本密集型产品，这是对我国最为有利的发展模式。现阶段我国已经发展为全球最大的制造业大国，成为名副其实的世界出口大国和全球第一大外汇储备国，土地作为基础要素逐渐被生产加工企业占用。在这个时期，我国的要素资源禀赋已经转变为资本和劳动力密集型，而土地成为稀缺资源，土地密集型产品开始大量进口，如粮食。从资源禀赋角度来看，虚拟水土资源的进口数量不断增长是符合我国社会发展规律的一个现象，有利于改善我国现阶段水土资源供需不足的现状。

五、产业安全理论

亚当·斯密在《国民财富的性质和原因的研究》中提出，促使本国发展的产业是依靠其他国家的产业发展，这种让本国经济发展的做法不利于本国的安全[147]。这是首次关于产业安全的一次论述，亚当·斯密所提出的这种以国家安全为原则的商品贸易活动被世人所认可，也成为各个国家在国际贸易中的基本理论依据。之后汉密尔顿和李斯特继承了亚当·斯密的贸易保护理论，开创了幼稚产业保护理论。20世纪中后期，随着第二次世界大战后世界各国经济的复苏，国际之间的竞争更加激烈，产业安全理论开始逐渐被关注。日本在1980年发布的《国际综合安全报告》中首次提出"经济安全"。同时期美国与日本的汽车产业在竞争中，迈克尔波特和博格沃纳菲尔特分别从企业外部和内部两个视角提出了"五力竞争模型"和"企业资源基础论"。20世纪末，随着国际军事和政治的稳定，美国等国家开始重视产业发展，在国际市场的产品贸易中更多地关注"经济安全"。

我国学者于新东认为，从经济发展层面来看产业安全是一种自主权，这种自主权在一定程度上体现国家间经济贸易的安全程度，也就是说，拥有了贸易自主权就能够保障本国产业不受他国的制约[150]。杨公仆等提出，一个国家的产业安全体现在国际竞争力中，也就是对本国产业的控制力和抵御外部产业制约的能力[151]。王学人、张立认为，产业安全是指经济贸易开放程度较高的国家在贸易交流往来中为了实现本国产业经济的发展、确保本国某一产业的产品具有持续较强的竞争力而不断提升的经济发展水平，以及为了某一产业的安全发展而提供的社会经济保障[152]。根据王学人、张立的观点，产业安全发展不仅要注重对本国产业的控制力，还要重视本国的综合经济发展水平。李孟刚也提出了相同的产业安全理论[132]。

六、可持续发展理论

可持续发展理论涉及经济学、资源科学、人口学等多个学科门类，强调人与自然的协调发展，是人类活动与敬畏自然的重要体现。不同学科对这个概念的理解不完全相同，主要是指既能满足当代人的需求，又不影响未来后代人需求的发展。

可持续发展理论主要体现在以下几个方面：一是经济发展要注重自然资源的养护和生态环境的保护，不能竭泽而渔；二是社会经济的发展要重视社会经济发展的总量和质量；三是经济发展的终极目的是改善人类生存环境，提升人们的生活品质，丰富人类的精神世界与物质生活。可持续发展理论关注人文社会与自然资源的协同发展，强调协调、公正、平等，重视人与自然的和谐共生，认为只有社会、经济、生态各子系统的协调、互助、同步发展，才能够实现人类生活质量的稳步提高[153]。同时可持续发展理论认为，当代人与后代人，本地区与其他区域的人，甚至不同国家、语言、民族的人的发展之间彼此不损害不影响。所以说可持续发展是全人类共同面对的发展问题，需要全人类共同努力来共同构建人类命运共同体。

现阶段我国农业发展面临耕地资源有限、水土资源不足、食品安全制约等巨大挑战。所以可持续发展理念对于当前我国各地区农业产业的转型升级和结构调整具有重要的指导意义。水土资源与粮食安全的研究涉及人口、资源、环境等众多领域的内容，需要可持续发展理论来作支撑，两者属于相互依赖、相互辅助的关系，共同追求人类社会经济发展与自然生态环境资源的和谐发展[154]。所以本书以可持续发展理论为支撑，在确保水土资源可持续发展的同时，重点探讨水土资源约束下我国粮食安全的实现路径和保障机制。

第三节　本章小结

本章对整个研究中所涉及的重要概念和相关理论基础做了概述。对粮食与粮食安全、水资源与灌溉水、土地资源与耕地、虚拟水土资源的概念做了界定，明确了书中所要提及的研究对象。同时，对资源稀缺理论、公共产品理论、要素禀赋理论等进行了简要回顾，为研究奠定了理论基础。

第三章　水土资源对我国粮食安全影响的机理分析

以上一章的理论为基础，结合我国水土资源与粮食安全的现实状况，从国内国际双循环视角阐述国内外水土资源对我国粮食安全影响的关系机理。首先总体论述实体水土资源和虚拟水土资源与我国粮食安全的关系机理，其次探讨水土资源过度开发利用和虚拟水土资源高度依赖对我国粮食安全的制约机理，然后阐述国内水土资源保护和国际虚拟水土资源适度利用对我国粮食安全的保障机理。通过总、分的逻辑关系，对水土资源与我国粮食安全的脉络进行梳理，明晰各部分的逻辑关系，为后面的结构框架搭建及实证分析研究做好铺垫。

第一节　水土资源与我国粮食安全的关系分析

国内水土资源是维持我国粮食安全的必要因素，随着资本扩张和工业文明的进步，人类农业生产的频繁和高强度水土资源的开发利用，不可避免地造成区域性水土资源的破坏和衰竭，最终制约国家总体的粮食安全。通过区域性调配和国际进口，即用虚拟水土资源可以解决短期的粮食安全问题，而粮食生产的周期性和社会属性决定了长期的区域性粮食安全必须坚持"立足国内"与"适度进口"相结合。基于此，本部分从实体水土资源与虚拟水土资源层面，总体分析各种情况下这两种资源与我国粮食安全的关系。

一、水土资源与我国粮食安全的作用关系分析

资源在有限的空间范围内和一定的时间期限内是有限的，然而人类欲望的增长是无限的，自然资源中的水土资源与人类对粮食安全的需求关系亦是如此。水土资源是粮食生产过程中必不可少的重要资源，也是维系人类赖以生存的基础资源，更是决定国家粮食安全的刚性约束。

从一定意义上说，保障一个国家的粮食安全就是协调国内水土资源利用与粮食生产之间的关系。如图 3-1 所示，从水土资源与我国粮食安全的关系机理可知：一方面，国内水土资源合理利用和休养生息是我国粮食安全的基础。由于我国总体属于亚热带季风气候，四季分明，所以水土资源开发利用具有时间和空间特征，这也就保证了水土资源的季节性生产和阶段性休养。合理开发利用水土资源能够产出数量充足和质量安全的粮食，满足国内的粮食需求。另一方面，我国粮食安全是水土资源得以休养生息的前提条件。数量充足和质量健康的粮食供给避免了人们为了生存无节制地开发利用水土资源，粮食安全的公共属性让人们有更多的资金和精力去研发高产优质粮食品种，这也就间接性地拓展了水土资源，有利于我国粮食安全。水土资源与粮食安全的时空均衡性是保障阶段性粮食安全的基础，实现我国未来的粮食安全，不得不考虑国外虚拟水土资源的利用。虚拟水土资源的适度利用能够保障我国阶段性的结构型粮食供求平衡，也是我国水土资源能够休耕轮作和休养生息的基础。休耕后的国内水土资源为我国粮食的健康营养和持续产出打下了坚实的资源基础，实现了"藏粮于地"的目的。

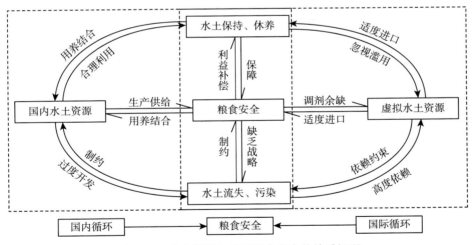

图 3-1　水土资源与我国粮食安全的关系机理

二、虚拟水土资源与我国粮食安全的调节关系分析

传统国际贸易理论中，对外出口具有比较优势的产品是一个国家在国际贸易中最优的选择。从现代经济学角度分析，根据水土资源的丰缺程度在世

界各个国家（或地区）生产和销售水土资源密集型产品，符合国际贸易理论的要素禀赋理论。对于出口国家（或地区）而言，水土资源相对丰富，其价格相对低廉，生产水土资源密集型产品对本国（或地区）的水土资源影响较小，并且这些产品在国际市场上具有生产上的比较优势。对于进口国家（或地区）而言，其本来就水土资源稀缺，如果再过度产出水土资源密集型产品，不仅没有比较优势，会导致机会成本和生态成本较大，而且不符合资源要素流动的国际贸易理论，也不利于全球水土资源利用效率的提高。虚拟水土资源贸易在无形中引导水土资源从生产效率较高的国家（或地区）流向生产效率较低的国家（或地区），最终实现水土资源在国际上和区域间的高效配置。

如图3-2所示，粮食作为水土资源密集型产品，在虚拟水土资源理论的指导下，通过贸易调节和缓解水土资源不足区域的粮食安全问题，从国际市场确保国内的粮食供需保障。同时，国际市场的虚拟水土资源也为我国粮食安全提供一定潜在的储备保障。这种方式充分发挥国际范围内水土资源的比较优势，使水土资源的开发利用打破时间和空间格局，走向社会化、区域化和国际化[155]，实现了国际间水土资源的高效配置，为解决国家及区域间水土资源分布不均矛盾提供了解决思路。虚拟水土资源贸易理论的创新性应用，从水土资源视角拓宽水土资源研究的领域，使水土资源约束下我国粮食安全问题研究形成"国内水土资源不足—国际虚拟水土资源贸易—国内粮食安全"的研究思路。

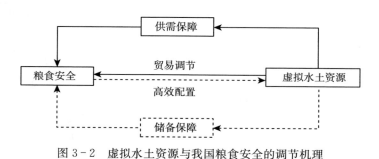

图3-2 虚拟水土资源与我国粮食安全的调节机理

第二节 水土资源制约我国粮食安全的机理分析

人类文明的进步和社会的高速发展必然会对人类赖以生存的自然环境造

成不可估量的破坏。如前文所述，水土资源作为最脆弱的和对我们生存生活最重要的基本物质，如果过度开发利用，将对国内的粮食生产构成极大制约。而高度依赖国外粮食进口就是将我们的命运放在了别人手中，尤其是在各种突发状况频发、自然灾害不断的状况下。由此，本部分从国内水土资源过度开发利用和虚拟水土资源高度依赖的视角来分析水土资源对我国粮食安全的制约机理。

一、水土资源过度开发利用制约我国粮食安全的机理分析

"人多地少，水缺粮紧"是我国的基本国情。水土资源的分布不均匀和不合理利用加剧了我国粮食长期以来供需紧平衡的局面。在"三量齐增"的现实状况下，对我国粮食安全造成巨大的压力。

水土资源是粮食生产的命脉，我国是全球人均水资源较贫乏的国家之一，当前人均水资源量除了西部和西南部地区以外，大部分地区处于轻度缺水①甚至更严重的缺水状态[156-157]。如图3-3所示，人口的增多加剧了对水土资源的不合理开发利用，让我国水土资源分布不均匀和匹配不协调现状更加严峻[158]。北方粮食主产区在全球气候变暖的影响下，干旱化严重，地下水位下降，地下水漏斗区扩大，让原本依赖地下水灌溉的粮食生产陷入困难[159]。我国农用化学品投入与粮食产量的关联度呈上升趋势[160]，在边际报酬递减规律的作用下，随着化肥投入量的增长，粮食的产能会在增长到一定程度后开始递减。尤其是我国的耕地面积仅占全世界的9%左右，却投入了全世界40%左右的化肥，这已经远远超出了世界平均单位面积化肥投入量，并且我国农药的单位面积使用量是世界平均水平的2.5倍[161]。在目前化肥的单位边际报酬贡献率出现较大幅度递减的情况下，如果继续加大化肥的投入量，其带来的增产效果将会越来越差。此外，更为重要的是，如果过量施用农药、化肥，不仅会造成耕地原有的肥力下降，而且会导致土壤板结，造成水资源和耕地资源污染，加剧农业生态环境的破坏，以至于摧毁当前及未来的粮食生产资源，最终制约国家粮食安全[159]。

---

① 国际公认的四个等级缺水标准：人均水资源低于3 000立方米，为轻度缺水；人均水资源低于2 000立方米，为中度缺水；人均水资源低于1 000立方米，为重度缺水；人均水资源低于500立方米，为极度缺水。

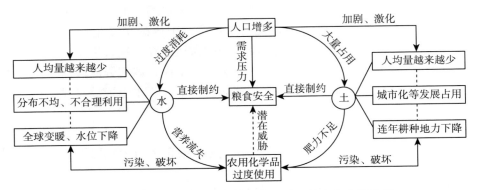

图 3-3　水土资源过度开发利用制约我国粮食安全的机理

二、虚拟水土资源高度依赖制约我国粮食安全的机理分析

作为全球最大的粮食生产和消费大国，国际间虚拟水土资源贸易是解决我国粮食供需紧张问题的重要举措，这也符合"适度进口"的粮食安全新战略。然而，高度依赖国际粮食资源就会严重制约我国粮食安全。

从宏观层面而言，保障一个国家的粮食安全，最关键的是保证粮食生产能充足、农民有收益、贸易可补充三个方面。然而受国际"ABCD"四大粮商①在粮食领域产业链的控制，我国在国际粮食市场缺乏竞争优势。如图 3-4所示，在生产方面，我国粮食的规模化作业和产业化生产与发达国家还有差距，面对我国粮食生产成本"地板"和市场价格"天花板"的双重挤压[162]，资源"红灯"和补贴"黄线"的双重约束，导致我国在国际粮食生产环节直接丧失竞争力。在价格方面，受美国芝加哥期货交易所（CME）资本控制的影响，在国际粮食市场价格和贸易规则谈判方面也丧失话语权。在贸易方面，国内人民膳食结构改善对粮食结构性需求增加，让我国不得不增加对美国、巴西、乌克兰等国的大豆和玉米的购买，并且粮食进口种类单一、进口国集中、国际粮价高企，这更不利于我国粮食安全[163]。随着我国对国际虚拟水土资源的高度依赖，会让我国的粮食价格在国际市场中反应更加敏感[164]，并且容易受到粮食出口大国的制约，使得国内粮食市场更为脆弱，再加上我国农民种粮收益受种粮成本增长和国际粮食价格冲击而降低，进而严重制约我国粮食

---

① 美国 ADM、美国邦吉（Bun ge）、美国嘉吉（Car gill）和法国路易·达孚（Louis Dreyfus），根据英文名字首字母，将其简称为"ABCD"四大粮商。

安全[165]。

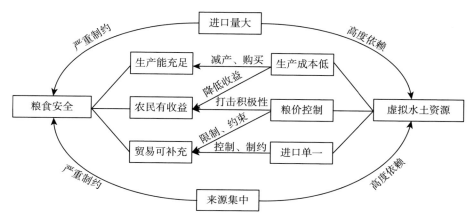

图 3-4　虚拟水土资源高度依赖制约我国粮食安全的机理

第三节　水土资源保障我国粮食
安全的机理分析

作为时刻都要以直接或间接的方式消耗着的水土资源，如何维持其自身的有效更新而持久地保障我们的粮食安全，这是人类不可回避的一个话题。本部分以水土资源保护和虚拟水土资源合理利用来分析这两种因素对保障我国粮食安全的机理。

一、水土资源保护对保障我国粮食安全的机理分析

公共管理学提出，公共产品具有效用的不可分割性、消费的非排他性、受益的非排他性三大特征。根据该概念及水土资源与粮食安全的特征，可以判定粮食生产中的水土资源及粮食安全属于拥挤性公共产品。如图 3-5 所示，用于粮食生产的水土资源作为公共产品，具有社会价值、生态价值、经济价值[165]。社会价值主要有提供养老、就业保障和粮食安全等，生态价值是指在进行粮食生产的过程中产生的自然资源修复、生物多样性保护、物质循环利用和自然景观美学等方面的价值，经济价值通过种粮农民出售粮食产品获得经济效益得到实现。资源价值的不完全实现致使种粮农民对待水土资源采取短期行为，缺乏水土资源的保护意识，农用化学品的不合理施用导致水土资源质量下降和营养流失，进一步加剧了生态自然环境的恶化，最终影响到农产品的质量

安全。另外，在经济利益的驱动下，容易出现水土资源的粮食生产功能转换，造成粮食产出减少，由此影响我国粮食安全[166]。21世纪以来我国粮食主产区源源不断地为粮食主销区提供经济价值极低的粮食产品，主产区额外承担了种粮过程中的水土资源保护和生态环境修复工作。水土资源的保护性开发利用是保障我国粮食安全与经济社会可持续发展的第一要义，因此国家应本着社会公平、生态安全和经济有效的原则，以行政、法律、经济调控等手段，直接或间接性地保护水土资源以维护我国粮食安全。

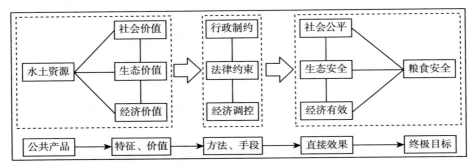

图 3-5　水土资源保护对保障我国粮食安全的机理

二、虚拟水土资源对保障我国粮食安全的机理分析

比较优势理论是国际间虚拟水土资源贸易的理论基础，是指根据本国资源状况衡量进出口产品来获取最大的利益。粮食是水土资源密集型产品，因而不同地区的水土资源所具有的不同比较优势，便导致粮食产品的生产成本各不相同。水土资源丰富地区发展粮食生产的成本就小，市场竞争力就强，种粮农民在利益的驱动下就有更高的生产积极性。我国水土资源在时间和空间上的不匹配和不均衡，就产生了某种农产品在单一资源上的比较优势和劣势。

与比较优势理论一致，要素禀赋理论也强调依据本国（或地区）要素的丰富或稀缺选择生产和进出口产品。虚拟水土资源的跨国流动可以看作是比较优势理论的现实表现，只是将资源禀赋替代了资本与劳动力。如图3-6所示，国际粮食贸易对隐含于粮食中的农业资源在世界范围内进行了再次分配，粮食出口国发挥本国资源禀赋优势，依靠农业资源获得了经济效益，而粮食进口国节约了生产粮食所需的资源成本，缓解了阶段性的结构性粮食供需矛盾，同时减少了农药、化肥的施用量。所以，在保障口粮绝对安全的同时，合理利用以

RCEP 等为主的国际合作平台,充分利用国际市场来解决我国水土资源对粮食生产的约束,缓解国内粮食的结构性供需矛盾,畅通国内国际双循环发展,拓展多元化粮食贸易渠道,实现我国经济效益、资源效益、生态效益的共赢,最终实现我国粮食安全。

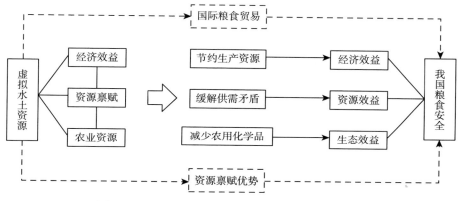

图 3-6　虚拟水土资源对保障我国粮食安全的机理

第四节　本章小结

本章结合上一章相关理论,先总体论述水土资源及虚拟水土资源与我国粮食安全的关系,然后分别从这两种因素对我国粮食安全的制约机理和保障机理进行梳理和分析,在明确水土资源与我国粮食安全的现实情况与客观规律作用的前提下,对本书整体的研究脉络进行梳理,为后续实证分析章节与实现路径的撰写做好铺垫。

第四章　我国粮食安全的现状及问题分析

如前文所述，粮食安全是国家长治久安的物质基础，一个国家的粮食安全取决于国内粮食生产数量、产出质量、国际市场的获取能力。其中粮食数量的供给与需求均衡是粮食安全的第一要义，而水土等自然资源是决定当前及未来粮食质量安全的重要因素，国际市场的获取能力取决于国家总体的粮食产业水平。所以本章首先从粮食的生产、消费、贸易等方面对我国 2001—2021 年粮食发展变化的基本现状进行分析；其次从可持续发展层面对我国水土资源与粮食安全的发展趋势做简要阐述；然后根据产业安全理论对我国粮食产业安全进行评估，以此来全面分析我国粮食安全；最后，结合当下时代背景和现阶段的主要矛盾，找出所要关注的研究问题，为下一步研究奠定基础。

第一节　我国粮食安全的基本情况分析

在现阶段，粮食数量依然是评判一个国家粮食安全的重要标准。从供需理论来说，一个国家的粮食数量主要包含粮食的生产、消费、贸易等层面，本节从这几个层面对我国当前的粮食安全现状进行阐述。

一、粮食生产现状

我国粮食的生产总量、生产结构、生产的地域特征基本能够呈现我国目前的粮食现状，本部分根据 2000—2022 年的粮食数据，以图表的形式来描述分析我国粮食的基本生产状况，并对其变化特征做出简要解释。

（一）粮食生产总量

从 2000 年到 2022 年我国粮食产量处于"十九连丰"的生产态势。如图 4-1 所示，自 2012 年以来，我国每年的粮食产量都超过 60 000 万吨。2022 年粮食总产量比 2021 年增长 368 万吨，达到 68 653 万吨，取得了"十九连丰"的历史性成就。由于我国粮食的连年丰收和充足储备，已经提前 10 年实现联合国《2030 年可持续发展议程》中消除贫困与饥饿的目标[167]。城乡人口结构的变化带动人们消费水平和消费结构的转变，饲料用粮与工业用粮需求继续增长，粮食的需求量也不断攀升。

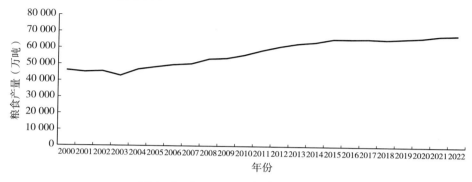

图 4-1　2000—2022 年中国粮食产量

数据来源：《中国统计年鉴》。

（二）粮食生产结构

如图 4-2 所示，从四大主粮的产量变化来看，2012 年以来，我国主要粮食结构逐渐趋于稳定和优化。整体来看，研究期内小麦与稻谷的产量始终处于稳定状态，玉米的产量大幅增长之后趋向于平稳，大豆的产量最少、变化最平稳。

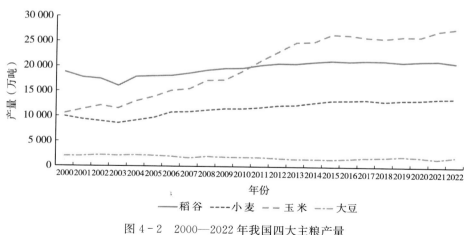

图 4-2　2000—2022 年我国四大主粮产量

数据来源：《中国统计年鉴》。

小麦、稻谷的产量基本稳定。2012 年以来，小麦和稻谷总产量持续增长，两者每年总产量之和相当于全年粮食产量的一半以上。到 2022 年，小麦、稻谷的总产量分别为 13 772 万吨和 20 849 万吨，这两种主粮的稳定产出也就确保了我们国家"口粮的绝对安全"。

玉米的产量快速增长之后又趋于稳定。从 2000 年到 2015 年，我国玉米的产量在四大主粮中增长速度最快，2012 年以后玉米成为我国产量最多的粮食种类。2016 年后随着玉米的临时收储政策取消，"镰刀弯"地区的玉米种植伴随着农业供给侧结构性改革而不断缩减规模，2022 年我国的玉米播种面积约为 4 307 万公顷，总产量达到 27 720 万吨，约占四大主粮总产量的 40%。

大豆的产量缓慢增长。2012 年以来，在国家大豆振兴计划的推动下，东北地区大豆播种面积大幅增加，近年我国大豆产量明显提高。从 2012 年到 2022 年，我国大豆的播种面积从 741 万公顷增长到 1 027 万公顷，占比由原来的 6.52% 提升至 8.62%，大豆总产量由 1 344 万吨增长至 2 028 万吨。总的来说，我国大豆产业正在缓慢恢复，产量增长空间还很大。

（三）粮食生产地域特征

随着国家经济的快速发展，我国粮食生产地域逐渐集中，形成了粮食主产区①（与该概念相对应的有"粮食平衡区"和"粮食主销区"）。该区域在整体布局上以农业发展为主，重点以发展粮食生产来保障国家总体粮食安全[168]。2022 年我国一共产粮 68 653 万吨，仅 13 个粮食主产区就产粮 53 718 万吨，占比 78% 以上，是我国名副其实的粮食供应基地。

由于我国气候环境和水土资源分布的差异性，粮食产区具有品种集中化的特征。小麦大体分布在华北平原，稻谷主要位于长江中下游、东北平原和岭南地区，玉米生产重心逐渐向东北和华北平原集中[169]。在经济水平持续增长的带动下，我国总体的产业结构逐渐变化，粮食生产重心也开始北移。粮食主产区作为国家粮食主要生产基地，也伴随着越来越大的经济压力和环境压力。现阶段华北和东北地区已经成为我国主要的粮食供应基地，浙江、上海等地则是粮食主销区。总体呈现"北粮南运""西粮东运"的粮食运输格局，长此以往会加剧粮食主产区的自然资源短缺和生态环境破坏。

图 4-3 是 2000—2022 年全国及粮食主产区的粮食产量变化情况，可以清晰地看出粮食主产区与全国的粮食产量比近似于"W"形变化。除 2007 年外，

---

① 本研究时段内，依据财政部印发的《关于改革和完善农业综合开发若干政策措施的意见》（2003），以黑龙江（含省农垦总局）、吉林、辽宁（不含大连）、内蒙古、河北、河南、山东（不含青岛）、江苏、安徽、四川、湖南、湖北、江西 13 个省级单位为粮食主产区。粮食主销区包括北京、天津、上海、浙江、福建、广东、海南 7 个省份。粮食平衡区包括新疆、甘肃、西藏、青海、陕西、山西、宁夏、贵州、重庆、广西、云南 11 个省份。

各年份均高于 70％，2007 年和 2016 年占比分别为 69％和 70％，2017 年以来粮食主产区粮食产量占全国总产量的 78％以上，其中 2021 年占比为 78.5％。可以明显看出，粮食主产区粮食产量始终处于平稳增长状态，近年我国粮食生产逐渐向粮食主产区集中，由此可知粮食主产区是保障我国粮食安全的中坚力量。

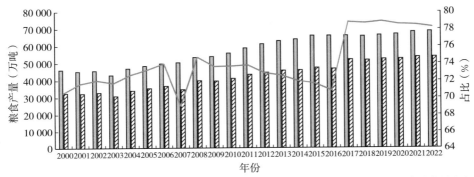

图 4 - 3　2000—2022 年粮食主产区与全国粮食产量对比

数据来源：《中国统计年鉴》《中国农村统计年鉴》。

二、粮食消费现状

粮食消费是在某一段时间内全社会所消耗的生产和生活用粮。生活用粮是粮食的直接消费，主要是指城市居民和农村居民直接消费的口粮；生产用粮是粮食的间接消费，包括工业用粮、饲料用粮、种子用粮、粮食损耗和进出口等。在城市化进程的推动下，我国粮食需求数量稳增不降，需求结构发生很大变化。这主要表现在工业用粮和饲料用粮增加的速度较快，而口粮逐渐减少。2010—2021 年我国的四大主粮消费总量如表 4 - 1 所示。

（一）口粮消费现状

口粮是指被人们直接消耗掉的粮食，在粮食总消费中占比最大。如表 4 - 2 所示，这部分粮食在 10 余年间占粮食消费总量的 50％以上，这就说明了为什么我国必须长期坚持"口粮绝对安全"。然而从口粮消费的总体情况来看，近几年口粮的消费占比有所下降。具体来说，稻谷和小麦是我国长期内的主要口粮，总占比在口粮消费总量的 70％以上。从近几年的口粮消费数据中可以看出，小麦的口粮消费量有所下降，稻谷的口粮消费量保持在稳定的状态。玉米作为口粮，其消费量占总口粮消费量的 10％ 以内，说明玉米是我国的非食物性粮食消费[170]。在国家粮食安全新战略布局下，保障我国的"口粮绝对安全"，也就是确保"口粮自给"，具体来说就是实现稻谷和小麦的供给充足，只有口粮的绝对安全才能够推动粮食产业发展，才能保障国家粮食安全。

表 4-1　稻谷、小麦、大豆、玉米消费总量

单位：万吨

年份	稻谷	小麦	大豆	玉米	年份	稻谷	小麦	大豆	玉米
2010	19 293	11 556	6 526	19 585	2016	19 904	12 068	10 015	27 258
2011	19 594	11 616	7 146	21 371	2017	19 967	11 620	10 518	29 752
2012	19 641	12 040	7 224	20 808	2018	19 950	12 560	9 720	30 352
2013	19 909	11 498	7 862	21 377	2019	20 250	11 880	10 657	29 101
2014	20 005	12 190	8 519	20 301	2020	21 222	16 500	11 985	25 201
2015	19 885	11 671	8 923	22 529	2021	20 770	15 203	11 853	27 501

数据来源：布瑞克农产品数据库。

表 4-2　稻谷、小麦、玉米口粮消费量

单位：万吨

年份	稻谷	小麦	玉米	年份	稻谷	小麦	玉米
2010	15 950	9 320	965	2016	17 224	9 850	1 150
2011	16 340	9 312	978	2017	17 282	9 800	1 150
2012	16 600	9 610	990	2018	17 265	9 700	1 150
2013	17 286	9 740	1 048	2019	17 261	9 700	1 130
2014	17 367	9 730	1 065	2020	17 262	9 700	1 150
2015	17 249	9 920	1 092	2021	17 360	9 700	1 150

数据来源：布瑞克农产品数据库。

（二）饲料用粮消费现状

饲料用粮是动物养殖消耗掉的粮食。饲料用粮通过动物消耗，转化为可供人类食用的肉蛋奶等，最终被人类所消费[171]。如表 4-3 所示，总体来看，2010—2021 年我国饲料用粮约占粮食消费总量的 30％，是除口粮外最大的粮食消费种类，并且饲料用粮的数量呈逐年快速增长趋势。具体到粮食品种来看，玉米占饲料消费总量的 60％ 以上，稻谷及小麦的饲料用粮消耗仅占约10％，可见玉米是我国主要的饲料用粮消费品种[172]。通过分析发现，在我国

的粮食消费中，饲料用粮位居第二，也就是说在我国的粮食消费方面，饲料用粮已然对我国粮食安全具有重要影响。由此可知，维持玉米等重要饲料粮的稳定供给是保障我国粮食安全的重要内容。

表4-3 稻谷、小麦、玉米饲料消费量

单位：万吨

年份	稻谷	小麦	玉米	年份	稻谷	小麦	玉米
2010	981	586	12 800	2016	1 120	900	18 850
2011	1 000	625	14 583	2017	1 125	480	19 300
2012	1 022	1 250	14 450	2018	1 136	900	19 200
2013	1 083	500	15 205	2019	1 301	320	19 000
2014	1 086	1 200	14 300	2020	2 165	4 500	16 000
2015	1 086	470	16 128	2021	2 300	3 000	18 300

数据来源：布瑞克农产品数据库。

（三）工业用粮消费现状

人类物质生活的丰富也推动着粮食工业产品的发展，食品、医药、化工、酒精等产品都是以粮食为原料或者辅料加工制成的，它们消费的这些粮食被称为工业用粮，主要是大豆、玉米等粮食[173]。这些粮食很大一部分是曾经的战备用粮，由于存储时间超过用粮年限而变质为陈化粮，这些工业用粮的消费仅次于口粮和饲料的消费总量[170]。在城市化和工业化的快速发展中，工业用粮的消费量也在逐年增长。如表4-4所示，2010—2021年，每年都有占粮食消费总量15%左右的粮食作为工业用粮，并且这一数据还在增长。具体到粮食品种来看，玉米和大豆是工业用粮的主要对象，其中玉米的消费比例常年保持在25%～30%；稻谷和小麦作为工业用粮的占比较小，基本维持在10%以下。

（四）其他用粮消费现状

其他用粮是指除上述口粮、饲料用粮、工业用粮之外的消费，也就是种子用粮和在储藏运输过程中的粮食损耗。随着我国仓储设备和农机装备等的不断发展，粮食的损耗也在不断降低，总体上损耗率在5%之内[159]。种子用粮作为我国粮食消费中不可缺少的一部分，其消费量由我国粮食播种面积和技术进步等因素决定。如表4-5所示，近年来我国种子用粮基本维持在2%～3%。随着粮食播种面积的稳定和科学技术的进步，近几年的种子用粮数量变化稳定，甚至有缓慢递减的趋势。

表4-4 稻谷、小麦、大豆、玉米工业消费量

单位：万吨

年份	稻谷	小麦	大豆	玉米	年份	稻谷	小麦	大豆	玉米
2010	877	1 080	5 400	5 300	2016	1 420	570	8 200	6 500
2011	900	1 120	5 900	5 300	2017	1 420	590	8 550	8 500
2012	924	450	6 100	4 690	2018	1 410	520	7 550	9 200
2013	1 400	500	6 500	4 600	2019	1 550	500	8 890	8 100
2014	1 410	500	7 100	4 400	2020	1 565	900	9 300	7 000
2015	1 410	530	7 500	4 700	2021	1 600	900	9 200	7 000

数据来源：布瑞克农产品数据库。

表4-5 稻谷、小麦、大豆、玉米种子消费量

单位：万吨

年份	稻谷	小麦	大豆	玉米	年份	稻谷	小麦	大豆	玉米
2010	1 343	520	80	155	2016	1 404	512	75	180
2011	1 340	510	70	157	2017	1 401	509	78	180
2012	1 352	510	68	169	2018	1 393	504	80	180
2013	1 401	508	64	178	2019	1 385	493	82	180
2014	1 408	508	60	185	2020	1 380	500	88	180
2015	1 401	510	58	188	2021	1 386	505	88	180

数据来源：布瑞克农产品数据库。

三、粮食贸易现状

国际间的粮食贸易对稳定国内粮食市场价格、维持粮食供需平衡、保障国内粮食安全有着举足轻重的作用。在国际粮食贸易市场中，我国粮食进出口数量和结构都发生了很大的变化，如今我国已经成为全球主要粮食进口国。

（一）粮食贸易数量

我国粮食的产量和消费量均占世界粮食总产量与消费量的20％左右，是全球重要的粮食生产大国和消费大国。在入世的过渡期中，我国粮食进口量平稳，出口量逐年增长。具体来说，我国粮食贸易出口量从 2001 年的 991 万吨逐年减少到 2021 年的 331 万吨，但是进口量从 2001 年的 1 950 万吨增加到 2021 年的 16 454 万吨。2002 年以后我国粮食进口数量呈波动增长趋势，在 2003 年我国成为粮食净进口国，如图 4-4 所示。这说明我国是一个名副其实的粮食进口大国。从我国粮食出口量来看，2001—2021 年发生很大的变化，2008 年之前我国粮食出口呈现不规律的升降波动，2008—2021 年我国粮食出口数量始终保持在一个较低的水平。

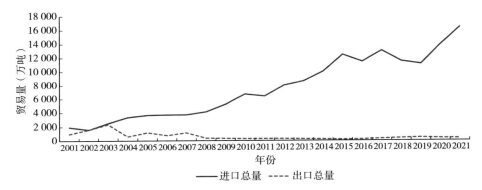

图 4-4　2001—2021 年我国粮食进出口量

数据来源：《中国粮食和物资储备发展报告》、中国海关总署网站。

（二）粮食贸易结构

如表 4-6 所示，从 2015—2021 年我国粮食进出口品种结构看，稻谷和大米是每年粮食出口中占比最大的品种，稻谷的出口量占粮食总出口量的近 30%，在我国粮食出口中最具优势；小麦出口量在近几年逐年下降；玉米出口量小，且不稳定；大豆出口量始终在 10 万～20 万吨。从进口数量来看，大豆的进口数量占我国粮食总进口数量的 4/5 以上，进口量依然在逐年增长；由于我国饲料用粮和工业用粮的需求增长，作为其主要原材料的玉米进口量增长迅速，仅 2021 年我国玉米进口量就为 2 835 万吨，玉米成为我国粮食进口中远大于小麦、稻谷和大米的重要品种；小麦、稻谷和大米虽然在粮食进口中的占比比大豆和玉米小，但是其进口量也在缓慢增长。

植物油的需求量伴随着人们生活水平的提高而逐年增大，由于大豆是植物油的主要原材料，所以大豆处于供不应求的状态。从 2004 年的大豆贸易争端后，我国彻底成为大豆净进口国，大豆是粮食进口种类中占比最大的，且进口量与日俱增[174]。2020 年我国大豆进口再创新高，已经达到 10 033 万吨，但是 2020 年我国大豆的总产量仅 1 960 万吨，还不到总进口量的 20%，我国大豆缺口已经达 8 000 万吨以上，也就是说国产大豆几乎完全不能自给。如图 4-5 所示，2001 年我国大豆进口量为 1 394 万吨，2020 年我国大豆进口量达到 10 033 万吨，净进口量增长了近 10 倍。

表 4-6 我国粮食进出口数据

单位：万吨

年份	出口数据					进口数据				
	小麦	稻谷和大米	玉米	大豆	出口总量	小麦	稻谷和大米	玉米	大豆	进口总量
2015	11	48	8	21	154	554	227	473	6 338	12 478
2016	0	42	2	21	190	300	258	317	7 140	11 468
2017	2	29	1	13	280	301	338	283	8 170	13 062
2018	1	49	0	13	366	341	356	352	8 391	11 555
2019	0	120	9	11	434	442	403	479	9 553	11 144
2020	0	230	0	7	354	838	294	1 130	10 033	13 927
2021	0.5	270	0.55	6.7	331	972	300	2 835	9 653	16 454

数据来源：《中国粮食物资和储备报告》、中国海关总署网站、布瑞克农业数据库。

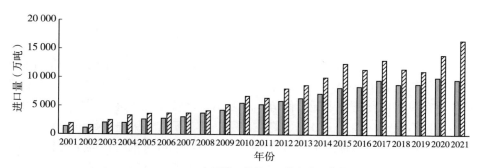

图 4-5 我国大豆与粮食进口总量

数据来源：中国海关总署网站。

我国粮食连年丰收，供给充足，但是粮食自给率却持续下降。如图 4-6 所示，2012 年以来，我国粮食自给率处于稳步下滑状态，2015 年、2016 年、2017 年、2020 年、2021 年的粮食自给率分别为 80.19%、81.86%、79.44%、82.80%、80.90%。究其原因主要有两方面。一方面，在我国的粮食品种统计中，大豆作为我国重要的粮食品种，其进口量占比较大且逐年增长。这就使粮食总体的自给率在一定程度上降低了很多。准确来说大豆不能算作粮食，因为它主要是油料和各种豆制品的原料[175]。如果不算大豆的话，2012—2021 年，我国粮食的自给率始终高于 95％。另一方面，由于每年我国生产的粮食大多被国家以最低收购价和临时收储政策转化为储备粮，市场上可供售卖的粮食不多，再加上进口粮食的价格比国内更低，这就导致我国的粮食加工企业多选择用进口粮食作为原料，因此我国粮食自给率随粮食进口增长而下降。也就是说，国内粮食自给率降低的原因主要是粮食储备率逐年提高。

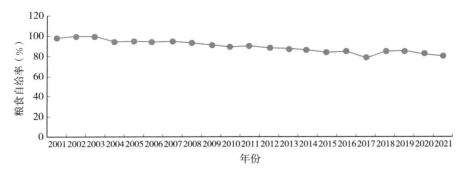

图 4-6　2001—2021 年我国粮食自给率变化情况
数据来源：中国海关总署网站、《中国统计年鉴》。

（三）粮食贸易区域

以前我国粮食进口主要来自美国、阿根廷、泰国、越南等太平洋地区和东南亚地区的国家。近些年有了很大的变化，我国粮食来源地非常集中，主要是美国、澳大利亚等国。其中，美国是我国玉米和大豆进口数量最多的国家[176]。如表 4-7 所示，2020 年我国大豆进口数量的 90％都来自美国和巴西，玉米进口数量的 95％都来自乌克兰和美国。这表明我国粮食进口来源集中度过高。

表 4-7　2020 年我国主要粮食品种进口来源国一览（％）

名次	大米		小麦		玉米		大豆	
	来源国	占总进口比例	来源国	占总进口比例	来源国	占总进口比例	来源国	占总进口比例
1	越南	37	加拿大	28	乌克兰	56	巴西	64
2	巴基斯坦	13	美国	20	美国	39	美国	26

（续）

名次	大米		小麦		玉米		大豆	
	来源国	占总进口比例	来源国	占总进口比例	来源国	占总进口比例	来源国	占总进口比例
3	泰国	12	澳大利亚	15	俄罗斯	0.1	阿根廷	8
4	柬埔寨	11	俄罗斯	0.2	缅甸	0.1	俄罗斯	0.7

数据来源：布瑞克农产品数据库、中国海关总署网站。

在出口方面，日本、韩国及东盟国家每年会从我国进口为数不多的粮食。具体来说，小麦主要出口到韩国和东盟国家；玉米则主要出口到韩国、日本和朝鲜，其中出口到朝鲜的玉米数量逐年增长；大米主要出口到日本、韩国及东盟国家；日本是我国大豆的主要出口国，近几年美国和韩国对我国大豆的需求量也有小幅上升。

第二节　我国粮食安全的可持续发展分析

粮食的可持续发展是指能够持续地保证粮食稳定生产的资源，具体来说，粮食的生产资源主要涉及耕地资源、水资源、气候资源等自然资源，以及人力资源、粮农科技、机械水平、组织管理、政策制度等社会资源。由于社会资源和以气候资源等为主的自然资源具有多变性和不可量化等原因，所以本部分主要针对粮食生产水土资源进行分析，从水土资源视角来研究我国粮食安全。

一、耕地资源供需现状

尽管我国是世界上最大的发展中国家，耕地总量位于世界前四，属于耕地资源丰富国家，但是作为拥有世界约 20% 人口的国家来说，我国人均耕地面积不足世界平均水平的 40%，我国耕地面积比较匮乏[177]。耕地资源充足与否决定着我国粮食产能，随着我国经济高速发展，城镇化进程进一步加快，再加上我国农业发展是高强度地开发利用水土资源的发展模式，这更加剧了我国耕地资源总量不足和人均占有量稀少的局面。究其原因：首先，我国总体经济快速发展，对土地的需求增多，尤其是对建设用地的需求增长；其次，前些年粮食需求的增长驱动着过度的土地开垦，造成土地沙漠化和土地荒漠化，这种行为也严重制约着耕地资源；再次，不合理的耕作和自然灾害的发生所导致的水土流失，也侵蚀了一部分耕地资源；最后，长期的农业耕作，再加上化肥、农药、农膜等的过度使用，造成土壤中含有的重金属和有害病原体等产物不断增长，不可避免地导致耕地地力降低[178]。

从《中国统计年鉴》查询数据得到 2000—2017 年中国耕地数量变化趋势，如图 4-7 所示。从中国耕地面积总量上看，2000—2017 年我国耕地面积大概走过了三个阶段。第一阶段，2000—2006 年，我国耕地面积基本稳定，总量在 13 000 万公顷上下。第三阶段，2010—2017 年，我国耕地数量增长之后处于 13 500 万公顷左右。在这两个阶段我国耕地面积虽然有波动，但基本平稳，变化不大。第二阶段，2006—2010 年，我国耕地面积呈 U 形变化，耕地数量从 2006 年的 13 004 万公顷下降到 2008 年的 12 172 万公顷，随后又逐年增长到 2010 年的 13 513 万公顷。总体来看，我国耕地面积经历了先下降后上升的过程，尤其是近些年随着国家对粮食安全的重视，耕地资源得到了保护和合理开发，我国耕地面积逐渐增多，耕地面积总量维持在 13 500 万公顷上下。根据我国实际情况来看，虽然我国这几年的耕地数量有所增长，但是高速发展的城市化和工业化让我国耕地资源在未来依然面临很大的挑战。如何保证充足的粮食生产耕地面积来保障我国的粮食安全，是我们要面对的一个重要问题。

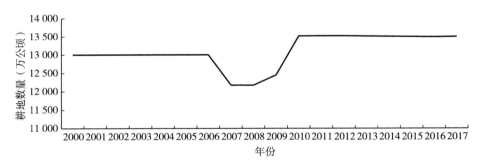

图 4-7 2000—2017 年我国耕地数量变化趋势

数据来源：《中国统计年鉴》。

二、水资源开发利用现状

我国的水资源总量丰富，总蓄水量排名世界前六，然而人口基数大，人均水资源量仅约为世界人均水资源量的 1/4，说明我国仍是一个水资源贫瘠国家[59]。

根据《中国统计年鉴》得到 2010—2021 年中国水资源总量和人均水资源变化趋势，如图 4-8 所示。2010—2021 年中国水资源总量和人均数量的变化趋势基本相同，都处于波动起伏状态。从水资源总量上看，研究期内我国水资源总量均值在 27 000 亿立方米左右，人均水资源量在 2 000 立方米上下，即使个别年度小有波动，但总体还算平稳。随着我国经济社会的发展，必然会消耗越来越多的水资源，未来我国水资源的供需矛盾将会愈演愈烈。我国水资源的区域分布不均衡，而粮食是水资源密集型产品，粮食主产区的水资源供应不足也就成为我国粮食生产的约束性因素。首先，在水资源污染方面，在 20 世纪 70 年代初我国就已经注重水资源的保护工作，但是随着工业的发展和城镇化进程的加快，产生的工业废水和生活污水增多，如果处理不当就会扩大水污染的范围，所以现阶段及未来水污染依然是我们面临的一个问题。其次，经济社会的发展必然增加对水资源的需求，有数据显示我国水资源利用率已经超过 70%，高于 20% 的水资源利用安全线，而污水数量过多会危及农业生态环境[179]。另外，由水土流失导致的水环境破坏也是造成我国水资源供给不足的一个重要原因。最后，我国地域辽阔，各地区气候变化不同，水文环境差异大，这就决定了我国水资源的分布不均衡，也加大了水资源的开发利用难度。总体来看，我国南方地区水多、人多、地少，北方地区地多、人多、水少，这种现实情况决定了我国各地区之间粮食发展的不平衡。

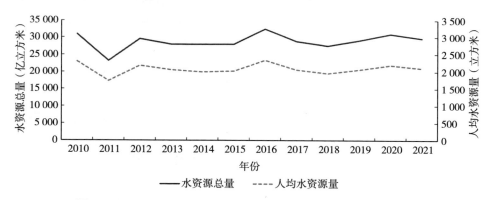

图 4-8　2010—2021 年中国水资源总量和人均水资源量变化趋势

数据来源：《中国统计年鉴》。

三、农用化学品施用现状

为了保证能够有更多的粮食产量，大量的农用化肥、农药、农膜等产品被应用于粮食的生产过程中。由表 4-8 可知，2011—2020 年我国农用化肥、农药和农膜的施用量在缓慢减少，但总体的施用量依然很大。农用化学品的使用，不可避免地会对生态环境尤其是水土资源、生物、人类健康等造成严重危害，大量未被农作物吸收利用的化肥、农药等残留在水土资源中，长此以往必然对粮食等农产品的质量和品质带来负面作用，最终危及人类健康。

表 4-8 2011—2020 年农用化肥、农药、农膜施用量

单位：万吨

年份	农用化肥	农药	农膜	年份	农用化肥	农药	农膜
2011	5 704	179	230	2016	5 984	174	260
2012	5 839	181	238	2017	5 859	166	253
2013	5 912	180	249	2018	5 653	150	247
2014	5 996	181	258	2019	5 404	139	241
2015	6 023	178	260	2020	5 251	131	239

数据来源：《中国农村统计年鉴》。

四、生态气候变化现状

全球生态环境的恶化和自然灾害的频发已经成为全人类共同关注的课题。伴随着全球变暖，自然气候的变化已经对粮食生产产生了很大的影响。我国地域辽阔，地形复杂，各地区气候温差各异，再加上前些年的经济发展对一部分的生态资源环境造成了不利影响，所以气候多变、洪涝灾害、冰雹冷冻等自然灾害也在一定程度上影响着我国的粮食安全[180]。面对气候多变和自然灾害等事件对我国粮食生产带来的负面影响，我们要正确面对，积极回应，尽最大努力地调整生产方式，促进人类生产活动与生态自然的和谐发展。

第三节 我国粮食安全的总体评估

在前文的分析中已经表明，2000—2022 年我国的粮食产量得到了稳步增长，实现了"十九连丰"。然而在世界范围内，我国粮食产业却处于"大而不强""多而不优"的状态，这不利于我国粮食安全的长远发展。基

于此，本部分根据产业安全理论对我国粮食产业安全进行分析评估，以此来全面论述我国粮食安全，为后续路径实现和保障机制分析提供实证支撑。

一、粮食安全与粮食产业安全关系分析

国际上将粮食安全定义为，人们随时随地可以获得充足的维持其生存和健康所需要的食物。也就是确保粮食供给与需求的基本平衡。粮食安全是社会和谐、政治稳定和经济发展的基础，也是人民生存和生活的保障，所以粮食安全一直被我国政府视为重要的战略性问题。粮食产业安全是国家安全的重要组成部分，是更加系统、更加全面、内涵更加丰富的粮食安全[181]。粮食安全的概念始终处于不断发展、不断变化的动态演变之中，对于其内涵的认知是一个不断深化、不断丰富充实的过程。不同的国家和地区在不同的历史和社会经济发展阶段、不同的食物消费习惯和水平下对粮食安全内涵的理解不同，所产生的粮食安全标准不同，所考虑的重点和制定的粮食安全政策也不同[182]。粮食安全问题涉及的层面广、范围大、问题多，基本覆盖了经济、社会、生活的方方面面。现阶段针对粮食安全的研究依然是集中于某一个实际问题或者粮食安全的某一个方面，对系统的粮食安全理论框架的研究还不多。

从粮食产业安全角度来分析粮食安全，有更加系统的产业安全理论作支撑。大多针对粮食安全的研究是从外部分析粮食安全问题并探索粮食安全实现路径，或者研究粮食安全的内生性因素。前者对粮食安全内在运行机制和粮食安全自我实现途径的分析不足，粮食安全的性质和内在运行机制决定了其运行的机理和特点[181]。后者缺乏对粮食安全主体的分析，农民作为粮食生产的主体，稳定可观的种粮收益才是保证粮食产量和质量的最大动力。所以，研究我国粮食安全问题的关键在于对其中各要素和关键指标间的相互作用关系进行分析，粮食产业安全才是粮食安全的基础。

粮食安全与粮食产业安全是一种相互依存、相互促进的关系。后者是前者的前提和基础，为前者提供全方位的可持续性支撑，同时，前者也是后者的目的和动力[183]。总的来说，两者是一个问题的两个侧面，只是研究的角度和层次不同。

截至 2022 年，在粮食的"十九连丰"以后，我国粮食的总量处于历史最充裕时期，但是从粮食产业安全来说却面临着严峻的挑战。首先，在生产环节面临着水土资源数量不足、分布不均衡问题，劳动力和农用化学品的价格上涨

提高了粮食生产成本，在国际粮食价格倒逼的情况下出现了粮价倒挂现象，高成本低收益让国内的粮食生产内生动力不足。其次，粮食的供给与需求不匹配问题，居民膳食营养需求结构升级，对现阶段生产的粮食质量和种类提出更高要求，短时间内粮食生产的转型升级显然难以实现。另外，从前文的分析中可知，在国际粮食贸易市场主要进口玉米和大豆，借鉴大豆产业的惨重教训，我们要深刻认识到利用好两个市场、两种资源并不是放松对"保产量"的警惕，要时刻着眼于以"保产业"为着力点，致力于实现保产量、保收入和保供给的综合平衡。加入 WTO 后，跨国粮商以贸易自由化为借口，企图像大豆一样来布局我国粮食领域，想要将我国的粮食都纳入其主导的全球价值链中，从粮种、生产、仓储、加工等产业链控制我国三大主粮，如果任其发展，最终将动摇我国整个粮农系统，真正制约我国的粮食产业安全。因此，保障粮食安全不只是数量和质量的问题，而是要重视整个产业链的每一个环节，关注粮食产业的安全和国际竞争力的提升。

综上所述，我国总体的粮食安全应该以整体的粮食产业安全为依托，而不只是粮食数量或者质量的安全，只有以整个粮食产业为载体的安全才能真正地表明粮食安全。所以必须从粮食产业安全的视角来探讨和定义我国粮食安全，重构我国总体粮食安全评价系统，研究我国粮食安全的实现路径[184]。

二、我国粮食产业安全评估

基于上文对粮食安全与粮食产业安全的关系分析可知，粮食产业安全关系着我国粮食安全的供需平衡和国际竞争力等问题。本部分基于已有的产业安全理论和产业指标体系，构建粮食产业安全指标评估体系，并运用以 DEA 为主的分析方法对我国粮食产业安全进行系统性的评估分析，尝试找到影响我国粮食产业安全的关键环节，进而从粮食产业安全的视角出发，从国内和国际层面来保障我国粮食安全。

（一）评价方法与数据来源

1. 评价方法

由于数据包络分析是用数学规划模型比较决策单元相对效率的非参数分析方法，经常用于分析具有多输入多输出的同类决策单元的有效性，所以根据评估体系指标构建的现实需要，结合模型方法选取的原则，采用 DEA 模型来评估我国粮食产业的安全性，试图找出影响我国粮食安全的重要环节。其评定原

理是假设有 n 个评价决策单元，每个决策单元有 m 种"输入"和 t 种"输出"资源。具体计算公式如下：

$$
\begin{cases}
\min\left[\theta - \varepsilon\left(\sum_{r=1}^{1} s_i^-\right)\right] \\
\text{s. t. } \sum_{j=1}^{n} X_{ij}\lambda_j + s_i^- = \theta X_{ij0} \\
\sum_{j=1}^{n} Y_{rj}\lambda_j - s_r^+ = Y_{rj0}, \ s_i^- \geqslant 0 \\
s_r^+ \geqslant 0, \ \lambda \geqslant 0, \ j = 1, \ 2, \ \cdots, \ n
\end{cases}
\quad (4-1)
$$

式中，X_{ij} 表示第 j 个决策单元对第 i 种输入的投入量，$X_{ij} > 0$；Y_{rj} 表示第 j 个决策单元对第 r 种输入的产出量，$Y_{rj} > 0$；θ 表示决策单元的效率；ε 为非阿基米德无穷小量，取 $\varepsilon = 10^{-10}$；s_r^+ 与 s_r^- 分别为剩余变量和松弛变量，分别表示产出不足和投入冗余。λ_j，s_r^+，s_r^- 为待估计参数。

模型的含义：n 个决策单元的线性组合，当产出小于第 j_0 个决策单元时投入最小。该模型对粮食产业的安全度评价由决策单元的有效性决定，并由参数 θ 的值决定 DEA 是否有效。当 $\theta = 1$ 且 $s_r^+ = s_r^- = 0$ 时，该决策单元为 DEA 有效，表明由 n 个决策单元组成的经济系统，决策单位的投入产出达到最优化。当 $\theta = 1$ 且 s_r^+ 与 s_r^- 中至少有一个大于 0 时，则该决策单元为弱 DEA 有效，此时决策单元的投入变动 s_r^- 可使产出不变，或在投入不变的情况下使产出提高 s_r^+。当 $\theta < 1$ 时，决策单元为非 DEA 有效。

令 $\alpha = \sum_{j=1}^{n} \lambda_j$，即决策单元的规模效益值。$\alpha = 1$，则决策单元为规模效益不变，规模有效；$\alpha < 1$，则决策单元为规模效益递增；$\alpha > 1$，则决策单元为规模效益递减。

2. 数据来源

粮食产业安全的评价年份为决策单元，共计 20 个决策单元，即 2001—2020 年，用线性规划的最优解来定义决策单元的有效性。粮食产业的安全状态由各决策单元的 DEA 效率评价指数"θ"来衡量，θ 值越接近 1，表明粮食产业系统以越小的损失来实现粮食产业的竞争力和发展效益，其安全度越高，反之则安全度越低。根据粮食产业的特殊性，可以界定当 $\theta \leqslant 0.85$ 时，表示粮食产业发展处于危机状态。

依据《中国统计年鉴》《中国粮食年鉴》《中国粮食发展报告》，收集了 2001—2020 年我国粮食产业的投入、产出指标原始数据。

（二）评估体系构建与指标选择

1. 体系构建

本书的粮食产业指标体系构建依据的是目前得到学术界普遍认可的何维达课题组负责的"中国入世后产业安全与政府规制研究"成果[185]。在该产业安全指标体系的基础上，构建八个相应的二级评价指标。其中产业控制力原本主要指金融资本、技术创新、品牌价值等方面，根据粮食产业的实际情况和数据的可获得性，采用外资市场控制力和外资国别集中度作为粮食产业控制力的二级评价指标。各指标具体归属情况如表4-9所示。

表4-9　粮食产业安全产出与投入指标体系

目标	一级指标	二级指标	量化方法	指标分类
粮食产业安全	产业对外依存度	进口依存度 X_1	粮食进口/粮食消费总量	投入指标
		出口依存度 X_2	粮食出口/粮食消费总量	
	产业控制力	外资市场控制力 X_3	外资企业市场份额	
		外资国别集中度 X_4	外资母国所占国别份额	
	产业生存环境	粮食需求总量增长率 X_5	粮食总需求增速	产出指标
		粮食产量增长率 Y_1	粮食产量增速	
	产业国际竞争力	粮食自给率 Y_2	粮食产量/粮食消费量	
		贸易竞争力指数 Y_3	（出口－进口）/（出口＋进口）	

2. 指标选择

粮食产业安全的指标选择应遵循以下原则：①客观性原则，即所选用的指标与现阶段粮食产业的实际情况相符合，能够支撑粮食产业安全体系；②科学性原则，即在保证指标选取客观性的前提下，所选用的指标是在理论与实践相结合的基础上得出的，既有理论基础，又符合实际情况；③系统性原则，即选取指标的数量与结构符合系统优化原则，且各指标之间相互联系和制约，层次分明，逻辑清晰，能够综合反映粮食产业安全；④实用性与定量性原则，即保证所选用的指标简便易得，且指标数据的获得性强，尽可能地被量化。

（1）粮食产业对外依存度。产业对外依存度是指一个国家或地区的某个产业对国外的依赖程度，是该产业的进出口对外依存度指标。如果一个产业的对外依存度越高，表明该产业发展受到国外的负面影响程度越大，在世界贸易自由化的今天，出口对外依存度过低又反映了出口竞争力不强。粮食产业进口对外依存度用国内当年进口的粮食数量与当年粮食总需求量之比来表示，该指标代表国内粮食产业发展对进口需求的依赖程度[186]。粮食产业出口对外依存度用国内粮食当年的出口量与当年粮食总需求量之比来表示，反映国内粮食产业发展对粮食出口的依赖程度。粮食产业出口对外依存度越高，表明该年度的粮食产业发展受外部影响越大，粮食产业发展安全度越低。

（2）粮食产业控制力。产业控制力是指相对于外国而言，某国在资本、股权、关键核心技术等方面的把控程度。中国加入WTO后，国内粮食产业逐步对外开放，国际粮商通过购买股权、增资、新建投资等方式加速介入我国粮食产业链，并在资本、技术、品牌、管理等方面凭借其独特优势逐渐在我国占据重要地位，甚至成为影响我国粮食产业生存和发展的关键力量。本节用外资市场控制力和外资国别集中度作为粮食产业控制力的二级指标。外资市场控制力代表外国资本对国内粮食产业的市场控制程度，用外资股权控制企业销售收入与国内产业总销售收入之比来表示，比值越大，表明外资对粮食产业安全的影响程度越大。外资国别集中度用某个国家控制的企业的产值与国内粮食产业总产值的比值来表示，比值越大，表明该产业受外资国影响的程度越大，对粮食产业的制约程度就越大。

（3）粮食产业生存环境。生存环境是产业发展的基础。粮食产业环境的指标一般是社会经济状况、发展体制、国际环境等[187]。由于这些指标难以测度，故以粮食产量增长率来衡量该产业生产环境，用国内粮食需求总量增长率来反映粮食产业市场需求环境。国内粮食产量增长率较高，说明国内粮食产量在稳定增长，从粮食数量上表示粮食总量安全。国内粮食需求总量增长率较高，表示国民对粮食的需求数量在增长，反映出国内粮食的生产数量或者供给结构不充足和不充分，表明我国粮食产业不安全。

（4）粮食产业国际竞争力。粮食产业国际竞争力是一个国家或者地区的粮食产业在国际竞争中的生存、发展、适应能力，由二级指标国内市场份额（粮食自给率）和贸易竞争力指数来反映。前者指粮食产业在国内市场的布局规模和生存状况，国内市场份额的情况可以用粮食自给率来衡量。关于中国粮食自给率的计算有多种方法，由于近年来中国粮食生产存在结构性失衡问题，所以采用一般的产消比来衡量自给率已经不能反映结构性矛盾的事实，尤其是在国内粮食"三量齐增"的现状下。为充分反映当下粮食进口对粮食自给率的影响，借用杨晓东在其博士论文中的公式：粮食自给率＝（粮食消费总量－粮食净进口）/粮食消费总量[188]。粮食产业贸易竞争力指数是直接反映产业国际竞争力强弱的指标，该指数也称净出口指数或贸易专业化指数，具体公式如下：粮食产业贸易竞争力指数＝（粮食出口量－粮食进口量)/(粮食出口量＋粮食进口量)[186]。

各指标数据详见表4-10。

表 4 - 10　2001—2020 年中国粮食产业安全指标数据（％）

年份	进口依存度 X_1	出口依存度 X_2	外资市场控制力 X_3	外资国别集中度 X_4	需求总量增长率 X_5	粮食产量增长率 Y_1	自给率 Y_2	贸易竞争力指数 Y_3
2001	0.043 1	0.021 9	0.210 5	0.285 4	0.021 0	−0.020 6	0.980 4	−0.326 1
2002	0.035 1	0.035 4	0.249 8	0.313 3	−0.009 8	0.009 8	1.000 3	0.004 7
2003	0.058 6	0.054 7	0.299 9	0.310 4	0.005 7	−0.057 7	0.996 5	−0.035 0
2004	0.071 4	0.013 2	0.329 7	0.394 9	0.009 6	0.090 0	0.944 3	−0.687 8
2005	0.075 3	0.024 4	0.349 8	0.316 4	0.014 0	0.031 0	0.950 5	−0.510 5
2006	0.074 6	0.015 5	0.360 1	0.306 0	0.020 6	0.029 0	0.942 1	−0.655 1
2007	0.074 0	0.023 2	0.340 1	0.310 7	0.008 9	0.012 2	0.950 0	−0.522 5
2008	0.077 3	0.007 1	0.003 2	0.354 0	0.008 8	0.059 9	0.927 4	−0.831 9
2009	0.096 8	0.006 1	0.280 6	0.425 2	0.011 6	0.009 5	0.906 4	−0.881 8
2010	0.119 7	0.004 9	0.245 9	0.376 8	0.064 4	0.036 5	0.884 7	−0.921 1
2011	0.108 6	0.004 9	0.247 0	0.382 9	0.047 5	0.052 5	0.895 4	−0.913 7
2012	0.131 1	0.004 5	0.218 0	0.395 2	0.036 0	0.040 3	0.871 8	−0.933 3
2013	0.137 1	0.003 9	0.193 0	0.333 9	0.007 3	0.029 8	0.861 9	−0.945 3
2014	0.157 0	0.003 3	0.183 5	0.317 0	0.014 2	0.014 5	0.840 7	−0.958 8
2015	0.188 9	0.002 5	0.158 5	0.236 1	0.007 3	0.032 8	0.801 9	−0.974 1
2016	0.173 6	0.002 9	0.156 5	0.307 0	0.001 6	−0.000 3	0.818 6	−0.967 4
2017	0.197 4	0.004 2	0.160 0	0.269 0	0.001 6	0.001 8	0.794 4	−0.958 0
2018	0.175 6	0.005 6	0.136 0	0.150 0	0.001 6	−0.005 6	0.820 0	−0.938 6
2019	0.167 9	0.006 5	0.125 5	0.157 6	0.001 5	0.009	0.861 0	−0.925 0
2020	0.213 0	0.005 3	0.130 5	0.224 0	0.048 8	0.008 5	0.828 0	−0.951 6

数据来源：《中国统计年鉴》《中国粮食发展报告》《中国粮食年鉴》。

（三）实证分析

第一步：以投入指标进口依存度（X_1）和产出指标粮食产量增长率（Y_1）为例，将表 4 - 10 中的指标数据依次代入 DEA 模型 CCR 计算公式 4 - 1 中进行模型求解。

$$\min = [\theta - 10^{-10}(s_1^{-1} + s_2^{-1} + s_3^{-1} + s_4^{-1} + s_5^{-1} + s_6^{+1} + s_7^{+1} + s_8^{+1})] \quad (4-2)$$

$0.043\lambda_1 + 0.035\lambda_2 + 0.059\lambda_3 + 0.071\lambda_4 + 0.075\lambda_5 + 0.075\lambda_6 + 0.074\lambda_7 +$

$0.077\lambda_8 + 0.097\lambda_9 + 0.12\lambda_{10} + 0.11\lambda_{11} + 0.13\lambda_{12} + 0.14\lambda_{13} + 0.17\lambda_{14} + 0.19\lambda_{15} +$

$0.17\lambda_{16}+0.20\lambda_{17}+0.176\lambda_{18}+0.168\lambda_{19}+0.213\lambda_{20}+s_1^{-1}=0.043\theta$

......

$-0.02\lambda_1+0.01\lambda_2-0.06\lambda_3+0.09\lambda_4+0.03\lambda_5+0.03\lambda_6+0.01\lambda_7+0.06\lambda_8+0.01\lambda_9+0.037\lambda_{10}+0.053\lambda_{11}+0.04\lambda_{12}+0.03\lambda_{13}+0.014\lambda_{14}+0.033\lambda_{15}-0.000\,3\lambda_{16}+0.002\lambda_{17}-0.005\,6\lambda_{18}+0.009\lambda_{19}+0.009\lambda_{20}+s_6^{+1}=0.06$

$\lambda_j \geqslant 0 \quad j=1,2,\cdots,20$

$s_1^{-1},\ s_2^{-1},\ s_3^{-1},\ s_4^{-1},\ s_5^{-1},\ s_6^{+1},\ s_7^{+1},\ s_8^{+1} \geqslant 0$

第二步：用 Lingo 软件进行 DEA 分析，根据粮食产业实际情况得出如下评价结果，如表 4-11 所示。

表 4-11　2001—2020 年粮食产业安全 DEA 评价结果

年份	θ	DEA 有效性	$\sum\lambda/\theta$	规模收益	安全状态
2001	1	有效	1	不变	安全
2002	1	有效	1	不变	安全
2003	1	有效	1	不变	安全
2004	1	有效	1	不变	安全
2005	1	有效	1	不变	安全
2006	1	有效	1	不变	安全
2007	0.972 4	非有效	1.066 7	递减	基本安全
2008	1	有效	1	不变	安全
2009	1	有效	1	不变	安全
2010	0.912 7	非有效	1.037 7	递减	临界安全
2011	1	有效	1	不变	安全
2012	0.929 7	非有效	1.038 9	递减	临界安全
2013	0.928 9	非有效	1	递减	临界安全
2014	0.879 3	非有效	1	递减	不安全
2015	1	有效	1	不变	安全
2016	1	有效	1	不变	安全
2017	0.836 2	非有效	1	递减	危险
2018	1	有效	1	不变	安全
2019	1	有效	1	不变	安全
2020	0.797 6	非有效	1	递减	危险

注：安全状态评价中，粮食安全度由高到低依次为（$\theta \geqslant 1$）属于安全，[0.95，1）属于基本安全，[0.90，0.95）属于临界安全，（0.85，0.90）属于不安全，（$\theta \leqslant 0.85$）属于危险。

（四）评估结果与结论分析

1. 评估结果分析

（1）安全度分析。从评价结果可以看出，决策单元 2001—2006 年、2008 年、2009 年、2011 年、2015 年、2016 年、2018 年、2019 年的 DEA 分析安全度 θ 值为 1，表明这几年我国粮食产业比较安全；2007 年的安全度 θ 值为 0.972 4，属于基本安全；2010 年、2012 年、2013 年的安全度 θ 值介于（0.90，0.95），属于临界安全状态；2014 年的安全度 θ 值为 0.879 3，根据评价标准归属不安全状态；2017 年和 2020 年 θ 值低于 0.85，处于危险状态，其中 2020 年 θ 值最低。所有决策单元的安全度变化如图 4 - 9 所示，从折线图来看，我国粮食产业安全度在 2001—2009 年基本处于安全状态。但 2010—2020 年我国粮食安全在波动中不断变化，其中 2020 年处于危险状态。

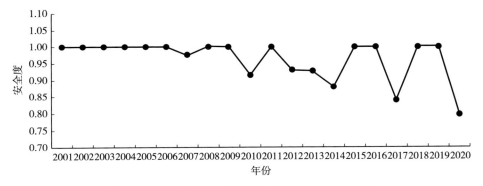

图 4 - 9　2001—2020 年我国粮食产业安全度的变化

（2）规模收益分析。由表 4 - 11 可以得知，规模收益处于不变与递减两种状态，表示我国粮食产业安全态势在这些年间还不够稳定。决策单元在 2001—2006 年、2008 年、2009 年、2011 年、2015 年、2016 年、2018 年、2019 年的规模收益显示为不变，表示我国粮食产业在这些年间处于安全状态；在 2007 年、2010 年、2012 年、2013 年、2014 年、2017 年和 2020 年的规模收益显示为递减，说明我国粮食产业的安全状态在这几年处于基本安全状态，这些年间我国粮食产业资源的投入与产出没有实现最优配置。

（3）投影分析。从评价结果可知，决策单元在 2007 年、2010 年、2012 年、2013 年、2014 年、2017 年和 2020 年的 θ 值不等于 1，表明我国粮食产业资源在这几年的投入产出要素没有达到最优化，存在投入冗余和产出不足现象。依据 DEA 方法，根据前文中 $X_{ij} = \theta X_{ij} - s_i^-$，$Y_{ij} = \theta Y_{ij} + s_r^+$ 调整这几年的数据，使其投入与产出结构达到最优化。表 4 - 12 对非 DEA 有效决策单元进行了数据调整，使投入与产出指标的结构达到最优化。通过调整前后数据的对比可知，投入和产出指标的数据呈显著性变化，根据其变化幅度排列顺序，排在前三位的依次是进口依存度（X_1）、外资市场控制力（X_3）、外资国别集中度（X_4），粮食产量增长率（Y_1）的改进量最小。这说明在调整的决策单元中，进口依存度对粮食产业安全的影响具有决定性作用，即这几年降低我国粮食对外依存度对我国粮食产业安全有利。也说明我国粮食的生产能力不足，这个结果符合当下我国粮食进口量增长的实际现象。在我国粮食"三量齐增"的现状下，根据市场反应的国民需求逐步调优粮食生产供给结构，提升粮食自给率，减少进口量，降低对外依存度，实现"将饭碗牢牢端在自己手中"的粮食安全目标，保障国内粮食产业安全。

表 4 - 12 我国粮食产业非 DEA 有效决策单元改进量

年份	θ	X_1	X_2	X_3	X_4	X_5	Y_1	Y_2	Y_3
2007	0.972 4	−0.094 5	−0.012 6	−0.003 4	−0.017 3	−0.009 9	0.000 0	0.000 0	0.125 9
2010	0.912 7	−0.150 5	−0.012 6	−0.018 8	−0.114 8	−0.116 7	0.001 5	0.000 0	0.000 0
2012	0.929 7	−0.084 7	−0.009 5	−0.008 0	−0.186 9	−0.104 9	0.000 0	0.000 0	0.000 1
2013	0.928 9	−0.168 8	−0.008 8	−0.016 7	−0.052 1	−0.035 4	0.000 0	0.007 5	0.000 0
2014	0.879 3	−0.321 5	−0.013 8	−0.032 1	−0.138 6	−0.058 5	0.000 0	0.029 7	0.000 0
2017	0.836 2	−0.507 9	−0.021 3	−0.018 1	−0.080 3	−0.070 7	0.000 0	0.164 2	0.001 4
2020	0.797 6	−0.357 1	−0.030 0	−0.623 4	−0.069 0	−0.123 4	0.000 0	0.000 0	0.000 0
均值	0.893 8	−0.240 7	−0.015 5	−0.102 9	−0.094 1	−0.074 2	0.000 2	0.028 8	0.018 2

（4）影子价格分析。影子价格是用来分析一个产业的投入与产出指标对本产业安全度的影响程度的分析方法。通过表 4 - 13 可知，影子价格值最大的是外资市场控制力（X_3）和外资国别集中度（X_4）两个投入指标；综合影子价格的均值来看，外资市场控制力（X_3）和进口依存度（X_1）依然处于前两位，这个结果表明对我国粮食产业安全影响程度最大的还是外资企业市场控制力和进口依存度，与上文的分析结果和当前我国粮食产业发展现状相符合。因此，应该采取一系列措施，满足国民因生活水平提高而产生的对粮食的多样性需求，解决国内生产结构性供应不充分的问题。同时，通过贸易政策和对外策略拓展粮食进口来源渠道，降低对外依存度，并限制外资对我国粮食产业核心领域的进入。分析结果与近些年来我国粮食产业在国际粮商进入情况下所面临的现实困境一致。

表 4 - 13　影子价格

年份	X_1	X_2	X_3	X_4	X_5	Y_1	Y_2	Y_3
2001	0	0	0	0.218 6	1.795 2	0	−1.095 5	0
2002	2.667 7	0.120 0	0.321 2	0.062 5	0	−1.957 1	0	0
2003	1.582 5	0	0.841 8	0	0	0	−1.017 0	0
2004	0.310 0	0.209 2	0	0.164 5	0.677 7	−1.000 0	0	0
2005	0.947 8	0.151 5	0.128 4	0.257 6	0.682 0	−1.561 7	0	0
2006	0.798 1	0	0.313 3	0.345 3	0.743 5	−1.233 9	−0.302 0	0
2007	0.939 8	0	1.178 3	0.034 6	0.192 9	−0.383 5	−0.987 8	0
2008	0.638 3	0	1.859 9	2.247 1	0	0	−1.467 6	0
2009	1.402 0	0	1.654 4	0	0.077 9	−0.392 8	−1.357 1	0
2010	0	0	7.042 2	0	0	0	−1.769 8	−0.251 6
2011	0.874 8	0.354 6	0.178 5	0	0.403 9	−1.296 0	0	0
2012	0	0	3.622 3	4.467 1	0	−1.303 3	−0.048 1	0
2013	0.172 4	0	7.393 0	0	0	−0.734 6	0	−3.669 0
2014	0.186 0	0	7.976 9	0	0	−0.792 0	0	−3.958 8
2015	0	0.439 9	0	0.265 0	1.530 4	−1.536 0	0	0
2016	3.029 8	0.136 3	0.364 7	0.070 9	0	−2.222 7	0	0
2017	1.404 0	0	0.077 3	0.355 1	0.703 6	−1.809 0	0	0
2018	3.267 0	0.147 0	0.393 3	0.076 5	0	−2.396 8	0	0
2019	0	0	0.415 5	0.704 5	2.181 5	−1.036 1	−1.214 2	0
2020	0	0	4.837 8	0	0.827 9	−0.715 9	−0.396 5	−2.813 3

注：影子价格为增加一单位投入或产出，其相对效率值减少或增加的量。

2. 研究结论分析

（1）本节采用 DEA 方法对我国 2001—2020 年的粮食产业进行安全评价，总的来说，从评价结果中可以得知，2001—2009 年我国粮食产业发展处于稳定阶段，2010—2020 年缺乏稳定性，总体上属于基本安全状态，其中某些年份起伏变化比较大，说明在这几年中我国粮食产业发展的资源配置处于不科学、不合理的状况，所以评价结果为我国粮食安全性不够稳定。另外，2007年、2010 年、2012 年、2013 年、2014 年、2017 年、2020 年我国粮食产业安全度比较低，主要是 2007—2008 年、2012—2014 年爆发全球粮食危机、全球经济危机以及国内自然灾害影响所致，造成多项投入产出指标的增长率明显降低。其中变化最明显的指标是粮食产量增长率，该指标是衡量粮食产业安全的主要指标，所以呈显著性变化。2017 年主要是因为中美贸易争端，影响了我国从美国的粮食进口。2020 年是由于全球新冠疫情的影响，多个国家出现粮食禁运等情况，影响了我国的粮食进口。

（2）从影子价格的分析结果可以知道，出口依存度（X_2）和需求总量增长率（X_5）是对我国粮食产业安全影响最大的两个指标，说明降低对外依存度和提升粮食产业的自给率是保障我国粮食产业安全的首要任务。对外依存度是粮食产业竞争力的指标之一，即通过粮食产业竞争力的提升能够有效解决粮食产业安全问题。我国贸易竞争力指数一直位于 [−1，0]，说明我国的粮食进口量大，出口量极少，这是造成我国粮食产业竞争力始终处于弱势地位的主要原因，长此以往将不利于我国粮食产业安全[189]。

第四节　本章小结

本章对我国 2000—2022 年粮食的生产、消费、贸易、水土资源与粮食安全的可持续发展等方面的发展现状进行分析，依据产业安全理论对我国粮食产业安全进行实证分析，探讨我国粮食总体安全程度。根据描述分析和实证分析结果得出以下研究结论。

（1）总的来看，2000—2022 年我国粮食产量充足，已经达到了"十九连丰"的生产态势，却陷入了"三量齐增"的怪圈。具体来说，小麦与稻谷的产量常年稳定，能够确保我国口粮的绝对安全。玉米、大豆产量较少，不能满足饲料用粮和工业用粮的巨大需求。在国际粮食资源贸易中，我国粮食出口的数量和地区非常有限，进口数量却很大，并且进口品种单一，进口集中度高，尤其是大豆几乎完全从美国、巴西、阿根廷等地进口。

（2）全国粮食生产主要依赖粮食主产区，且粮食品种越来越单一。"北粮南运"和"西粮东输"的现状加剧了粮食主产区自然资源的不足和生态环境的恶化，也制约了产粮省份的经济发展。

（3）伴随城市化发展和人民对粮食需求的增多，大量使用农用化学品，在粮食产量稳定增长的同时却引发了一系列粮食质量安全和生态环境污染等问题。再加上国内水土资源的缺少和地区间的分布差异，导致用于粮食生产的水土资源供需矛盾进一步凸显。

（4）总体来看，2000—2009 年我国粮食产业发展处于稳定阶段，2010—2020 年个别年份缺乏稳定性，属于基本安全状态。其中某些年份起伏变化比较大，个别年份的粮食产业安全不稳定主要是因为自然灾害、突发事件等因素，说明粮食安全始终受"天灾"与"人祸"影响较大。针对这种情况，可以考虑依托现代化的智能装备和科学技术建立预警和应急系统，维护我国总体的粮食安全。

（5）具体来看，外资市场控制力和进口依存度是对我国粮食产业安全影响程度最大的两个因素。通过完善我国粮食贸易政策、调整对外贸易策略、拓展粮食进口来源渠道、限制外资对我国粮食产业核心领域的进入等方法，可以增强我国粮食市场的竞争力，减弱外资市场控制力。降低对外依存度的主要策略是结合国内粮食实际需求，调优粮食的生产供给结构，保护性开发国内水土资源，给国民提供多样化、高品质、安全健康的食物和粮食，在提升我国粮食自给率的同时减少进口量。

（6）要提升粮食自给率和加强市场竞争力，就要长期坚持"以我为主"的粮食安全战略方针，保证国内外粮食生产资源的充足和运转状态的科学合理。水土资源作为粮食的基本生产资源，要保证现阶段的粮食生产供给能力，更重要的是确保未来的可持续生产能力，所以有必要从国内实体水土资源和国际虚拟水土资源出发，分析和解决我国粮食安全问题。

第五章 实体水土资源对我国粮食安全影响的实证分析

由上一章可知，我国粮食需求的刚性增长已经消耗了大量的水土资源，城市化的快速发展不可避免地造成国内水土资源的不合理开发利用，再加上生态环境的恶化，将对我国粮食安全产生不利影响。进一步分析可知，通过提升粮食自给率来降低进口依存度，是增强我国粮食安全的一个可行方法，粮食自给率的提升需要国内足质足量的粮食生产资源作为基础。基于我国水土资源开发利用的现状和多年来我国 13 个粮食主产区粮食产量占据全国粮食总产量近80％的粮情，本章以 2000—2020 年我国 13 个粮食主产区的面板数据为研究对象，从国内大循环的视角出发，分析国内实体水土资源对我国粮食安全的制约因素，为未来我国粮食安全的可持续发展和保障我国粮食长治久安探索出路。

第一节 水资源对我国粮食安全影响的实证分析

水资源对粮食安全的重要性不言而喻，且前文分析中已经表明，阻尼系数能够反映水资源对粮食安全的阻尼程度。在借鉴相关学者研究成果的基础上，本部分采用 C-D 生产函数，构建粮食生产水资源阻尼效应模型，计算研究对象各变量的弹性系数，计量分析我国 13 个粮食主产区的水资源约束程度，为国家总体的粮食生产用水布局规划提供参考依据，促进水资源与粮食安全的可持续发展。

一、研究方法与数据来源

（一）水资源阻尼系数

具体方法是根据 C-D 生产函数，构建粮食生产水资源阻尼效应模型[59]，公式如下：

$$Y_i(t) = K_i(t)^\alpha W_i(t)^\beta T_i(t)^\gamma [A_i(t)L_i(t)]^{(1-\alpha-\beta-\gamma)} \qquad (5-1)$$

式中，$Y_i(t)$ 代表 i 地区在 t 时期的粮食产值，$K_i(t)$ 代表 i 地区在 t 时期的资本投入，$W_i(t)$ 代表 i 地区在 t 时期的水资源投入量，$T_i(t)$ 代表 i 地区在 t 时期的土地投入，$L_i(t)$ 代表 i 地区在 t 时期的劳动投入，$A_i(t)$ 代表 i 地区在 t 时期的知识或劳动的有效性；α、β、γ 为参数，且都大于 0，$\alpha+\beta+\lambda<1$。对公式 $5-1$ 两边取对数得：

$$\ln Y_i(t)=\alpha \ln K_i(t)+\beta\ln W_i(t)+\gamma\ln T_i(t)+(1-\alpha-\beta-\gamma)\left[\ln A_i(t)+\ln L_i(t)\right]$$

$$(5-2)$$

由变量对数的时间倒数等于其增长率可推出以下公式：

$$g_{Yi}=\alpha g_{Ki}+\beta g_{Wi}+\gamma g_{Ti}+(1-\alpha-\beta-\gamma)(g_i+g_{Li}) \qquad (5-3)$$

式中，g_{Yi}、g_{Ki}、g_{Wi}、g_{Ti}、g_{Li}、g_i 分别为 $Y_i(t)$、$K_i(t)$、$W_i(t)$、$T_i(t)$、$L_i(t)$、$A_i(t)$ 的增长率。

罗默理论指出，经济增长与资本增长的速率在一个平衡路径上是一致的。据此可知，如果粮食产值中 $g_{yi}=g_{ki}$，则平衡增长路径上单位劳动力的粮食产出增长率为：

$$g^b_{(\frac{Y}{L})i}=g^b_{Yi}-g^b_{Li}=\frac{(1-\alpha-\beta-\gamma)(g_i+g_{Li})+\gamma g_{Ti}+\beta g_{Wi}}{(1-\alpha)}-g_{Li}$$

$$=\frac{(1-\alpha-\beta-\gamma)g_i-(\beta+\gamma)g_{Li}+\gamma g_{Ti}+\beta g_{Wi}}{(1-\alpha)} \qquad (5-4)$$

假设水资源对粮食产值的增长没有约束，则 $W_i(t)=nW_i(t)$，n 代表水资源增长率，那么 $n=g_{Li}$，表示在没有水资源约束时，水资源与劳动力变化一致。由此推知，不受水资源约束条件下的单位劳动力粮食产值的增长率表达式为：

$$g^{-b}_{(\frac{Y}{L})i}=\frac{(1-\alpha-\beta-\gamma)(g_i-\gamma n+\gamma g_{Ti})}{(1-\alpha)} \qquad (5-5)$$

由前文论述可知，水资源阻尼系数的公式为：

$$Drag=g^{-b}_{(\frac{Y}{T})i}-g^{-b}_{(\frac{Y}{T})i}=\frac{\beta(n-g_{Wi})}{1-\alpha} \qquad (5-6)$$

根据该公式可知：如果阻尼系数值为正，表示该决策单元内水资源对粮食产值增长具有阻碍作用，系数值越大则阻尼效应越大；如果阻尼系数值为负，则表示水资源对粮食产值的增长没有直接约束效力。资本弹性 α、水资源弹性 β、劳动力增长速率、水资源增长速率与水资源阻尼系数有关，阻尼系数的值与 α、β、n 的值呈正相关，与水资源增长速率呈负相关，表示粮食产值的增长阻力与对水资源的依赖程度成正比。

（二）数据来源介绍

本章依据 2000—2020 年我国 13 个粮食主产区的面板数据，测度各决策单元的阻尼系数，分析研究水资源对粮食主产区粮食安全的影响程度。数据来自《中国水资源公报》《中国统计年鉴》及各省市统计年鉴，缺失数据采用差值法和移动加权平均法进行补齐。

（1）粮食产值 Y。以粮食产量的价值来反映粮食产能，能从经济发展的角度来说明粮食生产的变化。在通货膨胀作用下，每一个决策单元的数值不能真实反映粮食产值的真实变化信息，借鉴已有成果，本节中的粮食产值以 2000年粮食价格为基期，用粮食产量进行换算。

（2）土地投入 T。用粮食作物播种面积来代表 T。令 $a=$ 粮食作物播种面积/农作物播种面积，后文中与粮食生产的相关要素采用与 a 相乘的方法从大农业中剥离。

（3）资本投入 K。考虑到粮食生产资本投入范畴太广，难以量化，借鉴李明辉的研究方法[59]，粮食资本投入用农业机械总动力（K_0）的数据与 a 相乘，从中剥离，即 $K=aK_0$。

（4）劳动力投入 L。用农林牧渔业中的从业人数（L_0）与 a 相乘，从中剥离，即 $L=aL_0$。

（5）用水量 W。作为关键数据，因为粮食生产用水主要是降水和灌溉，且降水随气候变化性较强，真实数据难以掌握，根据已有数据资源只能找到农业用水量，所以本节中粮食生产用水数据选择农业用水量（W_0）与 a 相乘进行换算，即 $W=aW_0$。

二、粮食生产水资源阻尼系数区域特征分析

（一）回归分析与参数估计

采集到所有的数据后，用 Stata 17.0 软件对模型中的变量进行 Hausman检验，计算结果显示 P 值为 0.002 0，拒绝原假设，不能满足随机效应的基本假设，故采用固定效应模型。进一步检验结果如表 5-1 所示，模型存在异方差、序列自相关和截面相关。

表 5-1　固定效应与随机效应模型估计结果（$\ln Y$ 为因变量）

变量	系数固定效应（FE）	系数随机效应（RE）
$\ln T$	0.724 0	0.519 2
$\ln K$	0.001 1	0.029 4
$\ln L$	−0.037 8	0.011 0

（续）

变量	系数固定效应（FE）	系数随机效应（RE）
$\ln W$	0.087 2	0.044 4
_cons	1.653 0	0.519 2
拟合优度（组内）	0.724 1	0.658 0
拟合优度（组间）	0.000 4	0.004 3
拟合优度（总体）	0.041 6	0.025 5
样本数目	273	273
Hausman 检验	$X^2 = 51.040\ 0$	$P > x^2 = 0$
自相关检验	$F = 30.889\ 0$	$P > F = 0.000\ 1$
截面相关	$chi^2(78) = 205.975\ 0$	$Pr = 0$
异方差检验	$chi^2 = 1\ 073.770\ 0$	$Pr = 0$

基于模型性质，为保证回归结果的有效性，采用"异方差—序列相关—截面相关"测算稳健性标准误，结果如表 5-2 所示。测算结果显示，各系数都在 1% 水平下显著，F 检验表明该模型的估计有效。土地的产出弹性系数 γ 为 0.033 3，资本的产出弹性系数 α 为 0.035 7，水资源的产出弹性系数 β 为 $-0.014\ 3$，劳动力的产出弹性系数为 0.084 9。对比弹性系数可知，土地、资本对粮食产值的影响程度大于劳动力、水资源对粮食产值的影响程度，水资源的弹性系数最小。该结果表明粮食产值增长受土地、资本影响较大，由于水资源有自然降水和人工灌溉作为补充，所以用水量与粮食产量之间的相关性并不明显。

表 5-2　估计结果（$\ln Y$ 为因变量）

变量	系数	标准误差
$\ln T$	0.033 3***	0.008 7
$\ln K$	0.035 7***	0.006 0
$\ln L$	0.084 9***	0.003 1
$\ln W$	$-0.014\ 3$***	0.005 2
DUM	0.224 2***	0.016 0
cons	7.469 2***	0.055 3
样本数目	273	
Wald	$Prob > chi^2 = 0$	

注：***表示在 1% 水平下显著。

（二）水资源阻尼系数分析

采用以下公式计算各决策单元的变化率：

$$X_0(1+g)^{(t-1)}=X_t \qquad (5-7)$$

式中，X_0 为基期值，X_t 代表变量 t 期的值，$t-1$ 代表增长的期数，g 为年均增长率。然后把 α、β、n 的值分别代入公式 5-6，得出粮食生产水资源阻尼系数。

如图 5-1 所示，将水资源阻尼系数（DRAG）与粮食产值增长速率（Gy）的计算结果在折线图上显示出来，可以观察到研究期内粮食生产水资源阻尼系数变化范围为 -0.060 5% ~ 0.067 5%，其中 2001 年阻尼系数最小，且为负值，表明该年度我国水资源对粮食的生产不存在阻尼效应。2001—2020 年我国水资源对粮食产值增长具有明显的阻尼效应，其中 2003 年和 2016 年阻尼系数最大，分别为 0.067 5% 和 0.028 1%。

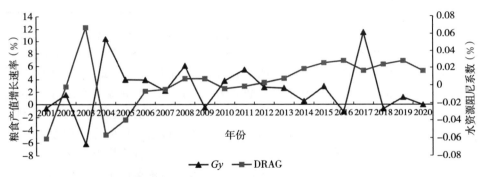

图 5-1　我国粮食主产区粮食生产水资源增长阻力变化趋势分析

具体来看，2003 年、2016 年粮食产值增长率出现了大幅降低，分别降低了 6.182 3% 和 1.193 1%，可能是自然灾害和全球粮食市场波动所致，与世界粮食发展总趋势一致。2004 年、2017 年粮食产值飞速增长，其中 2017 年粮食产值增长速率高达 11.462 7%，主要原因可能是国家政策的支持作用。2003 年、2009 年、2018 年粮食产值有所降低，其他年份渐趋平缓，与我国粮食总产量稳步生产现状一致。

2001—2020 年粮食产值与水资源阻尼系数的变化趋势基本相同，表现为缓慢递减收敛。粮食产值增长率从 2001 年的 -0.591 3% 到 2020 年的 -0.040 1%，水资源阻尼系数从 2001 年的 -0.060 5% 到 2020 年的 0.016 2%，可以看出水资源对粮食产出的年增长尾效逐渐变小，这说明水资源的阻尼效应是制约粮食产值增长的一个主要原因。可能是近年来节水灌溉技术推广的作用，使得水资源利用率提升，减弱了水资源的阻尼效应。

（三）水资源阻尼系数区域特征分析

通过实证分析 2020 年我国 13 个粮食主产区的粮食生产水资源阻尼系数，得出水资源阻尼系数呈现规律性分布。其中 9 个省份阻尼系数的值为正，表示这些地区的粮食生产受水资源约束，具有阻尼效应；另外 4 个省份的阻尼系数为负值，说明这几个地区的粮食生产没有水资源阻尼效应。为了能够清楚地了解各地区水资源阻尼效应与粮食生产的具体关系，分别对各省份的粮食生产集中度进行了测算。根据表 5-3 中的测算结果可知，河北的水资源阻尼系数最大，为 0.28%，粮食生产集中度为 5.632 7。2020 年河北粮食产量位居全国第六位，水资源增长率是 13.81%，在粮食主产区中位居第一，这与河北是全国最大的地下水漏斗区的现实情况相符合。作为粮食主产区，河北既要承担粮食生产重任，又要面对地下水漏斗的现实问题，说明解决河北地区水资源问题对保障国家粮食安全至关重要。

表 5-3　粮食主产区各省份粮食生产水资源阻尼系数测度及比较

序号	地区	集中度	增长阻力	劳动增长率	水资源增长率
1	河北	5.632 7	0.002 8	−0.051 2	0.138 1
2	内蒙古	5.502 1	0.000 1	−0.008 7	−0.003 8
3	辽宁	3.660 4	0.000 2	−0.011 6	0.001 3
4	吉林	5.841 6	0.000 3	−0.013 7	0.006 7
5	黑龙江	11.302 4	0.000 1	0.025 9	0.029 6
6	江苏	5.582 9	0.001 1	−0.064 9	0.011 6
7	安徽	6.106 9	0.001 1	−0.051 0	0.022 4
8	江西	3.249 9	0.001 3	−0.065 5	0.018 2
9	山东	8.069 7	0.001 3	−0.088 1	−0.003 2
10	河南	10.085 8	0.001 2	−0.078 3	−0.001 1
11	湖北	4.104 9	0.001 0	−0.058 5	0.011 6
12	湖南	4.481 2	0.001 6	−0.112 9	−0.007 2
13	四川	5.270 1	0.001 3	−0.079 0	0.007 8

结合前文中的分析结果，为了能够准确分析我国 13 个粮食主产区水资源阻尼情况的空间格局，用空间计量方法对水资源阻尼系数进行测算，得出全局 Moran's I 的值为 0.35，其对应的 pZ 值为 0.053 1，拒绝"无空间相关性"的原假设，这说明我国粮食生产水资源阻尼系数具有全局自相关特征，在空间布局上存在集聚现象。根据测算结果绘制了 Moran's I 指数散点图。如图 5-2 所

示，四个象限分别对应四种类型的局部空间分布：第一、三象限分别为高—高、低—低，表示高（低）观测值的省份被高（低）观测值的省份包围的空间正相关的关联形式，表明区域具有相似性和集聚特征；第二、四象限分别为低—高、高—低，表示低（高）观测值的省份被高（低）观测值的省份包围的空间负相关的关联形式，表明具有区域异质性特征。共有 11 个省份位于第一、三象限，也就是说我国粮食主产区的粮食生产水资源阻尼效应属于典型的区域集聚特征。

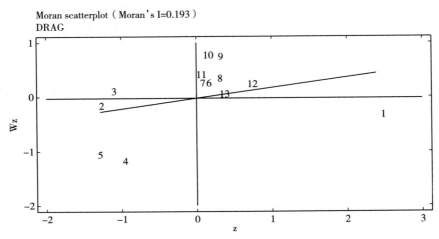

图 5-2　粮食生产水资源阻尼系数的 Moran's I 指数散点图

根据 Moran's I 指数散点图做出 Lisa 聚类分析表，如表 5-4 所示。可以看出，聚集在第一象限中的省份主要是江苏、安徽、江西、山东、河南等粮食生产大省。这一带属于中国文明发源地，光热资源较好，水资源相对充足，适宜人类居住，但是长期的耕种和对水土资源的高强度利用，尤其是粮食生产高强度地开发利用水土资源，不可避免地出现粮食生产水资源紧张的情况。L-L区域内的城市主要位于我国东北部地广人稀地区，用于粮食生产的水资源主要以季节性和不可利用的冰冻水为主，所以也存在粮食生产水资源阻尼的情况。

表 5-4　主产区粮食生产水资源阻尼系数的 Lisa 聚集

区域	省份
H-H	河南、四川、山东、湖南、湖北、江西、安徽、江苏
L-L	黑龙江、吉林、内蒙古
H-L	河北
L-H	辽宁

第二节　耕地资源对我国粮食安全影响的实证分析

耕地资源对粮食安全起到直接的决定性作用，耕地资源的数量和质量几乎决定了我国粮食的产量和特征。本部分借助耕地生产力评估模型、要素转移重心模型、修正的耕地压力指数模型与耦合度模型等，以我国 13 个粮食主产区为研究对象，尝试从时间和空间角度对我国粮食主产区各省份耕地的产能和耕地压力状况等进行分析，试图透过耕地资源找到制约我国粮食安全的主要因素，并通过耦合关系来综合衡量和评价粮食主产区各省份及我国总体的粮食安全水平，有利于充分认识区域之间的耕地资源和粮食安全状况，对于制定科学合理的区域耕地资源与粮食安全保护政策，保障我国粮食安全具有重要意义。

一、研究方法与数据来源

结合已有研究成果，综合运用耕地生产力评估模型、要素转移重心模型、粮食安全评估模型、修正的耕地压力指数模型与耦合度模型，从时间和空间角度对我国粮食主产区耕地数量、质量、产量等内容进行探索研究，试图找到制约粮食主产区耕地资源影响粮食安全的主要因素，平衡两者之间的相互关系。

（一）耕地生产力评估模型

由于各地区气候特征和水土资源的不完全一致，所以地区间耕地质量存在差异化。标准耕地系数是常用来研究各区域耕地差异的主要方法，表示地区间耕地的差异性。该指标能够反映耕地利用程度变化及相关农业政策调整情况，即该指标能够显示不同时间段自然环境和相关政策变动对耕地质量造成的影响[190]。

$$CLSI_{ij} = (Y_{ij} \times MCI_{ij})/(Y_{cj} \times MCI_{cj}) \qquad (5-8)$$

式中，$CLSI$ 是标准耕地系数值，Y 表示粮食播种面积的单位产量，MCI 表示复种指数，i、j、c 分别代表各省份、年份、粮食主产区。

（二）要素转移重心模型

该模型能够反映不同时间段研究对象在空间上的变动情况。本研究主要是为了能够探究研究期内粮食主产区耕地数量的平衡重心在空间范围内位置上的转移变化规律。

$$X_j = \sum_{i=1}^{n} (A_{ij} \times X_i) / \sum_{i=1}^{n} A_{ij} \qquad (5-9)$$

$$Y_j = \sum_{i=1}^{n} (A_{ij} \times Y_i) / \sum_{i=1}^{n} A_{ij} \qquad (5-10)$$

式中，A_{ij} 表示 i 地区第 j 年要素的指标值，(X_i, Y_i) 表示 i 地区的几何中心坐标值，(X_j, Y_j) 表示 j 年要素的重心坐标，n 表示地区的数量。

耕地生产力是指所研究耕地面积上的实际粮食单产量，即排除其他作物的粮食产量[23]。

$$GAPCL = MCI \times R \times Y \qquad (5-11)$$

式中，$GAPCL$ 为耕地生产力；R 为粮种比，即粮食作物与农作物播种面积之比。

耕地生产力由复种指数、粮食作物播种面积、粮食作物单位产量共同决定，研究耕地生产力就是分析以上三个变量对耕地生产力变化的贡献，即以要素变化率与同期耕地生产力变化率的比值来度量该要素的贡献。

（三）粮食安全评估模型

用最小人均耕地面积与耕地压力指数模型来评估粮食主产区的粮食安全状况，具体模型如下所示[158]。

$$S_{min} = (w \times r) / (MCI \times R \times Y) \qquad (5-12)$$

$$PICL = S_{min} / S \qquad (5-13)$$

式中，S_{min} 为最小人均耕地需求面积；w 为粮食自给率，是由国家给出的一项评估国家粮食自给程度的指标；r 为人均粮食需求量；$PICL$ 为耕地压力指数；S 为实际人均耕地面积。

（四）耕地压力指数

基于相关学者研究成果，构建粮食安全评估模型，以期能够探究多种因素对粮食安全的影响特征。研究中以化肥投入（H）、机械投入（pow）、劳动力投入（L）为指标层数据，以耕地压力指数（$PICL$）为目标层建立多元线性回归分析模型 Y_{picl}[96]。

$$\ln y_{picl} = b + \sum_{i=1}^{n} \sum_{j=1}^{m} a_1 \ln X_{1ij} + a_2 \ln X_{2ij} + a_3 \ln X_{3ij} \qquad (5-14)$$

式中，b 为常数项，a 为修订系数，i 为不同地区（$i=1, \cdots, n$），j 表示不同年份（$j=1, \cdots, m$），X_{ij} 为投入指标。为了降低指标层单位对评估模型造成的影响，规定 y 为耕地压力指数，X_1 为机械投入，X_2 为化肥投入，X_3 为劳动力投入。

（五）耦合度模型

耦合度原本是物理学的一个概念，其最基本的前提是耦合主体间存在关联，各主体在相互作用的带动下由无序走向有序。耦合度指两个或两个以上的系统之间相互作用关系的强弱，其模型如下[191]：

$$C = \sqrt{[(u_1 \times u_2)/(u_1 + u_2)^2]} \qquad (5-15)$$

式中，C 为耕地资源与粮食安全的耦合度，u_1、u_2 分别为耕地生产力指数和用耕地压力代表的粮食安全指数，耦合度 $\in [0, 1]$。当 C 趋近于 1 时，耦合度越高，则耕地与粮食安全关联程度越紧密，反之关联度越差。

（六）数据来源

耕地面积、化肥投入、灌溉面积等数据来自 2000—2021 年的《中国统计年鉴》。复种指数、粮食播种面积、种粮人口等间接指标依据《中国统计年鉴》相关数据进行换算得到。粮食自给率 w 指标为 95%[①]，人均粮食需求量 r 赋值为 400 千克/人[②][96、192]，实际人均耕地面积的单位产量为 y，i 地区的几何中心坐标为 (X_i, Y_i)，j 年要素的重心坐标为 (X_j, Y_j)。研究期内缺失数据采用插补法和加权平均法进行补充。

二、耕地资源与粮食安全的耦合关系分析

本部分的耕地资源分析包括耕地质量和耕地数量增减的空间重心转移分析和对耕地生产力特征的分析。通过对我国粮食主产区耕地数量和空间分布的分析，对粮食主产区的耕地数量和质量有一个总体的了解，进而为下文中的粮食安全研究奠定基础。

（一）耕地质量评估及重心转移分析

标准耕地系数是耕地质量评估中的一个重要指标，源于公式 5-8，该指标能够排除人为因素来评估自然环境对耕地生产效益的影响，准确得出耕地的

---

① 《国家粮食安全中长期规划纲要（2008—2020 年）》明确提出"中国粮食自给率要基本保持在95% 以上"。

② 根据相关文件，结合已有成果，核定人均粮食需求量以 2000 年的 400 千克/人为标准，此后每年增加 1 千克。

自然属性变化。

由表 5 - 5 可知，我国 13 个粮食主产区中有近一半地区的标准耕地系数小于 1。根据计算结果来看，2002 年标准耕地系数大于 1 的省份主要有吉林、江苏、安徽、江西、山东、河南、湖南，在 2014 年之后新增黑龙江的标准耕地系数大于 1，2002—2016 年标准耕地系数始终大于 1 且耕地系数逐年增长的省份是江苏、安徽、河南。查看这几个省份的位置分布可知，粮食主产区中，系数大于 1 的省份主要集中在我国中原地区，标准耕地系数最小的几个省份主要分布在中原地区周边。

表 5 - 5   2002—2016 年标准耕地系数省份数量统计

标准耕地系数	2002 年	2004 年	2006 年	2008 年	2010 年	2012 年	2014 年	2016 年
$CLSI < 0.5$	0	0	0	0	0	0	0	0
$0.5 \leqslant CLSI < 0.8$	1	2	2	2	3	2	2	3
$0.8 \leqslant CLSI \leqslant 1$	5	4	3	5	2	3	4	2
$CLSI > 1$	7	7	8	6	8	8	7	8
合计	13	13	13	13	13	13	13	13

从耕地标准系数的空间分布情况可知，我国粮食主产区的优质耕地主要集中在中原地区、东北地区，粮食主产区省份中经济发展水平较高的地区耕地系数普遍较低。这种现状与国家整体规划布局和自然条件特征有关。在 ArcGIS 10.1 中针对粮食主产区省份矢量数据建立重心坐标，并以耕地面积作为权重字段对我国粮食主产区 2001—2017 年耕地面积的重心变化趋势进行分析。粮食主产区粮食产量和耕地面积重心在 2001—2020 年始终位于山东省内，重心呈由西南向中部集中再向东北移动的趋势，这表明研究期内粮食主产区耕地面积和粮食生产重心比较集中，逐渐由西南中部向东北转移。

（二）耕地生产力特征分析

耕地生产力主要是用来反映耕地的利用方式及利用程度，以粮食作物与农作物之间的播种面积和产量关系来表示。具体来说，用复种指数（农作物播种面积/耕地面积）、粮种比（粮食播种面积/农作物播种面积）、粮食播种面积的单位产量这三项指标对耕地生产力的贡献进行评估。综合来说，该指标以农作物和粮食作物的播种比及粮食产量，结合耕地数据分析耕地整体效益，衡量一个地区的耕地生产力的贡献。这种评价方式可以通过对耕地生产力贡献率的测评来反映地区的粮食安全性，也就是说，耕地生产力越高，粮食安全系数越大，可供养的人口也就越多，反之亦成立。

由图 5-3 可看出，2002—2006 年我国粮食主产区的耕地生产力均呈现缓慢下降态势，2007—2009 年出现"V"字形波动，2008 年跌入谷底，2010 年之后耕地生产力总体趋于平稳上升趋势，以上变化趋势符合粮食产量变化的实际情况。主要原因是：2005 年取消农业税以前，人们种粮态度消极，造成耕地生产力下降；在取消农业税之后，由于国际资本运作，最终造成 2008 年的全球粮食危机。由于粮食生产的周期性较长，直到 2010 年之后，在国家各项粮食鼓励政策的作用下，国内粮食产量才逐渐稳步提升。因此从耕地生产力变动情况可以看出，这一实际情况与国内的粮食产量变化趋势完全吻合。

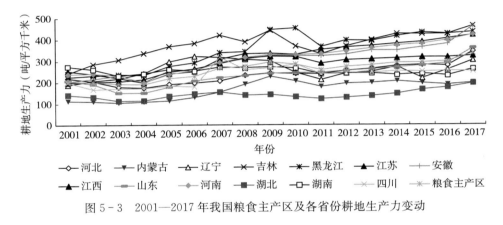

图 5-3　2001—2017 年我国粮食主产区及各省份耕地生产力变动

从粮食主产区各个省份的具体变化来看，湖北和内蒙古的耕地生产力始终处于最低的位置；黑龙江、吉林的耕地生产力始终处于较高位置，属于我国名副其实的产粮大省，几乎决定着我国的粮食安全问题；其他粮食主产区省份的耕地生产力处于波动起伏状态，总体趋向于平稳增长态势，符合我国当前实际情况。从粮食主产区的总体布局来看，耕地生产力最好的地区就是粮食产量最多的省份，位于我国东北地区。这些地区人均耕地较多，水土资源条件适宜粮食耕种，经济发展水平处于中上游，所以农业处于高质量发展阶段，粮食的整体生产效率和水平高于周边地区，这与我国实际的耕地水平和经济发展状况相符合。

(三) 粮食安全状况

粮食安全常用来评估一个地区的经济发展潜力与社会和谐稳定状况。不同地区粮食安全的影响因素各不相同，本部分通过粮食主产区省份的耕地压力指数的时空变化来研究各地区的粮食发展态势，通过粮食安全驱动力模型来分析影响粮食主产区及我国粮食安全的关键因素，以此来综合评价我国的粮食安全状况。

1. 耕地压力指数

将研究期内的标准耕地系数与耕地压力指数的指标数据进行叠加，如果两指标呈负相关，即耕地压力指数越高，标准耕地系数越低，则说明具有优质耕地地区的耕地承载力较高，耕地压力越小，反之亦成立，这种规律符合当下我国的实际情况。

从图5-4中能够看出，2001—2017年粮食主产区的耕地压力指数呈现下降趋势，其中变化最明显的几个省份也是标准耕地系数较大的地区，主要是湖南和湖北；其他几个省份在2005年以后虽然有波动起伏态势，之后又都逐步回落，但总体来看，除湖南、湖北外，其余省份的耕地压力指数在2011年之后均呈逐年平稳下降趋势。

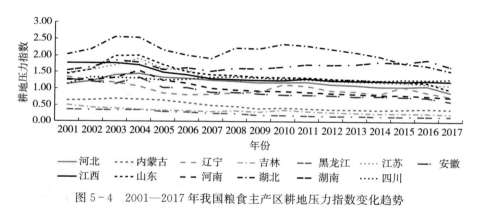

图5-4 2001—2017年我国粮食主产区耕地压力指数变化趋势

依据公式5-12和5-13对相关数据进行处理，计算得出2001—2017年的耕地压力指数，然后进行分级处理，将耕地压力进行空间表达，如表5-6所示，根据耕地压力由大到小设定为高压力地区、中压力地区、低压力地区、无压力地区。可以看出，2001年粮食主产区中耕地无压力省份只有黑龙江1个、低压力地区共2个、中压力地区6个、高压力地区4个，2004年粮食主产区中耕地无压力地区2个、低压力地区1个、中压力地区4个、高压力地区6个，2010年粮食主产区中耕地无压力地区3个、低压力地区2个、中压力地区6个、高压力地区2个，2017年粮食主产区中耕地无压力地区3个、低压力地区5个、中压力地区3个、高压力地区2个。综合来说，2001—2017年粮食主产区中耕地压力指数总体呈下降趋势，呈南高北低的空间分布格局。无耕地压力城市主要分布在我国东北地区；湖南和湖北的耕地压力始终处于较大压力状态，这两个省份耕地压力指数较高主要是由于自然条件、发展规划、城市功能区布局等方面的原因。

表 5 - 6　粮食主产区耕地压力指数变化

耕地压力指数	2001 年	2004 年	2010 年	2017 年
0～0.5	黑龙江	黑龙江、吉林	黑龙江、吉林、内蒙古	黑龙江、吉林、内蒙古
0.5～1	吉林、内蒙古	内蒙古	河南、安徽	河北、辽宁、河南、安徽、山东
1～1.5	四川、安徽、河北、江苏、山东、辽宁	四川、辽宁、河北、安徽	四川、辽宁、河北、江西、江苏、山东	江西、江苏、四川
≥1.5	河南、江西、湖南、湖北	河南、江西、湖南、江苏、山东、湖北	湖南、湖北	湖南、湖北

2. 粮食安全状况的驱动力分析

在上述的分析中，通过耕地压力指数已经对我国粮食主产区的粮食安全状况有了初步的了解。为了进一步追溯影响我国粮食主产区粮食安全的主要因素，结合已有研究成果，构建粮食主产区粮食安全状况评估指标层，并进行描述性统计，见表 5 - 7。将 2001—2017 年耕地压力指数的对数值作为目标值，构建驱动力分析模型。公式 5 - 14 中，为了消除指标单位差异对分析模型产生的影响，将目标层和指标层数据进行对数处理。接着将指标层数据代入回归模型中，解出各指标数据对目标值数据的影响程度，见表 5 - 8。

表 5 - 7　指标层样本数据描述性统计

指标	均值	中间值	最大值	最小值	标准差	样本个数
耕地压力指数	-0.031 9	0.407 5	-0.838 6	0.292 4	221	-0.031 9
劳动力投入	0.927 8	1.946 6	0.050 4	0.214 4	221	0.927 8
化肥投入	2.381 1	2.855 0	1.873 6	0.214 4	221	2.381 1
农用机械投入	3.579 5	4.125 6	3.000 9	0.292 4	221	3.579 5

表 5 - 8 估计结果（lnY 为因变量）

变量	系数	标准误差
ln*pow*	−0.206 8***	0.054 6
lnH	−0.526 3***	0.086 2
lnL	−0.042 1*	0.024 5
C	2.000 5***	0.154 6
样本数目	221	
Wald X² = =258.730 0		
Prob>X²=0		

经过数据分析，得出驱动力模型指标层目标值的模拟情况较好。模型的常数值为 2。所以，$\ln y_{PICL}$ 模型的最终表达式为：

$$\ln y_{PICL} = 2 - 0.207\ln pow - 0.526\ln H - 0.042\ln L \qquad (5-16)$$

由表 5 - 6 及粮食安全评估模型计算结果得出，农业机械投入、化肥投入、劳动力投入与粮食安全状况呈现负相关关系。也就是说，化肥、劳动力、农业机械的投入量对粮食主产区的粮食安全具有负面作用，长此以往会对粮食安全造成不利影响。

基于模型性质，为保证回归结果的有效性，采用"异方差—序列相关—截面相关"测算稳健性标准误，结果如表 5 - 8 所示。测算结果显示，除了劳动力外，其他各指标的系数都在 1% 水平下显著，F 检验表明该模型的估计有效。农机总动力（ln*pow*）弹性系数为−0.206 7，化肥投入（lnH）的弹性系数为−0.526 3，劳动力（lnL）的产出弹性系数为−0.042 0。经过对各指标弹性系数的对比可知，化肥对粮食安全的影响最大，也就是说化肥的使用能够促进粮食产量的增长。

（四）耦合关系分析

结合前文中耕地资源的耕地生产力与耕地压力来分析对粮食产量变化的影响，以此分析耕地资源对粮食安全的耦合关系。在实证分析中对耕地生产力数据进行标准化处理后，依据公式 5 - 15 进行测算，根据结果制作出图 5 - 5。可以看出，我国 13 个粮食主产区整体的耦合度都在 0.15 之内，说明耕地资源与粮食安全的关系属于轻度耦合状态，代表着这些省份耕地资源与粮食安全的关联程度不够紧密。其主要原因可能是这些省份标准耕地系数大，耕地生产力大，耕地压力指数小，耕地资源与粮食安全的关系没有那么紧张，两者之间相互作用并不是很敏感。相比之下，以 2017 年为观察年度，可以看出，耦合关系较大的省份依旧是湖北和湖南，这两个省份的耕地资源与粮食安全的耦合关系也是起伏变化最大的。结合前文中图5-3、图5-4、表5-6可知，这两个省份的耕地标准系数小，耕地生产力小，耕地压力指数大。结合我国实际情况可知，这两个省份位于我国南方以经济发展为主的功能区，土地资源开发利用较多，导致耕地资源紧张，对耕地资源的利用属于高投入高产出类型，因此耕地的粮食生产效率较高，粮食产能也较高，这与我国粮食主产区的发展规划和各省份实际发展现状相符合。

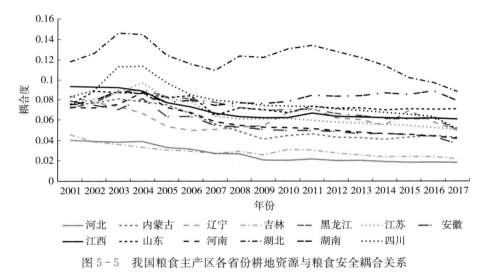

图5-5 我国粮食主产区各省份耕地资源与粮食安全耦合关系

第三节 水土资源对我国粮食安全影响的实证分析

水土资源的匹配程度是决定一个国家或者地区粮食安全的重要因素，区域水资源的丰沛和开发状况直接决定着耕地资源的利用效率，耕地资源的开发与保护状况关系着当地水资源的利用与涵养水平，水土资源的匹配状况对当地的粮食生产具有关键作用。国内外已有多项研究成果表明，城市化、工业化、农业现代化的发展过程中必然造成水土资源短缺和匹配错位，这不利于国家粮食安全。对于粮食年产量接近80%的粮食主产区而言，采用定量分析方法测算该区域水土资源的匹配特征和空间分异变化规律，能够有效促进我国水土资源的科学合理开发和加强我国粮食安全的有效保障。匹配程度是测算粮食生产水土资源要素配置状况的关键指标，根据前人研究成果，创新性地设计水—粮、土—粮、水—土—粮综合匹配系数模型，定量分析三者之间的匹配度，依据实证结果，结合各地区粮食生产要素配置的实际情况，为我国各区域粮食生产水土资源的高效开发利用和科学优化配置提供借鉴参考。

一、水—粮匹配度测算及区域特征分析

（一）水—粮测算模型构建

为了更好地呈现区域水资源与粮食生产之间的匹配关系，以单位粮食产量可拥有的水资源量来表达，即水—粮匹配系数。该系数展现区域内水资源禀赋特征对粮食生产的支撑能力，系数数值越大，说明该区域水资源对粮食生产的支撑作用越大。

以省域为单元，首先测算我国粮食主产区的水—粮匹配度的总体状况，然后测算 13 个粮食主产区水—粮匹配度的具体情况，该模型表达式为：

$$R_i^{uy} = \frac{W_i \times \alpha_i \times \beta_i}{Y_i} \tag{5-17}$$

式中，R_i^{uy} 为 i 区域水—粮匹配系数，W_i 为 i 区域水资源量（亿立方米），α_i 为 i 区域农田灌溉用水占用水总量的比重，β_i 为 i 区域粮食播种面积占农作物播种面积的比重，Y_i 为粮食产量。

区域水—粮匹配系数反映区域内粮食生产可供水与粮食生产的匹配系数均值，测算模型为：

$$R_j^{uy} = \sum_{i=1}^{n} R_i^{uy}/n \tag{5-18}$$

式中，R_i^{uy} 为 i 区域水资源匹配系数，R_j^{uy} 为 j 省水粮匹配系数，n 为 i 区域的 j 省数量。

（二）结果及区域特征分析

（1）在全国位置中的比较。对 2019 年 13 个粮食主产区水—粮匹配状况进行了测算。如图 5-6 所示，从分析结果来说，河南的水—粮匹配系数为 0.008 4，在 13 个粮食主产区中处于最低水平，和全国 0.168 4 的水—粮匹配系数相比有较大差距。这说明河南用于生产粮食的水资源严重不足，相对于 13 个粮食主产区来说，河南是粮食生产最缺水的省份，作为粮食生产大省承担着巨大的水资源不足压力。

（2）时序变化特征测度。对全国及粮食主产区 2000—2019 年的水—粮匹配特征进行测算，可知自 2003 年以后，水—粮匹配系数不断起伏波动，呈缓慢下

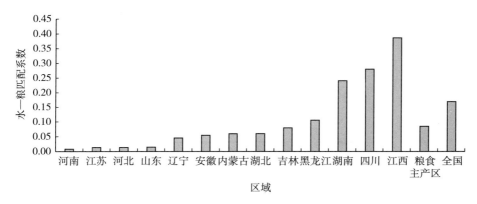

图 5-6　2019年粮食主产区各省份与全国水—粮匹配系数比较

数据来源：《水资源公报》《各省统计年鉴》。

降再趋向于平稳状态。水—粮匹配系数的起伏变化是由于水资源供给的年际变化大，缓慢下降和逐渐平稳是因为粮食逐年增产并且产量接近饱和。也在一定程度上说明，随着粮食的逐年增产，水资源的支撑能力逐年减弱（图 5-7）。

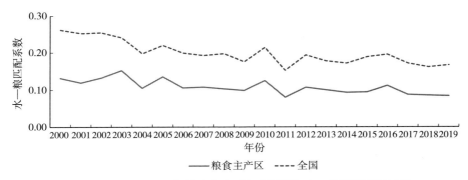

图 5-7　2000—2019年粮食主产区与全国历年水—粮匹配系数比较

（3）区域特征分析。根据水—粮匹配系数的数据特点，将水—粮匹配系数分为四个等级：Ⅰ级匹配程度良好（$R_i^{wy} > 0.3$），Ⅱ级匹配程度一般（$0.2 < R_i^{wy} \leqslant 0.3$），Ⅲ级匹配程度较差（$0.1 < R_i^{wy} \leqslant 0.2$），Ⅳ级匹配程度最差（$R_i^{wy} \leqslant 0.1$）。从表 5-9可知，产粮大省几乎位列水—粮匹配程度较差、极差等级中，如山东、河南、黑龙江、江苏等粮食大省就位居此列。江西、四川、湖南、湖北分别属于粮食主产区中水—粮匹配程度等级较高的省份，这与现实状况符合。从以上实证结果中可知，粮食主产区中粮食生产大省水—粮匹配程度相对较小，表明粮食生产大省水资源供给量相对不足，呈现出"粮多水少"的不匹配特征。

表 5－9　主产区粮食生产水粮匹配系数

R_i^{wy} 等级	省份
I	江西
II	四川、湖南
III	湖北
IV	河南、安徽、江苏、黑龙江、吉林、内蒙古、辽宁、河北、山东

二、土—粮匹配度测算及区域特征分析

(一)土—粮测算模型构建

与水—粮匹配系数相同，土—粮匹配系数也表示研究区内耕地资源与粮食生产之间的匹配量比关系，以单位粮食产量可拥有的耕地资源量进行测度。采用该方法是因为该系数能够测度区域内耕地资源禀赋特征对粮食生产的支撑能力，匹配度与粮食生产的支撑能力成正比，即数值越大表明支撑能力越强，反之亦成立。

结合前文中水—粮测算模型，可得土—粮具体模型为：

$$R_i^{ly} = \frac{L_i \times \beta_i}{Y_i} \qquad (5-19)$$

式中，L_i 为 i 区域的耕地面积（万公顷），β_i 为 i 区域的粮食播种面积占农作物播种面积的比重，Y_i 为 i 区域的粮食产量（亿千克）。

区域土—粮匹配系数反映区域内粮食生产耕地资源与粮食生产的匹配系数均值，测算模型为：

$$R_j^{ly} = \sum_{i=1}^{n} R_i^{ly}/n \qquad (5-20)$$

式中，R_i^{ly} 为 i 区域耕地资源匹配系数，R_j^{ly} 为 j 省土—粮匹配系数，n 为 i 区域的 j 省数量。

(二)结果及区域特征分析

(1) 在全国的位置比较。对 2019 年 13 个粮食主产区土—粮匹配状况进行分析，从测度结果看，山东、四川、内蒙古在 13 个粮食主产区省份中土—粮匹配系数最低，分别仅为 0.107 5、0.124 4、0.195 0，与全国 1.512 0 的土—粮匹配系数相差较远，表明山东、四川、内蒙古是土粮极不匹配的省份，如图 5-8 所示。

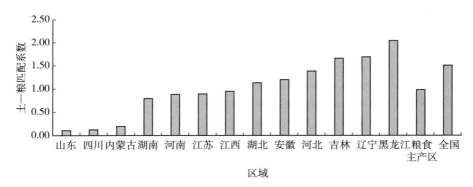

图 5-8　2019 年粮食主产区各省份与全国土—粮匹配系数比较

（2）区域差异特征测度。根据 2000—2017 年全国耕地资源总量和粮食产量数据，运用测算模型，得出我国及粮食主产区土—粮匹配系数，如图 5-9 所示，整体呈下降趋势，从 2007 年开始粮食主产区土—粮匹配系数低于全国 1.5 的标准。结合图 5-8 可以看出，粮食主产区省份中多年平均土—粮匹配系数最高的是黑龙江、吉林、辽宁，这三个省份的土—粮匹配系数均高于 1.5；最低的是山东、四川、内蒙古，这三个省份的土—粮匹配系数都低于 0.2。

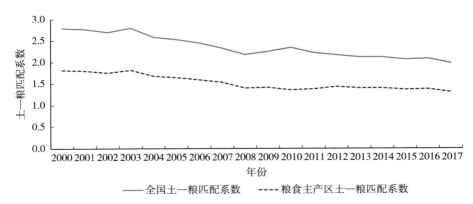

图 5-9　全国及粮食主产区历年土—粮匹配系数变化趋势

数据来源：《农村统计年鉴》《各省统计年鉴》。

（3）区域特征分析。根据土—粮匹配系数的数据特点，对研究区内土—粮匹配状况进行分级，分为三个等级：Ⅰ级匹配程度良好（$R_j^{ly}>2$），Ⅱ级匹配程度一般（$1<R_j^{ly}\leqslant2$），Ⅲ级匹配程度较差（$R_j^{ly}\leqslant1$）。表 5-10 表明，土—粮匹配程度较差的序列中依次是河南、湖南、江西、江苏，说明粮食生产大省

土—粮匹配大多较差。

表 5-10　粮食主产区粮食生产土—粮匹配系数

R_j^{ly} 等级	省份
Ⅰ	黑龙江、内蒙古、
Ⅱ	四川、吉林、湖北、安徽、辽宁、河北、山东
Ⅲ	江苏、湖南、河南、江西

三、水—土—粮匹配度测算及区域特征分析

(一) 水—土—粮测算模型构建

水—土—粮综合匹配系数主要是测算研究区域内粮食生产与水资源、耕地资源之间的时空匹配量比关系，以单位粮食产量可获得水资源量和耕地资源量乘积的根值测度。采用这一系数，能够展现研究区域的水土资源对粮食生产的支撑力度，匹配系数与水—土—粮耦合状况成正比，其数值越大则说明该区域水土资源对粮食生产的保障能力越强，反之亦然。

水—土—粮综合匹配模型为[130]：

$$R_i^{udy} = \sqrt{R_i^{uy} \times R_i^{ly}} \tag{5-21}$$

式中，R_i^{uy} 为 i 区域水粮匹配系数，R_i^{ly} 为 i 区域土粮匹配系数。

省份水—土—粮综合匹配系数计算模型为：

$$R_j^{uy} = \frac{\sum_{i=1}^{n} W_i \times \alpha_i \times \beta_i}{\sum_{i=1}^{n} Y_i}$$

$$R_j^{ly} = \frac{\sum_{i=1}^{n} L_i \times \beta_i}{\sum_{i=1}^{n} Y_i} \tag{5-22}$$

$$R_j^{udy} = \sqrt{R_j^{uy} \times R_j^{ly}}$$

式中，R_j^{udy} 为 j 省的水—土—粮综合匹配系数，R_j^{uy} 为 j 省的水—粮匹配系数，R_j^{ly} 为 j 省的土—粮匹配系数，n 为 i 区域的 j 省数量，其他参数同前所述。

（二）测算结果及区域特征分析

（1）综合匹配度在全国的位置比较。测算了 2019 年全国及 13 个粮食主产区的水—土—粮综合匹配系数，测算结果如图 5-10 所示，全国水—土—粮匹配系数为 0.504 6，粮食主产区水—土—粮匹配系数为 0.289 6，远低于全国水平。发现粮食主产区中水—土—粮匹配系数最高的省份是湖北，为 0.606 2，也是唯一一个高于全国水平的省份，这与湖北地区良好的水土资源相吻合。最低的是河北、安徽，低于 0.1。黑龙江、山东、江苏、四川等的水—土—粮匹配系数均低于 0.2，说明粮食主产区的粮食安全任务很艰巨。

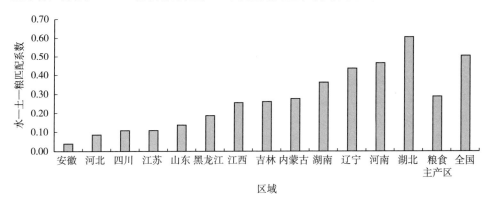

图 5-10　2019 年粮食主产区各省份与全国水—土—粮匹配系数比较

（2）综合匹配度时序特征分析。对 2000—2017 年我国及粮食主产区水—土—粮综合匹配系数进行测度，从图 5-11 可知，全国与粮食主产区的水—土—粮综合匹配系数从 2000 年到 2017 年处于降低趋势，且两者历年的变动起伏基本一致。总体来说，全国及粮食主产区水土资源对粮食生产的制约作用较为显著。水—粮匹配系数与水—土—粮综合匹配系数的起伏变化一致。总体来看，水—土—粮匹配系数逐年降低并趋向于平稳，说明水土资源伴随粮食的逐年增长所起到的支撑作用逐渐减弱。

（3）区域差异特征分析。①结合前文中测算模型，以 2013—2017 年全国水资源总量和粮食产量数据为研究对象，计算粮食主产区各省份 5 年内平均水—粮匹配系数。由表 5-11 可知，江西在粮食主产区中平均水—粮匹配系数最高，然后是四川、湖南，这三个省份水—粮匹配系数都超过 0.2。总的来说，江西的水资源对粮食生产支撑能力最强，主要原因是江西位于水系发达的南方，降水充沛，水资源总量远高于其他省份。水—粮匹配系数最低的是河南和山东，分别仅为 0.016 7 和 0.018 3，这两个省都是粮食生产大省，粮食产量

图 5-11　全国及粮食主产区历年水—土—粮匹配系数变化趋势

高，但是水资源总量低。②对全国及粮食主产区 2013—2017 年土—粮匹配特征进行分析，可以看出，粮食主产区与全国历年的土—粮匹配系数具有较大差距，但是都保持在稳定的差距区间内，5 年内两者匹配系数逐年降低，说明粮食单产在增长，耕地总量在减少，耕地资源对粮食生产的支撑作用在减弱。③根据2013—2017 年全国及粮食主产区各省份水资源总量、粮食产量和耕地面积统计数据的均值，以粮食主产区 13 个省份为测度对象。粮食生产水资源和耕地资源匹配程度差别较大，主要是受水—粮匹配系数和土—粮匹配系数的影响。综合来看，水—土—粮综合匹配系数在 0.1～0.6。其中四川、江西的匹配系数最高，均高于 0.5；最低的是河南、河北、山东，这三个粮食生产大省的综合匹配系数都低于 0.2，结合实际情况不难得出，这几个省份多年来为国家粮食安全做出了卓越贡献，但是这种高产出的结果以高强度地消耗水土资源等自然资源为代价。因此，针对粮食主产区这种典型的情况，需要重新思考我国既有的粮食安全战略目标定位，有必要从资源保护和可持续发展的角度来审视粮食安全这个迫切问题。

表 5-11　全国及粮食主产区 2013—2017 年平均水—土—粮匹配系数

地区	水资源总量 （亿立方米）	粮食产量 （万吨）	灌溉用水 占总用水 的比重	单位农作物 播种面积的 粮食产量（吨）	耕地面积 （万公顷）	水—粮匹 配系数	土—粮匹 配系数	水—土—粮 匹配系数
河北	151.856 1	3 618.678 5	0.620 3	0.768 0	653.029 4	0.020 0	1.386 0	0.166 5
内蒙古	436.556 2	3 423.709 5	0.641 9	0.755 9	923.927 1	0.061 9	2.039 9	0.355 3
辽宁	237.660 0	2 211.253 5	0.539 2	0.812 7	497.897 4	0.047 1	1.829 9	0.293 6
吉林	440.374 2	3 805.783 1	0.649 1	0.907 2	699.744 0	0.068 1	1.668 0	0.337 1
黑龙江	984.620 1	6 471.314 6	0.540 0	0.961 5	1 585.479 4	0.079 0	2.355 7	0.431 4

（续）

地区	水资源总量 （亿立方米）	粮食产量 （万吨）	灌溉用水占总用水的比重	单位农作物播种面积的粮食产量（吨）	耕地面积 （万公顷）	水—粮匹配系数	土—粮匹配系数	水—土—粮匹配系数
江苏	465.380 0	3 600.926 8	0.476 8	0.718 0	457.502 9	0.044 2	0.912 2	0.200 9
安徽	863.980 2	3 807.295 3	0.510 9	0.797 8	587.248 1	0.092 5	1.230 6	0.337 4
江西	1 815.628 6	2 171.341 0	0.600 1	0.666 5	308.471 7	0.334 4	0.946 8	0.562 7
山东	230.566 2	5 092.845 6	0.553 8	0.728 9	761.237 2	0.018 3	1.089 5	0.141 1
河南	311.246 8	6 376.443 8	0.470 5	0.726 3	811.756 4	0.016 7	0.924 8	0.124 2
湖北	1 046.620 8	2 733.596 1	0.510 0	0.587 3	525.593 1	0.114 7	1.129 3	0.359 9
湖南	1 893.800 3	3 005.494 0	0.589 2	0.574 8	414.969 3	0.213 4	0.793 6	0.411 5
四川	2 546.236 2	3 481.480 6	0.530 3	0.657 2	673.169 9	0.254 9	1.270 8	0.569 1
粮食主产区	11 424.522 8	50 079.185 4	0.545 0	0.748 2	8 900.026 0	0.093 0	1.329 6	0.351 7
全国	29 138.740 8	66 265.360 0	0.571 4	0.708 3	13 495.836 2	0.178 0	1.442 6	0.506 7

（4）区域特征分析。对 13 个粮食主产区省份的水—土—粮综合匹配系数进行测算，并根据测算结果，对各省份的水—土—粮匹配状况进行分级，分为五个等级：Ⅰ级匹配程度良好（$R_i^{wly} > 0.5$），Ⅱ级匹配程度一般（$0.4 < R_i^{wly} \leqslant 0.5$），Ⅲ级匹配程度较差（$0.3 < R_i^{wly} \leqslant 0.4$），Ⅳ级匹配程度极差（$0.1 < R_i^{wly} \leqslant 2$），Ⅳ级匹配程度极差（$R_i^{wly} \leqslant 0.1$）。如表 5-12 所示，从等级划分上看，中原地区粮食产量较高的河南、河北、山东等省份的水—土—粮综合匹配系数都处于最低的等次，粮食生产集中度最小的江西、湖南、湖北、四川等省份的水—土—粮综合匹配系数属于较优、良好的序列中。也就是说，我国粮食主产区粮食生产的水土资源要素是极不匹配的，粮食生产大省水土资源要素对粮食生产的制约作用更为显著。

表 5-12 主产区粮食生产水—土—粮匹配系数

R_i^{wly} 等级	省份
Ⅰ	四川、江西
Ⅱ	湖南、黑龙江
Ⅲ	吉林、湖北、安徽、内蒙古
Ⅳ	江苏、辽宁
Ⅴ	河南、山东、河北

第四节 本章小结

本章基于国内大循环视角，从我国实体水土资源出发，分析了粮食生产水土资源与粮食安全的时空匹配特征，明确了水土资源与粮食安全的关系特征及相关制约因素，主要结论如下。

（1）研究期内水资源的阻尼效应是制约粮食产量增长的一个主要原因，且粮食主产区的水资源阻尼效应具有典型的区域集聚特征。近些年水资源阻尼系数呈现缓慢变小趋势，这可能是我国修建农田水利设施和推广应用节水灌溉等技术的结果。因此，可以通过加强农业灌溉设施建设和节水技术的推广应用来解决我国水资源不足的困境，这既是高标准农田建设的需要，也是实现我国粮食安全的必由之路。

（2）对耕地生产力的分析可知，中原地区和东北地区是粮食高产区域，进一步分析得知化肥、劳动力、农业机械的投入量对粮食主产区的粮食安全具有负面作用。但是化肥投入（$\ln H$）的指标弹性系数表明，化肥的使用能够促进粮食产量的增长，同时对粮食安全的影响最大。粮食主产区耕地资源与粮食安全整体属于轻度耦合关系，南方省份中耕地资源与粮食安全耦合关系较大，说明南方省份耕地资源相对紧张，对国家总体粮食安全的制约作用较大。

（3）粮食主产区在研究期内水—土—粮匹配度系数为 0.289 6，远低于全国 0.504 6 的水平，且总体呈缓慢波动下降趋势。具体来看，中原及东北各省份水—粮匹配度较小，南方省份水—粮匹配度较好，总体呈现"粮多水少"的特征。粮食生产大省的土—粮匹配度较差。概括来说，我国 13 个粮食主产区的水土资源要素匹配度较差，水土资源对粮食产量越大省份的制约作用越显著。粮食生产大省多年来为国家粮食安全做出了卓越贡献，但这是以水土等自然资源消耗为代价的。因此，针对当下我国的民情、粮情、国情，迫切需要保护和合理利用我国水土资源，让国内水土资源处于良性循环和可持续的发展状态，保证我国粮食的高质量生产供给，以此来提升我国粮食自给率，降低对外依存度，保障我国粮食安全。

第六章　虚拟水土资源对我国粮食
安全影响的实证分析

上一章从国内大循环视角，分析实体水土资源对我国粮食安全的制约因素。结合第四章实证分析结果来看，增强粮食市场的国际竞争力能够有效减弱外资市场控制力，达到保障我国粮食安全的目的。这与前文中通过国际粮食贸易市场破解我国水土资源对粮食安全约束的论述相一致。粮食虚拟水土资源实际上是隐藏在贸易产品中无差别的粮食产品。基于前文分析结果，本章从国内国际双循环的视角出发，结合国际经济大趋势，分析虚拟水土资源对我国粮食安全的制约因素，以此来开拓保障我国粮食安全的思路。

第一节　国内虚拟水土资源对我国粮食
安全影响的实证分析

虚拟水土资源是指单位产品或服务全过程所消耗的水土资源总量，以虚拟的形式隐含在产品当中。在现实操作中如何以虚拟资源的思想来测算和衡量粮食生产中虚拟水土资源的利用量，是学术界一直关注的一个热点问题。众多学者在具体的实证分析中运用虚拟资源的思想，采用各种计算方法测度各主要粮食作物的虚拟资源含量，全面直观地考察粮食生产活动的水土资源消耗状况、各地区粮食生产资源的利用格局及其变化，进而计算我国水土资源消耗总量和变化情况，以及资源比较优势与粮食贸易结构的关系等问题。

一、研究方法与数据来源

（一）数据来源及处理

本部分计算环节所涉及的数据主要通过查询中国气象科学数据共享服务网得到，研究对象的气候数据主要是我国 13 个粮食主产区 2000—2020 年每个月的平均最高气温（℃）、平均最低气温（℃）、平均风速（米/秒）、日照百分率（％）。有关其他数据主要来自《中国统计年鉴》和《中国农村统计年鉴》[193]。根据数据的可获得性和连续性，本节虚拟水土资源贸易的研究对象为 2000—

2019 年的小麦、玉米、水稻、大豆。

由于数据来源受限，所以难以计算连续年度的虚拟水贸易量，参照 Bulsink 等的计算方法，地区间粮食贸易量的赤字或盈余以粮食生产数量减去消费数量的结果为依据，再以国际农产品贸易数量调节后的数据作为国内农产品净出口贸易量[194]。水稻、玉米、大豆、小麦虚拟水含量的计算参考刘红梅等的处理方法，采用生产法计算某种粮食作物虚拟水含量，再结合农产品产量占总产量的比重作为权数，依次计算加权虚拟水含量。虚拟水贸易量的计算以对应省份的虚拟水净调出量为准，即省内贸易量与粮食加权虚拟水含量相乘。同样的计算方法可以得到国内农产品虚拟土净调出量[195]。虚拟水土贸易的计算参考丁宇峰的虚拟水土禀赋系数及虚拟水土贸易量的概念[193]。

（二）粮食虚拟水土资源含量的计算方法及结果

1. 粮食虚拟水含量的计算方法及结果

借鉴刘红梅等的计算方法，本部分粮食虚拟水含量依据我国 13 个粮食主产区省份在 2001—2019 年加权粮食虚拟水含量计算[195]。以粮食作物的虚拟水含量计算为例，研究对象为水稻、小麦、大豆、玉米，其虚拟水含量测算公式为：

$$SWR(food, n, t) = \sum_{i=1}^{4} swr(i, n, t) \times \frac{yield(i, n, t)}{\sum_{i=1}^{4} yield(i, n, t)}$$

$$(6-1)$$

其中，$SWR(food, n, t)$ 为 t 年粮食作物在区域 n 内的虚拟水含量（立方米/吨），$swr(i, n, t)$ 为 t 年第 i 种粮食初级作物在区域 n 内的虚拟水含量（立方米/吨），$yield(i, n, t)$ 为 t 年第 i 种粮食初级作物在区域 n 内的产量（吨）。2001—2019 年我国单位产量粮食进口虚拟水含量如表 6-1 所示。

表 6-1　2001—2019 我国单位产量粮食进口虚拟水含量

单位：立方米/吨

年份	小麦	水稻	玉米	大豆
2001	30.425 3	4.223 5	1.053 7	3 472.837 9
2002	37.407 6	5.201 2	0.278 5	2 991.450 3
2003	12.537 1	3.033 7	0.018 7	3 305.535 2
2004	165.044 4	7.804 3	0.031 4	2 734.485 3
2005	63.580 7	4.306 9	0.047 0	3 121.800 4
2006	9.226 7	5.790 5	0.727 6	3 296.913 7

（续）

年份	小麦	水稻	玉米	大豆
2007	1.237 6	3.068 2	0.341 1	3 762.809 1
2008	0.469 9	1.899 8	0.401 6	3 262.778 3
2009	8.350 1	1.709 0	0.630 7	3 381.991 5
2010	9.137 2	1.513 0	8.856 0	3 199.542 7
2011	9.907 8	2.465 3	9.789 0	3 004.134 18
2012	23.690 8	8.217 2	24.080 2	2 912.681 3
2013	30.996 2	7.213 5	12.933 8	3 019.404 0
2014	14.458 5	7.360 2	10.203 7	3 008.795 8
2015	12.025 4	8.282 0	15.864 0	2 957.443 7
2016	13.211 4	8.531 0	10.044 7	2 998.935 1
2017	15.032 6	8.603 6	7.741 6	2 909.536 1
2018	12.075 9	7.081 1	10.812 4	2 832.057 1
2019	12.727 8	5.910 1	13.895 8	2 763.000 1

数据来源：《中国统计年鉴》《中国水资源公报》。

2. 粮食虚拟土含量的计算方法及结果

借鉴前文中关于虚拟水的测算方法，2001—2019 年我国 13 个粮食主产区的加权粮食虚拟土 $SLR(i, n, t)$ 计算公式如下：

$$SLR(food, n, t) = \sum_{i=1}^{4} slr(i, n, t) \times \frac{yield(i, n, t)}{\sum_{i=1}^{4} yield(i, n, t)}$$

（6-2）

其中，$SLR(food, n, t)$ 为 t 年粮食作物在区域 n 内的虚拟土含量（公顷/吨），$slr(i, n, t)$ 为 t 年第 i 种粮食初级作物在区域 n 内的虚拟土含量（公顷/吨），$yield(i, n, t)$ 为 t 年第 i 种粮食初级作物在区域 n 内的产量（吨）。2001—2019 年我国单位产量粮食虚拟土含量如表 6-2 所示。

表 6-2　2001—2019 我国单位产量粮食虚拟土含量

单位：公顷/吨

年份	粮食	小麦	水稻	玉米	大豆
2001	0.617 6	0.262 7	0.162 2	0.212 8	0.646 3
2002	0.536 4	0.264 8	0.161 6	0.203 1	0.559 7
2003	0.593 6	0.254 3	0.165 0	0.207 8	0.606 3

（续）

年份	粮食	小麦	水稻	玉米	大豆
2004	0.475 4	0.235 2	0.158 5	0.195 3	0.573 4
2005	0.548 5	0.233 9	0.159 7	0.189 1	0.597 9
2006	0.586 5	0.217 7	0.159 2	0.187 7	0.606 3
2007	0.674 8	0.217 0	0.155 4	0.193 5	0.685 0
2008	0.588 1	0.209 9	0.152 4	0.180 0	0.592 9
2009	0.605 7	0.210 9	0.151 9	0.190 2	0.618 8
2010	0.568 5	0.210 5	0.152 6	0.183 4	0.590 5
2011	0.532 3	0.206 7	0.149 5	0.174 0	0.556 4
2012	0.497 4	0.200 5	0.147 6	0.170 4	0.559 6
2013	0.517 3	0.197 7	0.148 9	0.166 2	0.576 6
2014	0.523 6	0.190 6	0.146 8	0.172 1	0.564 0
2015	0.510 7	0.185 3	0.145 1	0.169 7	0.557 5
2016	0.519 6	0.185 2	0.145 7	0.167 6	0.562 6
2017	0.505 5	0.182 3	0.144 6	0.163 7	0.545 8
2018	0.494 1	0.184 6	0.142 3	0.163 8	0.530 5
2019	0.480 4	0.177 6	0.141 7	0.158 3	0.519 5

数据来源：《中国统计年鉴》《中国水资源公报》。

（三）粮食虚拟水土资源进口总量的计算方法及结果

1. 计算方法

一国（地区）的虚拟水土资源进出口量可通过粮食产品的进出口量及其虚拟水土含量共同确定，它衡量的是由粮食产品进出口贸易而引起的水土资源隐形转移数量。对于粮食产品 i 的虚拟土进口量计算公式如下：

$$VLI_{i,t} = IM_{i,t} \times VLC_{i,t} \tag{6-3}$$

式中，$VLI_{i,t}$（virtual land import）表示一国（地区）在 t 年第 i 类农产品进口的虚拟土地数量（单位：公顷），$IM_{i,t}$（import）表示一国（地区）在 t 年对第 i 类农产品的进口量（单位：吨），$VLC_{i,t}$ 表示在 t 年第 i 类农产品的虚拟土地含量（单位：公顷/吨）。

一国（地区）虚拟土地进口总量的计算公式如下：

$$VLTI_{i,t} = \sum_{i=1, t=1}^{n} VLI_{i,t} \tag{6-4}$$

式中，$VLTI_{i,t}$（virtual land total import）表示一国（地区）在 t 年虚拟土地的进口总量（单位：公顷），即对一国（地区）在 t 年所有种类农产品进口的虚拟土地数量求和。根据表 6-2 及公式 6-3 和公式 6-4，可以计算出我国在某一年份粮食产品的虚拟土地进口量及虚拟土地进口总量。

2. 计算结果

2001—2019 年我国粮食虚拟土进口量如表 6-3 所示。

表 6-3　2001—2019 年我国粮食虚拟土进口量

单位：万公顷

年份	小麦	水稻	玉米	大豆	总面积
2001	19.416 1	4.364 5	0.830 1	900.910 8	925.521 5
2002	16.735 0	3.813 2	0.162 5	633.193 7	653.904 4
2003	11.368 8	4.240 4	0.020 8	1 257.469 0	1 273.099 0
2004	170.699 5	11.979 8	0.039 1	1 160.003 2	1 342.721 6
2005	82.777 8	8.210 6	0.075 7	1 589.911 1	1 680.975 2
2006	13.345 2	11.449 8	1.220 4	1 712.128 7	1 738.144 1
2007	2.191 9	7.585 9	0.677 4	2 111.100 9	2 121.556 2
2008	0.902 8	5.028 5	0.900 0	2 219.588 7	2 226.420 0
2009	19.068 4	5.421 1	1.597 4	2 632.844 1	2 658.931 0
2010	25.917 4	5.920 9	28.842 9	3 235.806 0	3 296.487 3
2011	26.001 3	8.942 3	30.517 6	2 928.678 7	2 994.139 9
2012	74.189 1	34.957 0	88.727 0	3 267.261 9	3 465.135 0
2013	109.409 7	33.808 4	54.289 2	3 653.950 0	3 851.457 3
2014	57.258 8	37.853 0	44.741 6	4 026.916 8	4 166.770 1
2015	55.711 2	49.003 9	80.266 7	4 554.564 4	4 739.546 2
2016	63.188 5	51.880 6	53.090 9	4 721.246 7	4 889.406 7
2017	80.632 7	58.205 1	46.266 1	5 213.836 4	5 398.940 3
2018	57.212 9	43.520 4	57.729 9	4 669.726 5	4 828.189 7
2019	61.949 4	36.066 2	75.878 3	4 597.917 4	4 771.811 3

数据来源：《中国统计年鉴》《中国水资源公报》《中国农村统计年鉴》《中国粮食年鉴》。

根据以上公式，同理可得 2001—2019 年我国粮食虚拟水进口量，如表 6-4 所示。

表 6 - 4　2001—2019 年我国粮食虚拟水进口量

单位：亿立方米

年份	小麦	水稻	玉米	大豆	总量
2001	0.224 8	0.011 4	0.000 4	484.078 9	484.315 5
2002	0.236 4	0.012 3	0.000 0	338.452 7	338.701 4
2003	0.056 0	0.007 8	0.000 0	685.601 1	685.664 9
2004	11.978 9	0.059 0	0.000 0	553.186 4	565.224 3
2005	2.250 1	0.022 1	0.000 0	830.086 7	832.359 0
2006	0.056 6	0.041 6	0.000 5	930.949 5	931.048 2
2007	0.001 3	0.015 0	0.000 1	1 159.584 9	1 159.601 2
2008	0.000 2	0.006 3	0.000 2	1 221.453 7	1 221.460 3
2009	0.075 5	0.006 1	0.000 5	1 439.071 1	1 439.153 3
2010	0.112 5	0.005 9	0.139 3	1 753.285 4	1 753.543 1
2011	0.124 6	0.014 7	0.171 7	1 581.286 1	1 581.597 2
2012	0.876 8	0.194 7	1.254 1	1 700.539 8	1 702.865 4
2013	1.715 6	0.163 8	0.422 2	1 913.547 2	1 915.849 1
2014	0.434 3	0.189 8	0.265 2	2 148.250 1	2 149.139 5
2015	0.361 5	0.279 7	0.750 4	2 415.994 9	2 417.386 4
2016	0.450 8	0.303 9	0.318 2	2 516.496 4	2 517.569 2
2017	0.664 7	0.346 4	0.218 9	2 779.363 5	2 780.593 5
2018	0.374 2	0.216 5	0.381 0	2 493.088 2	2 494.060 0
2019	0.443 9	0.150 5	0.666 0	2 445.559 1	2 446.819 5

数据来源：《中国统计年鉴》《中国水资源公报》《中国农村统计年鉴》《中国粮食年鉴》。

（四）粮食虚拟水土生产与消费盈亏量计算方法

根据产销平衡原理推导出虚拟耕地盈亏量，即某种粮食作物虚拟耕地生产与消费的盈亏量，也就是这种粮食作物虚拟耕地含量与其产量和消费量差额的乘积。如果粮食作物虚拟耕地盈亏量为正值，则表示该区域粮食作物耕地属于盈余状态，本地区耕地能够支撑当地的粮食需求。如果粮食作物虚拟耕地盈亏量是负值，则表明本地区用于生产粮食作物的耕地亏缺，需采取措施从其他地区调配粮食来满足本地区粮食需求。所以虚拟耕地生产与消费盈亏总量计算公式表示为：

$$BVF_{i,r} = \sum_{r=1}^{n} (FP_{i,r} - FC_{i,r})VF_{i,r} \qquad (6-5)$$

式中，$BVF_{i,r}$ 为国家或区域 i、作物 r 虚拟耕地生产与消费盈亏量（单位：公顷），$FP_{i,r}$ 为国家或区域 i、作物 r 的生产量（单位：吨），$FC_{i,r}$ 为国家或区域 i、作物 r 的消费量（单位：吨），n 为粮食作物的种类。

同理可得虚拟水生产与消费盈亏总量计算公式为：

$$BVW_{i,r} = \sum_{r=1}^{n} (FP_{i,r} - FC_{i,r})VW_{i,r} \qquad (6-6)$$

式中，$BVW_{i,r}$ 为国家或区域 i、作物 r 虚拟水生产与消费盈亏量（单位：立方米），$FP_{i,r}$ 为国家或区域 i、作物 r 的生产量（单位：吨），$FC_{i,r}$ 为国家或区域 i、作物 r 的消费量（单位：吨），n 为粮食作物的种类。

二、粮食虚拟水土资源进口效益时空匹配格局分析

（一）粮食虚拟水土盈亏量时间变化

1. 虚拟水盈亏总量时间变化

通过公式 6-5 对 2002—2019 年粮食主产区的粮食虚拟水盈亏总量进行计算，结果如图 6-1 所示。粮食主产区粮食虚拟水盈亏总量呈平稳波动运行，每年的虚拟水盈亏总量大致为 200 亿立方米，2011—2019 年处于平稳发展期。总体来看，粮食主产区的粮食作物虚拟水盈余量充足，平稳运行。

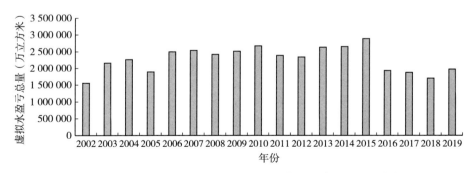

图 6-1　2002—2019 年粮食主产区的粮食虚拟水盈亏总量变化

2. 虚拟耕地盈亏总量时间变化

如图 6-2 所示，2002—2019 年粮食主产区粮食虚拟耕地盈亏总量处于平稳发展态势，粮食主产区每年的虚拟耕地盈亏量保持在 4 000 万～5 000 万公

顷，处于平稳波动起伏的发展状况。总体而言，粮食主产区的粮食作物虚拟耕地盈余量充足稳定。

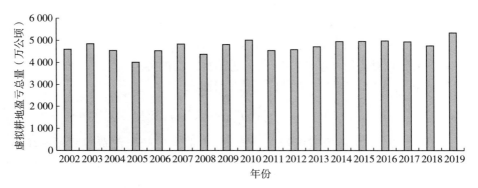

图 6-2 2002—2019 年粮食主产区的粮食虚拟耕地盈亏总量变化

（二）粮食虚拟水土盈亏量空间分布

1. 虚拟水盈亏总量空间分布

根据公式 6-6，计算得出 2009 年和 2019 年粮食主产区的粮食虚拟水盈亏总量分别为 251 亿立方米和 197 亿立方米，粮食虚拟水生产与消费总体处于盈余充足状态，空间分布如表 6-5 所示。盈余量呈东部沿海向西部内地逐渐递减趋势，其中 2019 年湖南、江苏、黑龙江、吉林、辽宁、河北和山东共同属于虚拟水盈余量最高地区。综合而言，2009—2019 年粮食主产区虚拟水盈亏量始终稳定在 200 亿立方米左右，虚拟水生产与消费盈亏量空间分布变化符合既有规律，各省份虚拟水盈余量充足且稳定。

表 6-5 2009 年和 2019 年粮食主产区的粮食虚拟水盈亏总量分布

虚拟水盈亏（万立方米/吨）	2009 年	2019 年
≤1	四川、湖北、湖南	四川、湖北、江西
1~5	河南、江西	河南、内蒙古、
5~10	河北、内蒙古、江苏、安徽	安徽
≥10	黑龙江、吉林、辽宁、山东	湖南、江苏、黑龙江、吉林、辽宁、河北、山东

2. 虚拟耕地盈亏总量空间分布

2009 年粮食主产区的粮食虚拟耕地盈亏总量为 4 538 万公顷，粮食虚拟耕地生产与消费全部盈余，盈余量最大的是河南和黑龙江，江西最小，其他省份均处于中等盈余水平。2019 年粮食主产区虚拟耕地生产与消费依然处于盈余状态，盈余总量为 5 312 万公顷，盈余量最大省份依然是黑龙江和河南，但盈余量最小省份相比 2009 年增加辽宁、湖南、湖北，部分省份虚拟耕地呈中度盈余状态。综合而言，2009—2019 年粮食主产区虚拟耕地盈亏量总体处于 4 000 万～5 000 万公顷，虚拟耕地生产与消费盈亏量的空间分布变化较大，盈余量不足地区扩张比较显著，由南部向中西部扩张（表 6 - 6）。

表 6 - 6　2009 年和 2019 年粮食主产区的粮食虚拟耕地盈亏总量分布

虚拟耕地盈亏量（公顷）	2009 年	2019 年
≤200	江西	辽宁、江西、湖南、湖北
200～400	河北、四川、湖北、湖南、内蒙古、江苏、辽宁、吉林	河北、江苏、四川
400～600	山东、安徽	山东、内蒙古、安徽
≥600	黑龙江、河南	黑龙江、吉林、河南

（三）结论分析

根据上述公式和相关数据对 2002—2019 年我国粮食主产区及各省份粮食虚拟水土资源盈亏量进行测算，结果表明，粮食主产区及各省份虚拟水土资源盈亏量总体盈余，且变化幅度不大。从时间上看，十几年内国内虚拟水和虚拟耕地盈余量稳定充足，多年来处于波动状态。从空间上看，粮食主产区各省份虚拟水盈余量由东部沿海向西部内地逐渐递减，虚拟耕地生产与消费盈余量不足地区在逐渐增多，呈现南部向中西部扩张的态势。

从结果来看，未来要将虚拟水土资源思想灵活运用于我国的粮食安全战略制定中，这是解决国内实体水土资源对我国粮食安全制约的主要方法，也是在水土资源约束下兼顾各区域经济发展、国家总体粮食安全、自然生态环境平衡的可持续发展路径。

第二节　国际虚拟水土资源对我国粮食安全影响的实证分析

如前文所述，学者们众多研究表明，虚拟资源贸易可以发挥比较优势，尤其是对于调配国内异地粮农产品和优化配置全球农业资源具有现实作用。根据前人成果，鉴于水土资源在粮食生产中的基础性地位，本部分以国际粮食虚拟水土资源贸易为视角，基于随机前沿引力模型，搭建国际粮食虚拟水土资源有效供给的分析框架，探讨国际市场对保障我国粮食安全的比较优势和贸易潜力等问题，在一定程度上能够弥补现有粮食安全研究局限于国家层面分析的不足。

一、国际粮食虚拟水土资源进口来源分析

根据表 6-3 和表 6-4，从粮食虚拟水土资源进口来源看，2001—2019 年中国通过进口四种主要粮食而进口的虚拟土和虚拟水数量逐年增长，这主要是入世后我国大豆净进口量持续攀升造成的。由计算结果可知，大豆进口的虚拟水资源量从 2001 年的 484 亿立方米增加到 2019 年的 2 446 亿立方米；大豆进口的虚拟土资源量从 2001 年的 901 万公顷增加到 2019 年的 4 598 万公顷，增加了约 5 倍。2019 年我国以进口大豆的形式而进口的虚拟水和虚拟土资源分别占四大主粮产品虚拟水和虚拟土资源总量的 91.6% 和 96.5%。这与 Allan、马超等的结论一致，也就是说我国粮食作物虚拟水土资源进口量的多少主要取决于大豆[60][70]。

如表 6-7 所示，由我国 2019 年粮食虚拟水土资源进口来源国可知，大米虚拟水土资源进口主要来自巴基斯坦、缅甸、泰国和越南，依次占我国大米虚拟水土资源进口总量的 24.11%、21.8%、21.04% 和 19.14%；小麦虚拟水土资源进口主要来自加拿大，然后是法国与哈萨克斯坦；玉米虚拟水土资源进口的 86% 来自乌克兰；大豆虚拟水土资源进口主要来自巴西和美国，分别占据总进口量的 65.11% 和 19.21%。由前文分析可知，大豆是我国粮食虚拟水土资源进口的主要粮食作物，所以巴西和美国是我国粮食虚拟水土资源进口的主要来源国。

表 6-7   2019 年我国粮食虚拟水土资源进口量

粮食	国别	虚拟水（亿立方米）	虚拟土（万公顷）
	巴基斯坦	4.74	8.59
	缅甸	4.28	7.77
大米	泰国	4.13	7.54
	越南	3.76	6.82
	柬埔寨	1.76	3.21

（续）

粮食	国别	虚拟水（亿立方米）	虚拟土（万公顷）
小麦	加拿大	6.14	30.73
	法国	1.77	8.88
	哈萨克斯坦	1.46	7.36
	美国	0.87	4.36
	立陶宛	0.72	3.63
玉米	乌克兰	8.63	67.78
	美国	0.66	5.22
	老挝	0.30	2.32
	俄罗斯	0.24	1.91
	缅甸	0.14	1.14
大豆	巴西	293.86	3 036.51
	美国	86.69	895.77
	阿根廷	44.79	462.85
	加拿大	11.54	119.27
	乌拉圭	10.53	108.82

二、我国在国际粮食市场贸易的局势分析

（一）我国的粮食安全局势迫切需要拓展国际水土资源

如前文所述，中国作为农业大国，多年来粮食自给率在80％以上，但由于我国水土资源等自然资源的不足和粮食产需结构的不平衡，近年来不得不从国外进口大量的大豆等农副产品来缓解国内水土资源不足的现状。我国近年来已经发展成为世界最大的农产品进口国，进口额约占全球农产品贸易额的10％，一半以上的进口量主要来自少数几个具有自然资源优势和生产成本优势的国家或经济联盟，如美国、巴西、澳大利亚、东盟和欧盟等。面对国内高强度开发利用水土资源和后备资源不足的现实情况，寻求新的粮食产品进口替代国，以开拓新的粮食贸易市场的方式拓展国际虚拟水土资源的来源国，用分散进口来源地的方法提升我国在世界粮食市场的话语权，加强我国粮食贸易的国际竞争力，改变入世以来我国的粮食进口格局，推动形成粮食进口贸易

以我为主和国际粮食市场为我所用。这是我国由粮食大国发展成为世界粮食强国的必然之路，更是面对当前波诡云谲的国际大环境急需解决的一个关键问题。

（二）俄罗斯战略转移下发展国内经济需要我国市场来支撑

2014 年以来，美国及一些欧洲国家采取各种经济手段联合制裁俄罗斯，以至于俄罗斯近些年的国民经济发展受到不利影响。为了能够摆脱制裁和更好地提振国内经济，俄罗斯采取了东移战略，将贸易中心逐渐转移到亚太地区。2017 年俄罗斯开展出口战略以后，针对油料、植物油、农产品贸易等制定了一些鼓励政策，这说明俄罗斯近几年致力于降低农产品运输成本，着手增加大豆等油料产品的出口[196]。同时俄罗斯 2020 年的土地改良计划也强调完善农地自由流转制度，加强粮食、油料、植物油等产品的生产和出口，这说明未来我国从俄罗斯进口谷物、油料、大豆等产品具有很大的贸易空间。

随着中俄两国深化新时代全面战略协作伙伴关系，中俄两国的经贸发展合作潜力巨大。从表 6-8 中俄粮食的贸易量来看，2018 年后中俄粮食贸易呈现快速增长的态势。2018—2021 年中国每年从俄罗斯进口的粮食产品总额约为 2.7 亿美元，较之前相比几乎翻了一倍。从中俄大豆贸易方面来说，自从 2019 年两国签订《关于俄罗斯油籽及其副产品，包括大豆、油菜籽和葵花籽及其副产品油、油渣和油粕等向中国出口检验检疫议定书》和《关于深化中俄大豆合作的发展规划》以来，双边大豆贸易取得突破性进展[197]。就俄罗斯大豆的出口潜力而言，俄罗斯现有的中央地区新的大豆集群和远东地区传统的大豆集群从 2015 年以来加快大豆的生产。俄罗斯大豆产量从 2009 年的 94.37 万吨增长到 2015 年的 270.82 万吨，2018 年后产量甚至增长到 400 万吨以上。从 2015 年开始我国从俄罗斯进口的大豆也处于逐年增长的趋势，但是对比俄罗斯总的粮食和大豆出口量，我国从俄罗斯进口的粮食和大豆的占比依然较小。有学者根据俄罗斯粮食及大豆产量和近几年我国从俄罗斯进口的谷物、油料、植物油的数量推测，未来俄罗斯大豆产能可能达到 400 万吨以上，出口到我国的大豆可能高达 200 万吨[198]。根据我国粮食缺口情况可知，俄罗斯具有很大的贸易空间有待挖掘。结合俄罗斯农业部的粮食生产刺激政策和当前俄罗斯的国内外政治经济形势可以推测，未来我国将成为俄罗斯粮食出口的重要市场。

表 6-8 2009—2020 年俄罗斯粮食与大豆的产量及出口

年份	粮食				大豆			
	总产量 （万吨）	总出口量 （万吨）	对中国出口 量（万吨）	占比 （%）	总产量 （万吨）	总出口量 （万吨）	对中国出口 量（万吨）	占比 （%）
2009	6 755.98	3 654.66	0.16	0.00	94.37	0.35	0.16	45.20
2010	4 687.50	2 453.87	0.07	0.00	122.24	0.15	0.07	45.31
2011	6 589.90	3 213.16	0.43	0.01	164.10	0.91	0.42	46.32
2012	4 866.76	3 754.12	9.56	0.25	168.31	23.94	9.11	38.05
2013	6 617.78	3 329.43	7.30	0.22	151.72	16.72	6.79	40.60
2014	7 445.56	5 185.65	10.12	0.20	236.36	15.75	7.35	46.66
2015	7 877.70	5 098.83	46.14	0.90	270.82	76.53	37.72	49.29
2016	9 285.09	6 262.40	46.31	0.74	314.27	84.50	38.87	46.00
2017	10 381.90	7 792.55	47.49	0.61	362.17	103.92	45.13	43.42
2018	8 862.02	9 972.00	98.52	0.99	402.69	191.95	85.72	44.65
2019	9 419.37	7 122.61	84.05	1.18	436.00	89.41	71.26	79.70
2020	10 522.49	8 179.42	107.38	1.31	430.76	239.17	81.41	34.04

数据来源：联合国商品贸易数据库（UN Comtrade Database）、联合国数据库。

（三）国内外局势下中俄两国共同的经济发展诉求

我国人多、地少、水缺，而俄罗斯人少、地多、水足，同时中俄两国地缘优势明显、经济实力强劲、国际影响力深远，两国之间具有很强的资源和战略的双向互补性，这为两国之间的粮农贸易合作奠定了基础。2015 年两国签订《关于丝绸之路经济带建设和欧亚经济联盟建设对接合作的联合声明》，表明在发展两国之间战略合作的同时推动欧亚国际经贸往来。2016 年俄罗斯总统普京提出"大欧亚伙伴关系"建设倡议，这与我国提出的共建"一带一路"倡议相辅相成，再次说明两国积极推动欧亚大陆的合作与发展。2019 年是中俄建交 70 周年，这一年两国领导人签署关于发展新时代全面战略协作伙伴关系的联合声明。在这一战略合作背景下，俄罗斯远东铁路与中国黑龙江铁路公司联合，在交界地区建设跨境大型贸易物流集散中心。为了促进双边贸易，中国于 2017 年与俄罗斯一起在边境地区共建一个农产品贸易基地。自从 2019 年两国关系提升为中俄新时代全面战略协作伙伴关系之后，中俄两国战略合作关系持续深化，两国之间的粮农产品贸易已经在国际贸易格局的变化中成为一个合作新亮点。

我国是粮食产品需求大国和进口大国，当前国际形势变局下，我国更需要采取多元化布局的方式来降低进口风险,并且积极参与国际粮食贸易和市场规则的制定来提升国际竞争力。根据中俄两国粮食产品贸易数据,俄罗斯大豆、谷物、油料、植物油出口与中国的果蔬产品出口的比较优势明显,两国粮食产品贸易具有强烈的互补性[196]。俄罗斯以其丰富的农业资源,在双向粮食产品较强互补性的前提下,将有巨大的贸易潜力有待我国深挖。在我国"走出去"战略与俄罗斯积极推动"向东看"战略的环境下,用俄罗斯粮农资源来促进我国粮食产品进口市场多元化具有很大潜力。从俄罗斯大豆的供给潜力来看,我国可以加强与俄罗斯大豆贸易合作来缓解国际供给不稳定和国内自然资源不足等现状。基于两国之间的地理位置、自然资源、政治互信、战略规划、经济发展等,在未来,俄罗斯可以成为我国长期稳定合作的粮食产品进口来源国。这是我国拓展粮食资源进口多元化,应对国际粮食资源进口单一供给风险的有效策略,对于增强我国在国际粮食市场的话语权和提升我国在国际粮食市场的谈判地位具有很强的现实意义和战略意义。

三、研究方法与模型构建

(一)研究方法

随机前沿法由 Meeusen 和 Broeck 提出,主要用于测量企业的生产绩效及影响因素。学者们为了规避传统引力模型的不足,引入随机前沿分析方法,并把传统的随机干扰项分解为随机误差项和贸易非效率项,将以往容易被忽略的贸易阻力因素归纳到贸易非效率项中,之后随机前沿引力模型就被广泛地应用在双边贸易效率和潜力的实证分析中。

依据随机前沿引力模型,i 国对 j 国 t 年实际的贸易量 T_{ijt}、潜在贸易量 T_{ijt}^*、贸易效率 TE_{ijt} 分别表示为:

$$T_{ijt} = f(X_{ijt}, \beta) \exp(V_{ijt}) \exp(-u_{ijt}), \ u_{ijt} \geqslant 0 \qquad (6-7)$$

$$T_{ijt}^* = f(X_{ijt}, \beta) \exp(V_{ijt}) \qquad (6-8)$$

$$TE_{ijt} = \frac{T_{ijt}}{T_{ijt}^*} = \exp(-u_{ijt}) \qquad (6-9)$$

式中,X_{ijt} 是引力模型中对实际贸易量影响最大的关键因素,包含人口规模、经济规模、地理距离等;β 是待估计的参数向量;V_{ijt} 为随机干扰项,服从均值为 0 的正态分布;u_{ijt} 为贸易非效率项,与 V_{ijt} 相互独立,代表没有归纳到引力方程的贸易阻力因素,主要是关税水平、相关政策、国家间的关系及不可控因素等,一般被假定服从正态分布或截尾正态分布。

时不变模型是指假定贸易非效率项 u 不随时间延续而改变的随机前沿模

型。随后 Battese 和 Coelli 研究发现，如果研究对象的时间延续较长，则贸易非效率项 u 中的部分因素将会随着时间的变化而变化，由此提出时变随机前沿模型，其基本表达式为：

$$u_{ijt} = \{\exp[-\eta(t-T)]\}u_{ij} \qquad (6-10)$$

在 $\exp[-\eta(t-T)] \geqslant 0$ 中，u_{ij} 服从截尾正态分布。η 为待估参数。若 $\eta > 0$，则贸易非效率随时间延续而递减，表明贸易阻力随时间变化而减少；若 $\eta < 0$，则贸易非效率随时间延续而递增，表明贸易阻力随时间变化而增加；若 $\eta = 0$，则贸易非效率不随时间延续而改变，这时时变随机前沿模型转变为时不变模型。在实证中同时做了时变模型和时不变模型的最大似然比检验，以对比研究结果的稳定性，发现时变模型更适用于本节的研究。

基于随机前沿引力模型（式6-7），结合国际粮食资源贸易的现实情况，构建以下适用于粮食资源贸易的计量模型[199]：

$$\ln EXP_{ijt} = \alpha_0 + \alpha_1 \ln PGDP_{it} + \alpha_2 \ln PGDP_{jt} + \alpha_3 \ln POP_{it} +$$
$$\alpha_4 \ln POP_{jt} + \alpha_5 \ln D_{ij} + \alpha_6 X_{ij} + v_{ijt} - u_{ijt} \qquad (6-11)$$

式中，i 代表中国，j 代表粮食资源的出口国家，t 代表时间，EXP_{ijt} 表示我国对 j 国 t 时期的粮食资源进口金额。其中解释变量包括：①$PGDP_{it}$ 和 $PGDP_{jt}$ 分别表示 t 时期我国和粮食资源出口国的人均国内生产总值，解释为出口国的经济规模越大，就越能够有充足的资金投入粮食资源生产中，就越会有足量的粮食资源可供出口。如果粮食资源出口国发展水平越高，就越有能力提供本国人民生活和社会发展所需要的粮食资源。②POP_{it} 和 POP_{jt} 分别表示 t 时期我国和粮食资源出口国的总人数。假定其与 EXP_{ijt} 呈正相关，对于粮食资源不充足的出口国家来说，人口越多就越缺乏可供出口的粮食资源。对于粮食资源出口国来说，丰富的劳动力是保证能够生产充足粮食的重要资源。③D_{ij} 代表我国与出口国之间的地理距离，距离越大则交易成本越高，其是粮食资源贸易的阻碍因素，假定该变量与 EXP_{ijt} 呈负相关。④X_i 是虚拟变量，含边界因素 Bor_{ij}、沿海因素 Se_{ij} 等，用于代表我国与出口国 j 是否毗邻，出口国是否沿海等。若有共同边界则取值为 1，否则为 0；若出口国临海则取值为 1，否则为 0。v_{ijt} 是随机干扰项，均值设定为 0，以测度随机误差或随机性因素；u_{ijt} 为贸易非效率项，主要是测度阻碍粮食资源出口的不可观测因素。

为了判断这些因素是否纳入随机前沿方法中，采用似然比检验保证参数的合理性和方法的科学性。

为了找出影响粮食资源出口国的人为贸易阻力因素，构建以下贸易非效率模型：

$$u_{ijt} = \beta_0 + \beta_1 FTA_{ijt} + \beta_2 TAF_{jt} + \beta_3 SHP_{jt} + \varepsilon_{ijt} \qquad (6-12)$$

解释变量主要有以下三组：①自由贸易协定（FTA_{ijt}）表示国家之间的法律契约，目的在于降低贸易壁垒，推动各国贸易发展，促进世界经济一体化。该变量对粮食资源贸易起到促进作用，预期与 u_{ijt} 呈负相关。②关税水平（TAF_{jt}）表示出口国的平均关税，是粮食资源贸易的阻碍因素，预期与 u_{ijt} 呈正相关。③海运基础设施（SHP_{jt}）代表粮食资源出口国班轮航运连通指数，海运网络和交通基础设施越完善，越有利于粮食资源贸易，预期与 u_{ijt} 呈负相关。

（二）数据来源

结合上文与表 6 - 9 可知，近年来我国与俄罗斯之间的粮食资源贸易额整体呈上升趋势，由 2013 年的 3 028.80 万美元增长至 2021 年的 27 329.48 万美元，贸易额增长了近 10 倍之多。从进口数据中可知，俄罗斯有中国需要的充足的粮食资源，并且 2015—2021 年中国从俄罗斯进口的粮食增幅巨大，这表明中国与俄罗斯建立了更加信任的政治关系和更加密切的经济贸易关系，俄罗斯有巨大的粮食资源贸易潜力可供挖掘。

表 6 - 9　　2013—2021 年中俄粮食贸易统计

年份	双边贸易总额		中国出口		中国进口		俄罗斯顺差（万美元）
	总额（万美元）	增幅（%）	金额（万美元）	增幅（%）	金额（万美元）	增幅（%）	
2013	3 028.80	−23.99	289.03	3.95	2 739.77	−26.08	2 450.75
2014	3 285.38	8.47	569.05	96.89	2 716.32	−0.86	2 147.27
2015	15 852.84	382.53	234.79	−58.74	15 618.05	474.97	15 383.26
2016	15 402.32	−2.84	280.47	19.45	15 121.85	−3.18	14 841.38
2017	17 342.50	12.60	368.65	31.44	16 973.85	12.25	16 605.19
2018	28 282.03	63.08	342.50	−7.10	27 939.54	64.60	27 597.04
2019	26 201.11	−2 080.92	573.7	231.2	25 627.41	−2 312.13	25 053.71
2020	27 817.41	1 616.30	366.4	−207.3	27 451.01	1 823.61	27 084.61
2021	27 329.48	−487.94	311.6	−54.8	27 017.88	−433.14	26 706.28

数据来源：联合国商品贸易数据库（UN Comtrade Database）。

另外，观察历年来俄罗斯粮食出口的相关数据可知，俄罗斯的粮食出口涉及 100 多个国家，因此俄罗斯的国际粮食贸易具有可代表性。根据数据的延续性和可获得性，以及 2019 年底新冠疫情暴发以来世界各国对粮食资源的禁运政策，选取 2013—2019 年来自四大洲的 48 个国家作为面板数据，如表 6 - 10 所示。

表 6 - 10　俄罗斯粮食资源出口的主要国家

板块	主要国家
亚洲	中国、以色列、马来西亚、蒙古国、阿塞拜疆、塔吉克斯坦、孟加拉国、土库曼斯坦、亚美尼亚、吉尔吉斯斯坦、印度尼西亚、乌兹别克斯坦、伊朗、阿曼、也门、约旦、伊拉克、韩国、日本、阿联酋、土耳其、黎巴嫩
欧洲	阿尔巴尼亚、西班牙、塞浦路斯、德国、乌克兰、希腊、意大利、挪威、立陶宛、摩尔多瓦、荷兰、
非洲	刚果共和国、坦桑尼亚、肯尼亚、卢旺达、利比亚、摩洛哥、莫桑比克、苏丹、突尼斯、乌干达、埃及
美洲	加拿大、秘鲁、美国

由于粮食资源概念丰富，包括粮食本身、人才、科技、资金等资源，为保证本节研究的合理性，本节的粮食资源主要以四大主粮为研究对象，将粮食资源贸易额界定为进出口国家具体的四大粮食作物①（1001：小麦机混合麦；1005：玉米；1006：稻谷大米；1201：大豆，不论是否破碎）的金额。俄罗斯粮食资源出口数据通过查询联合国商品贸易数据库（UN Comtrade Database）得出；俄罗斯人均 GDP 和总人口数量通过查询世界银行发展指标数据库（WDI）得出；俄罗斯与进口国的距离采用进口国首都与莫斯科之间的距离测算，中国与俄罗斯的距离选取乌鲁木齐到莫斯科之间的距离测算，具体数据通过网站（http：//www. Gpsspg. com/distance. htm）查询得到；俄罗斯与进口国是否毗邻、进口国是否沿海等数据均通过查询法国国际经济研究中心（CEPII）官方网站得出。

在贸易非效率模型中，自由贸易协定属于虚拟变量，通过查询世界贸易组织区域贸易协定数据库（RTA database）得到，若俄罗斯与进口国之间有自贸协定则取值为 1，反之则取值为 0；各进口国的关税水平数据通过查询国际货币基金组织的政府财政统计手册（government finance statistics manual）得到；海运基础设施数据来自联合国贸易和发展会议历年发布的海运报告 *Review of Maritime Transport*[163]。

四、国际粮食虚拟水土资源贸易及影响因素分析

（一）数据检验与样本分析

依据式 6 - 10，以俄罗斯 2013—2018 年向进口国的粮食资源出口额为依据，

---

① 根据国家海关总署商品大类编码表查询所得。

对原始数据进行标准化处理，借助 Frontier 4.1 软件做随机前沿引力模型估计。

1. 似然比检验和模型选择

为了保证该模型函数的准确无误，依次设定五个检验，采用似然比检验法验证该模型是否适用，检验结果如表 6-11 所示。通过检验结果可知本实证适用于时变模型，贸易非效率项不存在的似然比检验表明本实证适用于随机前沿引力模型。根据结果采用经济规模变量、人口规模变量、贸易非效率项、边境变量、沿海变量、不引入语言变量的随机前沿引力模型。

表 6-11 随机前沿引力模型假设检验结果

原假设	约束模型对数似然值	非约束模型对数似然值	LR 统计量	1% 临界值	检验结论
非时变模型	−484.76	−477.41	14.70	6.64	拒绝
不存在贸易非效率项	−578.33	−477.41	201.85	9.21	拒绝
不引入边境变量	−483.08	−477.41	11.33	6.64	拒绝
不引入沿海变量	−490.20	−477.41	25.59	9.21	拒绝
不引入语言变量	−480.56	−477.41	6.30	9.21	不拒绝

2. 模型估计结果

在确定了合适的模型函数形式后，以俄罗斯 2013—2018 年对世界各国的粮食出口额为依据，通过 Frontier4.1 软件对上述模型（式 6-11 与式 6-12）做最大似然一步法估计。通过对表 6-12 的 LR 检验和参数的检验结果分析可知，采用随机前沿引力模型估计粮食资源贸易潜力和效率是适用的。

表 6-12 随机前沿引力模型估计结果

变量	系数	标准误差	t 值
常数	−1 211.142 3***	−0.999 6	1 211.648 2
POP_{jt}	0.353 0***	0.051 45	6.860 6
$PGDP_{jt}$	0.018 0	0.079 3	0.227 1
POP_{it}	51.468 2***	1.283 9	40.087 2
$PGDP_{it}$	9.252 5***	0.844 9	10.951 2
$\ln D_{ij}$	−0.525 8**	0.188 1	−2.795 4
Se_{jt}	0.922 3***	0.286 5	3.219 3
Bor_{jt}	0.340 7	0.373 2	0.912 7

（续）

变量	系数	标准误差	t 值
FTA_{ijt}	−2.678 7*	1.203 0	−2.226 7
TAF_{jt}	−0.015 9	0.021 0	−0.755 8
SHP_{jt}	0.006 2	0.020 0	0.308 4
σ^2	41.948 0	18.969 2	2.211 4
γ	0.989 2	0.005 8	171.154 7
对数似然值		−560.996 2	
LR 检验		76.838 5	

注：表中 *、**、*** 分别表示 t 值在 10%、5% 和 1% 的水平下显著，y 是非效率项的方差与随机误差项方差的比值，LR 是检验误差项目中是否存在非效率项。

在对俄罗斯粮食资源出口贸易潜力的测算中，根据表 6-12 的数据可知：①出口国的人均 GDP（$PGDP_{it}$）在 1% 的水平下显著，且系数为正，表明俄罗斯的经济发展水平一般，仍然处在以农业为主的发展阶段，但是对于生产充足的粮食资源有足够的经济支撑能力，所以俄罗斯能够生产充足的粮食资源可供出口。进口国的人均 GDP（$PGDP_{jt}$）系数都为正，但是系数比较小，且呈不显著状态，这表明粮食进口量的多少与国家的经济发展水平没有显著性关系，因为粮食是每个人生存的必需品，从另一个方面说明了粮食对于人类生存与发展的重要性。以上结果符合理论预期。②俄罗斯人口总量（POP_{it}）系数为正且较大，在 1% 的水平下显著，表示俄罗斯的人口总量与粮食资源出口额呈正相关，说明俄罗斯充足的人口是保证其有足量的粮食资源出口的主要原因，其人口总量的增加导致国内粮食生产资源的增加，从而用粮食贸易为国家赚取了大量的外汇资金，这与当下俄罗斯的实际情况相吻合。③进口国人口总量（POP_{jt}）在 1% 的水平下显著，且系数为正，表明进口国粮食资源的进口量与人口总量呈正相关，进口国人口越多，则粮食需求量越大，越需要进口大量的粮食资源以维持人民生活来保证国家稳定发展。④地理距离（$\ln D_{ij}$）在 5% 的水平下显著，且系数为负，说明国家之间的距离所代表的交易成本也是影响国际间粮食资源贸易的重要因素。不过俄罗斯位于亚欧交汇处，环接三大洋，各国都会选取交易成本相对较低和便捷的海运方式，所以显著性在理论预期范围之内。

在对俄罗斯粮食资源出口贸易效率的估算中，通过表 6-12 可知，γ 系数是 0.989 2，表明贸易非效率是制约粮食资源贸易的关键因素。①自由贸易协定（FTA_{ijt}）与贸易非效率表现为在 10% 的水平下显著负相关，表明该协定的签订能够降低贸易非效率项，促进粮食资源贸易。所以，我国应在此基础上全面推动区域合作关系的建立，加快粮食贸易便利化，提升粮食资源贸易效率。②关税水平（TAF_{jt}）与贸易非效率呈不显著的负相关，表明关税对粮食资源贸易影响并不显著，进一步说明粮食是世界各国生存发展的刚性需求，各个国家不因关税水平的高低而减少或增加对粮食的采购量。粮食作为人类生存与发展的刚性需求，关系到世界各国的稳定与发展，各个国家加强合作、打造自由贸易区、降低关税壁垒，促进粮食资源在国际市场的无障碍流通是每一个国家的利益诉求。作为共建"一带一路"倡议的主导国，我国应加快推进粮食资源走廊的建设，让世界各国都能享受到粮食资源在国际间畅通无阻地贸易为人类生存发展所带来的外部效应，为构建人类命运共同体做出努力[200]。③海运基础设施（SHP_{jt}）的回归系数为正，与贸易非效率呈不显著相关，说明进口国海运基础设施是影响粮食资源进口的充分非必要因素。这是因为，粮食的本质属性决定每个国家的海运基础设施无论是否健全便利，都不得不通过海运这种低成本的运输方式进口粮食。

（二）影响因素分析

本节通过构建时变随机前沿引力模型，以 2013—2019 年俄罗斯与中国等 48 个粮食资源贸易国相关变量的面板数据为依据，得出俄罗斯在世界粮食市场发展的主要影响因素。实证结果表明：①在随机前沿引力模型中，粮食贸易双方国家人口总数、出口国经济水平变量与是否临海对粮食资源贸易有积极作用；两国之间的距离对两国粮食资源贸易产生抑制性影响，增加了粮食资源贸易的摩擦成本，阻碍了国家间粮食资源交流与合作；进口国 GDP 总量对粮食资源贸易影响不显著。②在贸易非效率模型中，自由贸易协定降低了贸易非效率项，对粮食资源贸易起到促进作用；关税水平和海运基础设施对世界各国的粮食资源贸易影响不显著。

（三）贸易潜力测算

根据随机前沿引力模型的方程式 6-9，按照各进口国未开发的粮食资源贸易潜力高低列出了 2018 年俄罗斯粮食资源出口贸易潜力排名，如表 6-13 所示。俄罗斯对美国的粮食资源贸易潜力值最大，为 99.96%；第二、三位分别是加拿大和乌克兰；埃及与土耳其的粮食资源贸易潜力最低，也就是说其与俄罗斯的粮食资源贸易的效率最高。中国的贸易效率排名第 28，贸易潜力排名第 19，说明中俄粮食资源贸易的效率总体处于较低发展水平，或者说中俄之间的粮食资源贸易具有较大的发展潜力。自 2013 年共建"一带一路"倡议提出之后，中国从俄罗斯进口粮食资源的金额呈逐年剧烈增长趋势，在相关政策的持续推动下，未来俄罗斯将成为中国重要的粮食进口大国。

表 6-13　2018 年俄罗斯粮食资源出口贸易潜力排名

排名	国别名称	贸易额（万美元）		贸易效率 （实际值/模拟值）	未开发潜力 （1—贸易效率）
		实际值	模拟值		
1	美国	160 238	393 729 615.4	0.000 406 975	0.999 593 025
2	加拿大	297 668	174 423 343.5	0.001 706 584	0.998 293 417
3	乌克兰	7 192 289	860 664 670.9	0.008 356 668	0.991 643 332
19	中国	263 020 328	1 564 179 932	0.168 152 22	0.831 847 78
46	土耳其	1 153 904 945	1 605 196 146	0.718 856 04	0.281 143 96
47	埃及	1 894 542 866	2 395 475 111	0.790 883 97	0.209 116 03

第三节　本章小结

本章分析了国内粮食虚拟水土资源盈亏量的时空匹配格局和国际间粮食虚拟水土资源贸易潜力及影响因素，探索虚拟水土资源约束下我国粮食安全的主要制约因素，根据实证分析结果总结如下。

（1）从时间变化来看，研究期内我国粮食主产区粮食作物虚拟水盈余量充足，平稳运行；粮食虚拟耕地盈亏总量呈平稳发展态势，粮食作物虚拟耕地盈余量充足且稳定。从空间分布来看，研究期内粮食主产区的粮食虚拟水盈余量充足，且呈东部沿海向西部内地逐渐递减趋势，该空间分布变化符合我国总体的水资源分布规律，各省份虚拟水盈余量充足且稳定；粮食虚拟耕地盈亏量空间分布变化较大，盈余量不足地区的范围明显增加，由南部向中西部扩张。总体说明我国粮食主产区的水土资源能够支撑本地区人们的粮食需求，但是就全国的粮食需求来说，粮食生产大省耕地资源压力较大。因此，为了维护我国当前及未来总体的粮食安全，要坚持国内水土资源的开发利用与保护并举，促进水土资源与我国粮食安全的可持续发展。

（2）从对国际粮食虚拟水土资源贸易的分析可知，贸易双方国家人口总数、出口国经济水平变量、是否临海对粮食资源贸易有积极作用；两国之间的距离对两国粮食资源贸易产生抑制性影响，阻碍了国家间粮食资源的交流与合作；自由贸易协定对粮食资源贸易起到促进作用。这表明我国拓展和发掘国际间优质粮食资源，要坚持积极参与和搭建全球贸易合作平台，选择距离相近、沿海、水土资源较好的地区作为粮食贸易对象。这是降低粮食贸易成本、提升我国粮食市场竞争力、维护我国粮食安全的有效路径。

（3）粮食对于人类生存发展和国家安全稳定具有重要意义，国际粮食合作平台的加快建设和人类命运共同体的加快构建对于世界各国具有重要的现实意义。根据实证结果可知，世界范围内的粮食资源贸易和资源获取对人类生存和发展具有重要作用，要坚持构建人类命运共同体，持续推动共建"一带一路"高质量发展，各个国家应该积极加入 WTO、上海合作组织（SCO）等合作平台，降低贸易非效率项，促进粮食资源贸易的发展。这也符合第四章中通过增强我国粮食市场竞争力来削弱外资市场控制力，实现我国粮食安全的结论。

第七章 水土资源约束下保障我国粮食安全的模式构建

前文中对我国 13 个粮食主产区的四种分类基本符合我国各个省份的水土资源分布状况，所以依据分类标准和资源禀赋理论，按照我国总体区域战略规划和各省份实际发展情况，结合各省份的粮食安全状况与经济发展态势，参考各省份的地理区位条件，分别构建纵横交错、纵向延伸、径向发散、横向拓展的粮食安全发展模式，并根据这四种发展模式，分别对国内的经典案例进行分析，为我国水土资源各不相同的地区提供可借鉴可参考的发展模式，为推动我国农业现代化走出一条高质量的粮食安全道路。

第一节　我国粮食生产的基本特征分析

一、粮食生产的基本含义

粮食生产涵盖了从播种到收获的整个农业生产过程，它不仅是国家经济安全的基础，也是社会稳定和人民生活的重要保障。在我国，粮食生产总量由多种粮食作物共同构成，包括稻谷、小麦、玉米等谷物，大豆等豆类，以及马铃薯、甘薯等薯类作物。这些作物经过种植、管理、收割和加工，最终成为我们日常餐桌上的主食和食品工业的原料。

生产是指人们创造财富的过程。广义的生产包括人类创造物质财富、精神财富以及人类自身的生产，狭义的生产仅指人类创造物质财富的过程。粮食生产是物质财富创造过程，是指人们在粮食作物上的投入产出过程，是把农业生产要素组合起来生产粮食的过程。这些生产要素主要是农业劳动力、耕地、农用物资、生产工具等。

二、粮食生产的基本特点

（一）季节性

粮食生产具有很强的季节性特征。粮食是季节性生产、常年消费的特殊物质。所谓季节性，指不同的粮食作物在不同的区域都有固定的播种与收获季节，这是一种自然规律，人为的力量是不能改变的，粮食生产必须遵循这种自然规律。二十四节气就是我国劳动人民在长期的农业生产实践中总结出来的。劳动人民在实践中还总结出了反映农业生产季节性的谚语，如：人误地一时，地误人一年；山东、河南一带种植冬小麦是"秋分早，霜降迟，寒露种麦正当时"，北京一带是"白露早，寒露迟，秋分种麦正当时"等。这些都是粮食生产季节性的反映。

（二）弱质性

粮食生产的弱质性是指粮食生产在市场竞争中处于弱势地位，如果完全靠市场进行资源配置，会极大地制约粮食生产。粮食生产的弱质性表现在粮食生产的自然依赖性强、抗御自然风险的能力弱、需求弹性小、比较利益低等方面。影响粮食生产的自然因素主要是土壤、雨量、阳光。土壤的类型、数量、肥沃程度都能影响粮食生产，如小麦、燕麦、玉米、蚕豆适宜于黏质土或腐殖质沃土，陆稻、大麦、黑麦、荞麦、马铃薯、甘薯、大豆、花生等则适宜于砂性土或较贫瘠的土壤等。除土壤外，雨量、阳光对粮食生产的重要性不言而喻。雨量过多，则涝；雨量过少，则旱。日照太少，则作物生产缓慢等。粮食作物的自然灾害有旱灾、水灾和虫灾等，改革开放以来，我国农业基础设施有了较大改观，但抗御自然灾害的能力依然较弱。同时，存在粮食投资收益低、回收周期长等问题。就农业领域本身而言，比较收益最低的是种植粮食。

（三）波动性

粮食生产的波动性也是粮食生产发展的规律之一。由于粮食品种的特殊性，粮食生产呈现明显的周期性波动，一般来说，3～5年是一个周期。粮食价格的变化导致粮食生产的变化，每逢粮食丰收，就会造成粮价急剧回落，反之则粮价上扬，这种粮食价格的变化直接影响下一年的粮食生产。粮食生产波动可以近似分为自然波动和经济波动，自然波动主要是由自然灾害的波动所引起的粮食生产波动，经济波动主要是由粮食价格变化、生产资料价格变化等经济因素所引起的粮食播种面积、总量和结构变化等粮食生产波动。回顾改革开放40多年，我国粮食生产也呈现明显的周期性波动特征。

三、粮食生产的基本条件

（一）自然条件

粮食生产的自然条件是指与粮食生产有关的各种自然因素的总称，具体包括地质地貌、地理位置、气候、水文、土壤、生物及自然灾害等自然因素，以及由它们有机结合所构成的自然综合体。自然条件的优劣，对于粮食生产的发展能起到加速或延缓的作用。例如，降水量过少会造成干旱，降水量过多则会造成洪涝灾害，不适宜的降水量将直接造成耕地受灾、粮食减产。气温的变化也会影响粮食作物的生长，近年来全球气候变暖，严重影响了整个生态系统，引起海平面升高、冰川退缩、冻土融化、动植物种类减少等一系列严重问题。高温、干旱、洪涝、寒冬、地震、泥石流、厄尔尼诺等不正常自然现象频繁出现，这些现象会增加耕地的受灾面积和受灾程度，进而影响粮食的产量。自然条件是不受人类控制的。

（二）资本条件

粮食生产的资本条件主要是指粮食生产中投入的资本，主要包括两个方面：一是播种面积，二是化肥、种子、农药。粮食播种面积是解释粮食产量变化的一个关键变量，且对粮食产量产生正面影响。统计分析表明，粮食播种面积每增加 1%，粮食产量可增长 0.88%，这里的粮食播种面积指的是耕地面积与成灾面积之差。基于此，提高播种面积有两种途径，即扩大耕地面积和减少受灾面积，从而提高粮食产量。化肥、种子、农药的投入对粮食生产也有很大影响。例如，化肥施用量就对粮食产量有很大影响。因此，需要稳步增加化肥投入，并且注意提高化肥的使用效率和开发新的高效肥料。

（三）人力条件

粮食生产的人力条件指农业劳动力，是粮食生产的重要条件。农业劳动力的数量、价格和整体素质是影响粮食生产的重要因素，其中农业劳动力的价格影响尤为明显。研究表明，粮食生产成本和用工成本的变化，与农村劳动力的价格变化趋势基本一致。在我国农业机械化程度总体不高的情况下，农业劳动力价格的变化是导致粮食生产成本变化的一个重要原因。

（四）科技条件

粮食生产的科技条件一般包括农产品品种的科技含量、农业劳动力的技术素质、农业机械的使用情况，对粮食生产有着重要的影响。通过高产优质粮食品种的培育、应用、大面积推广以及常规农业技术的创新和推广，可以提高粮食生产的单位产出效率；同时，通过农业教育和技术培训等手段，提高农业劳动力的技术素质和文化水平，可以加速农业由自然农业向高效农业的转化进程；农业机械的使用可以直接减少农业劳动力的投入，降低粮食生产的成本，从而提高粮食生产率。农业机械化是未来农业生产的发展方向。

（五）宏观政策条件

农业宏观政策是影响我国粮食生产的决定性因素之一。宏观政策对粮食生产的作用主要表现在制度安排和短期的调控政策，对粮食生产的影响力主要通过粮食播种面积的增减来表现。1998年以后，粮食生产出现暂时的过剩，在全国范围内出现了农业结构调整，大范围减少了粮食种植面积，使粮食产量持续下降，从而影响了粮食的供需平衡。保障粮食安全始终是我国农业最重要的功能之一，因此，粮食生产的稳定增长是种植业的核心问题。为避免粮食生产出现大幅下滑，必须对农业结构进行宏观调控，以确保粮食生产稳定增长。

四、我国粮食生产的区域布局

（一）稻谷

我国稻谷生产主要集中在南方14个省（直辖市）。原因主要是：秦岭—淮河以南地区，温度高、雨量充沛、生产季节长，适于稻谷栽培，其中成都平原、长江中下游平原、珠江流域的河谷平原和三角地带都是我国稻谷的主要产区；秦岭—淮河以北地区，雨量逐渐减少，稻谷分布远不如南方集中，但仍很广泛。北方稻谷日照时间长、生长季节内昼夜温差大，有利于养分的制造和积累，台风、暴雨等自然灾害较轻，有利于稻谷高产。因此，只要解决好灌溉问题，在北方扩大种植面积，增产潜力很多。

近年来，南方稻谷优势区域继续稳固，东北稻谷重要性凸显。东部地区稻谷生产集中度呈下降趋势，其生产集中化指数从1978年的43.52％下降至2010年的30.67％，其中广东和浙江下降幅度最大；中部地区稻谷生产集中度自1978年以来一直呈上升趋势，2010年其稻谷产量已达到全国的一半以上；东北地区如黑龙江的稻谷生产集中度上升趋势尤为明显，目前产量约占到全国产量的10％。

（二）小麦

小麦与稻谷同属我国最重要的口粮作物，除海南外全国其他省份均有分布，主要生产集中在黄淮平原和长江中下游地区。根据自然条件、耕作制度、小麦品种、播种期及成熟期的早迟等生产特性，小麦生产区可分为冬麦区、春麦区两大类型，并大致以年极端最低气温−24℃为界，高于此限以冬小麦为主，低于此限只能种春小麦。从东北的大兴安岭到拉萨的 400 毫米等雨线以西属于干旱地区，雨量少、蒸发量大，以春小麦为主，并划分为东北春小麦区、北方春小麦区、西北春小麦区、青藏春麦区及新疆冬春麦区；长城以南、岷山以东地区以冬小麦为主，冬小麦主要集中在华北平原的河南、山东、河北等省份，以及苏北、皖北、关中平原，并划分为北方冬麦区、黄淮海平原冬麦区、长江中下游冬麦区、西南冬麦区和华南冬麦区。近年来，河南、安徽等省份的小麦生产集中度一直呈上升态势；西部地区则呈现明显的下降趋势，其中四川、陕西、甘肃等省份的下降幅度较大。

（三）玉米

我国是世界玉米主要生产国之一，其种植面积和总产量仅次于美国，居世界第二位。玉米在我国分布很广，南自北纬 18°的海南岛，北至北纬 53°的黑龙江的黑河以北，东起台湾和沿海省份，西到新疆及青藏高原，都种植一定面积的玉米。玉米在我国主要集中在东北、华北和西南地区，大致形成一个从东北到西南的斜长形玉米栽培带。根据地理位置、自然条件、耕作制度，可将全国玉米生产分为六个产区，分别是北方春播区、黄淮海平原夏播区、西南山林区、南方丘陵区、西北灌溉区和青藏高原区。其中北方春播区、黄淮海平原夏播区和西南山林区三个区是玉米主产区，种植面积最大的省份是山东、吉林、河北、黑龙江、辽宁、河南、四川七省。

（四）大豆

我国大豆的栽培面积大，分布广，主要集中在东北松辽平原和黄淮海平原。按照大豆生产的气候自然条件、耕作栽培制度、品种生态类型、发展历史、分布和范围的异同，可将大豆产区划分为五个。一是北方春大豆区，包括黑龙江、吉林、辽宁、内蒙古、宁夏、新疆等省份及河北、山西、陕西、甘肃等省份的北部。该区分三个亚区，分别是东北春大豆亚区、黄土高原春大豆亚区及西北春大豆亚区，其中东北春大豆亚区为重要内、外销生产基地。北方大豆春种秋收，一年一熟。二是黄淮海流域夏大豆区，又称华北大豆生产区域。分为两个亚区，分别是冀晋中部春夏大豆亚区与黄淮海流域夏大豆亚区。前者包括长城以南，石家庄、天津一线以北，陕西中部和东南部；后者包括石家庄、天津一线以南，山东、河南大部、江苏洪泽湖和安徽淮河以北、山西西南部、陕西关中地区、甘肃天水地区。此区域一年两熟，6 月播种，9—10 月收获，以小麦—大豆轮作为主。三是长江流域春夏大豆区，包括黄淮海夏大豆区的沿长江各省份及西南云贵高原，该区分两个亚区。长江流域春夏大豆亚区包括江苏、安徽两省长江沿岸部分，湖北全省，河南、陕西南部，浙江、江苏、湖南的北部，四川盆地及东部丘陵；云贵高原春夏大豆亚区包括云南、贵州两省绝大部分，湖南和广西的西部，四川西南部。此区域以冬作物收获后接种夏大豆为主。四是东南春夏秋大豆区，包括浙江南部，福建和江西两省，台湾，湖南、广东、广西的大部。五是华南四季大豆区，包括广东、广西、云南的南部边缘和福建的南端。

第二节　水土资源丰沛地区保障我国粮食安全的模式构建

一、区域特征分析

根据前文现状描述与实证分析结论，江西、四川、安徽在我国 13 个粮食主产区中属于水土资源丰沛地区。这三个省份位于我国中部偏南位置，属于亚热带季风气候，河流众多，水源充足，有丰富的江河湖泊水作为供给，土地类型以丘陵和山地为主、平原为辅，农业以水稻种植和水产养殖为主，有良好的经济发展基础，人口总量较大，粮食产量处于中等水平。如表 7 - 1 所示，2023 年这三个省的总人口共占全国总人口的 13.48%，水资源共占全国的 16.56%，耕地资源共占全国的 10.52%，粮食产量共占全国的 14.30%，水产品和肉禽类产品分别占全国总产量的 10.25% 和 15.20%。总体来看，这三个省份在各方面具有良好的发展条件，对于粮食产业来说，可以依托当地便利的交通和良好的经济发展势头，从各方面各产业来拓展粮食产业，让资源发挥最大的优势。

表 7 - 1　2023 年江西、四川、安徽农业资源情况统计（%）

省份	人口占全国比例	粮食产量占全国比例	水资源占全国比例	耕地资源占全国比例	GDP占全国比例	水产品占全国比例	肉禽类产品占全国比例	备注
江西	3.20	3.16	5.47	2.11	2.58	4.17	3.32	
四川	5.94	5.17	8.40	4.08	4.81	2.51	6.60	
安徽	4.34	5.97	2.69	4.33	3.76	3.57	5.28	
总数	13.48	14.30	16.56	10.52	11.15	10.25	15.20	

数据来源：《中国统计年鉴 2024》。

二、构建纵横交错的粮食安全模式

根据因地制宜原则，结合区域地理区位优势，布局以粮食为中心的多产业相互依托、纵横交错的粮食安全模式。该模式是指既发展粮食生产，又侧重粮食相关农副产品的生产，同时从粮食产业链角度出发，开展与粮种研发、粮食及食品的加工、储运、预警、贸易等密切相关的业务，属于多方兼顾、共同发展的粮食安全模式。

以江西、四川、安徽为代表的水土资源丰沛地区，当地经济基础较好，是我国重要的水稻和农副产品供应产地。根据实证分析结果和地理区位特点，结合经济发展水平来看，该区域适宜整体布局以粮食生产为主、服务贯穿于粮食产业链始终的纵横交错的粮食安全模式。①侧重粮食前端种子研发，尤其是以水稻、小麦、大豆为主的粮食品种，打造我国优质粮食芯片，打破国际资本对我国粮食种子的垄断控制，解决粮食种子的"卡脖子"问题。②依托本地区优越的水土资源条件和经济水平，将优质粮食品种适度推广生产，做到产学研一体化，让粮食的优种、优产、优质得到落地生产，打造高品质粮食生产基地和实验基地。③做好服务于全国的粮食生产、加工、贸易、预警等社会化服务工作。借助本地区粮食生产经验和科研实力，凭借综合经济基础，创建以粮食为中心的服务体系，推动全国粮食生产的机械化生产、标准化加工、产业化运作等，同时注重用现代化科技手段开发粮食安全风险预警防范机制，尽可能地规避天灾人祸等不确定风险。④发挥本地区丰富的水土资源，开展各类农副产品，满足大食物观下国民多元营养健康的产品需求，同时注重主食品工业化发展，加快多元农食产业的发展。⑤开展与国际粮食贸易相关的金融服务。联合郑州与大连农产品交易所，做大做强与芝加哥农产品贸易交易所相抗衡的国际大宗农产品交易中心，增强我国在全球粮食安全领域的风险管控，掌握国际粮食市场的定价权、话语权和决定权，赢取国际粮食贸易市场竞争的战略制高点。⑥各省域之间合作抱团，积极参与国际粮食贸易与投资。一方面，根据我国粮食储备与消费的需要，研判世界各国政治经济与粮食安全形势，用好"一带一路"区域经贸合作平台，重点选择人口总量大、出口水平高、政治关系好、临海、与我国距离不远、有共同经贸合作平台的国家作为粮食进口国，如俄罗斯与东盟十国等。另一方面，积极参与全球经贸合作平台，采取多种投资方式，加强国际粮食资源投资合作。为我国粮食贸易与投资制定多渠道、多方案、全方位的粮食安全战略，让国际市场成为保障我国粮食安全的一道可靠屏障。

三、四川崇州"天府粮仓"模式分析

崇州市是成都市西部的重要农业区域，享有"天府粮仓"的美誉。近年来，崇州市积极响应国家乡村振兴战略，依托其得天独厚的自然条件和丰富的农业资源，全力打造新时代更高水平的"天府粮仓"。

崇州市在打造"天府粮仓"的过程中主要有以下做法：①强化科技创新驱动。崇州市高度重视粮食生产中的科技创新，联合中国农业科学院、四川农业大学等科研院所、高校与粮食企业，建立了多个科技转化平台，如天府粮仓科创中心、四川农业大学现代农业研发基地等。这些平台致力于优质稻、米酒专用稻、功能性水稻等新品种的选育与推广，同时引进和转化了智能农机、精准种植技术等多项农业新技术，显著提高了粮食生产的科技含量和品质。此外，崇州市还加大了对农业科技研发的投入，鼓励企业、科研机构和高校开展合作，共同推动粮食产业的科技创新。②完善社会化服务体系。崇州市在农业社会化服务方面进行了积极探索，创新出"土地股份合作社＋农业职业经理人＋社会化服务"的农业共营制新型经营体系。这一模式有效解决了"谁来经营""谁来种地""谁来服务"的问题，实现了土地集约、专业种植、集中管收等环节的优化整合。同时，崇州市还建成多个粮食烘干中心和农户科学储粮仓，提高了粮油储存购销水平，减少了原粮损失。此外，崇州市还积极发展农业服务业，为农民提供全方位、多层次的服务，推动农业生产的现代化和专业化。③注重品牌建设。崇州市深知品牌建设对于提升农产品市场竞争力的重要性，因此积极打造粮油品牌。崇州市实施了农业品牌精品培育专项行动，构建了"崇耕公共品牌＋企业自主品牌"的双品牌标准体系，培育出一批具有市场竞争力的特色粮油品牌。同时，崇州市还联合京东、苏宁等电商平台打造天府好米运营平台，开展线上活动和线下推广，提高了粮油产品的市场知名度和美誉度。此外，崇州市还注重农产品的质量安全和追溯体系建设，确保消费者能够购买到放心、优质的粮油产品。④推动全产业链协同发展。崇州市通过全产业链布局和发展策略的实施，推动了粮食生产、加工、销售等环节的协同发展。崇州市依托天府粮仓国家现代农业产业园区，构建了"种业＋园区＋科研＋加工＋市场"的产业发展格局。在种业方面，崇州市积极引进和培育优质粮油品种；在园区方面，打造了集科研、生产、加工、销售于一体的现代农业产业园区；在科研方面，加强与科研院所、高校的合作，推动农业科技成果转化；在加工方面，引进和培育了一批粮食加工企业，提高粮食产品的附加值；在市场方面，积极拓展销售渠道，推动粮食产品的市场化运作。这些措施共同推动了崇州市粮食全产业链的高效协同和可持续发展。

经过多年发展已经取得以下显著成效：①粮食生产稳步增长。近年来，崇州市粮食播种面积和产量连续多年实现正增长。高标准农田占比和粮食亩产均高出全国平均水平，为四川乃至全国的粮食安全做出了重要贡献。这得益于崇州市在粮食生产方面的科技创新和社会化服务体系的完善，提高了粮食生产的效率和品质。②科技创新成果丰硕。崇州市在粮食科技创新方面取得了显著成果。该市科技研发经费投入显著增加，获得多项涉农专利成果。长江上游优质粮油中试熟化基地等科技转化平台成效显著，推广了大量新技术和优质粮油品种。这些科技创新成果的应用，提高了粮食生产的科技含量和品质，为崇州市粮食产业的持续发展提供了有力支撑。③品牌建设成效显著。崇州市在粮油品牌建设方面取得了显著成效。该市粮油品牌知名度不断提升，品牌化销售收入大幅增长。通过线上线下多种渠道进行品牌推广和销售，崇州市粮油产品逐渐走向全国市场，赢得了广泛认可。这得益于崇州市在品牌建设方面的持续投入和不断创新，提高了粮油产品的市场竞争力和附加值。④社会化服务体系完善。崇州市在农业社会化服务体系方面取得了显著进展。该市农业共营制等新型经营体系得到广泛推广和应用，有效解决了农民在粮食生产中的后顾之忧。同时，崇州市还积极发展农业服务业，为农民提供全方位、多层次的服务。这些措施共同推动了崇州市农业生产的现代化和专业化进程。⑤全产业链协同发展实现突破。崇州市在推动粮食全产业链协同发展方面实现了突破。该市依托天府粮仓国家现代农业产业园区，构建了完整的产业发展格局。通过加强种业、园区、科研、加工和市场等环节的协同发展，崇州市实现了粮食全产业链的高效协同和可持续发展。这一成果不仅提高了崇州市粮食产业的竞争力，也为其他地区提供了可借鉴的经验。

崇州市在实现了粮食生产的高效协同和可持续发展的同时，也为保障国家粮食安全做出了重要贡献，为其他地区提供了以下可复制、可推广的宝贵经验。①崇州市的经验表明，强化科技创新驱动是粮食全产业链发展的核心。其他地区应学习崇州市的做法，加强与科研院所、高校的合作，建立科技转化平台，推广新技术和优质品种，提高粮食生产的科技含量和品质。同时，应加大对农业科技研发的投入，鼓励企业、科研机构和高校开展合作，共同推动粮食产业的科技创新。②崇州市的经验表明，完善社会化服务体系是粮食全产业链发展的重要保障。其他地区应借鉴崇州市的经验，积极探索适合本地实际的农业社会化服务模式，实现土地集约、专业种植、集中管收等环节的优化整合。同时，还应积极发展农业服务业，为农民提供全方位、多层次的服务，推动农业生产的现代化和专业化进程。③崇州市的经验表明，注重品牌建设是提升粮食全产业链竞争力的关键。其他地区应学习崇州市的做法，积极打造粮油品牌，实施品牌精品培育专项行动，构建具有市场竞争力的特色粮油品牌体系。同时，应注重农产品的质量安全和追溯体系建设，确保消费者能够购买到放心、优质的粮油产品。④崇州市的经验表明，推动全产业链协同发展是粮食全产业链发展的必然趋势。其他地区应借鉴崇州市的经验，依托现代农业产业园区等平台，构建完整的产业发展格局。通过加强种业、园区、科研、加工和市场等环节的协同发展，实现粮食全产业链的高效协同和可持续发展。这将有助于提高粮食产业的竞争力，保障国家粮食安全。

第三节　水土资源不足地区保障我国粮食安全的模式构建

一、区域特征分析

前文将河北、山东、河南在粮食主产区中归类为水土资源匮乏省份，主要原因是这三个省份常年高强度的粮食供给对水土资源消耗过大，从粮食生产资源角度来说水土资源匮乏。这三个省份位于我国华北平原，属于我国中原核心区域，在全国重要交通线上，有一定的工业基础；以平原为主，属于温带季风气候，降水、光照、热量四季分明，适宜人类生存和居住，长期以来都是人口聚集区；农耕历史悠久，以小麦、玉米、薯类为主要农作物，是国家重要的粮食供给基地。从表 7-2 可知，这三个省份总人口占全国人口总数的 19.38%，生产全国 23.14% 的粮食，而 GDP 仅占全国总数的 15.62%。由于国家粮食安全的重任所在，这几个粮食生产大省可以依托优质粮食资源，在粮食精深加工方面下功夫，延长粮食产业链，提高粮食价值链，提升粮食产品附加值，从"粮食生产大省"转变为"粮食产品强省"。

表 7-2　2023 年河北、河南、山东农业资源情况统计（%）

省份	人口占全国比例	粮食产量占全国比例	水资源占全国比例	耕地资源占全国比例	GDP 占全国比例	水产品占全国比例	肉禽类产品占全国比例	备注
河北	5.24	5.48	0.94	4.73	3.52	1.61	6.76	
河南	6.96	9.53	1.83	5.89	4.73	1.38	8.42	
山东	7.18	8.13	0.97	5.08	7.37	12.84	10.31	
总数	19.38	23.14	3.74	15.70	15.62	15.83	25.49	

数据来源：《中国统计年鉴 2024》。

二、构建纵向延伸的粮食安全模式

纵向延伸的粮食安全模式以粮食产品为基础原材料，以市场需求为导向，深度发展食品工业化，将原粮转化为可供人们日常生活中直接或间接消费的产品，是促进粮食功能转化和价值提升的一个过程。

从理论层面而言，水土资源匮乏地区本应该以贸易方式获取粮食资源，然而结合前文论述可知，该地区承担国家粮食供应的重要任务，且虚拟水土资源盈余量充足，能够满足本地区粮食需求，要保证稳定充足的粮食供给。所以结合这几个省份的地理位置和实际发展情况，构建纵向延伸的粮食安全模式，以加强粮食生产加工来延长产业链和提升价值链，避开因粮食高产而过度消耗水土资源和农化产品，进而导致生态环境污染的发展方式。首先，依据国民需求和调配标准，适度生产粮食，做好高标准基本农田的养护，保护性开发水土资源，开展可持续的粮食生产。其次，依托粮食供应基地和良好的工业基础，做强粮食的精深加工产业，借鉴某全水饺、某念汤圆等产业，参照河南漯河主食品生产加工基地的做法，深入开展主食品工业化，纵向延伸发展粮食工业化，拓展粮食工业品门类，开发粮食的即食功能，延伸粮食产业链，提升粮食价值链，打造粮食供应链。最后，发挥中原地区的位置优势，借助通达全国的便捷运输网络，推动这类即食食品走向全国及世界餐桌，增强我国粮食产品在国内外贸易市场的影响力和竞争力。

三、河南周口小麦精深加工模式分析

周口市作为河南的农业大市，小麦产量稳居河南前列，为小麦精深加工产业的发展提供了丰富的原料基础。近年来，周口市依托丰富的原料资源、完善的产业体系和持续的技术创新，不断向高附加值、高品质方向发展。当前周口市小麦精深加工产业取得了显著成效，正逐步成为推动当地经济发展的重要力量。

周口市小麦精深加工产业的主要做法如下：①全产业链布局与协同发展。周口市注重小麦产业的全产业链布局，通过整合上下游资源，实现种植、收储、加工、销售等环节的紧密衔接和协同发展。这种全产业链模式有助于提升整体运营效率和市场竞争力。②科技创新与品牌化建设。加强与科研机构、高校的合作，引进和培育优质小麦品种，提升小麦的产量和品质。同时，引进国内外先进的加工技术和设备，提高加工效率和产品附加值。注重品牌化营销和市场推广，打造具有地方特色的知名品牌，提升产品市场知名度和美誉度。③政策支持与园区建设。政府出台一系列扶持政策，如财政补贴、税收优惠、贷款支持等，为小麦精深加工企业提供良好的发展环境。同时，依托周口国家农业高新技术产业示范区、周口临港开发区粮食产业园等集群建设，培育引进一批粮油精深加工项目，形成产业集聚效应。④市场拓展与多元化发展。积极开拓国内外市场，通过参加展会、建立销售网络等方式拓宽销售渠道。同时，推动小麦精深加工产品的多元化发展，满足不同消费者的需求。

周口市小麦精深加工产业的显著成就：①产量与品质双提升。通过科技创新和全产业链布局，周口市小麦的产量和品质均得到显著提升。小麦总产量稳居河南前列，且优质小麦品种占比不断提高。②加工能力与附加值增强。小麦精深加工能力显著增强，涌现出一批大型小麦加工企业。这些企业不仅具备先进的加工技术和设备，还注重产品研发和品牌建设，生产出多种高附加值的小麦深加工产品。③经济效益与社会效益显著。小麦精深加工产业的发展为当地经济带来了显著效益。企业利润和农民收入均实现稳步增长，同时带动了相关产业的发展和就业的增加。

周口市小麦精深加工产业的经验借鉴：①注重全产业链协同发展。全产业链协同发展有助于降低整体成本，控制全产业链条，提升整体运营效率和市场竞争力。其他地区可以借鉴这一模式，加强产业链上下游企业的合作与交流，实现资源共享、优势互补和协同发展。②发挥科技创新与品牌化建设的推动作用。科技创新和品牌化建设是推动小麦精深加工产业发展的重要因素。其他地区应加大科技投入力度，加强与科研机构、高校的合作，引进先进技术和设备，同时注重品牌化营销和市场推广，提升产品知名度和美誉度。③政策支持与园区建设的保障作用。政府的政策支持和园区建设为小麦精深加工产业的发展提供了有力保障。其他地区可以借鉴周口市的做法，出台一系列扶持政策吸引企业入驻，同时依托现有园区资源培育引进一批优质项目形成产业集聚效应。④市场拓展与多元化发展的战略眼光。积极拓展市场和推动产品多元化发展有助于提升小麦精深加工产业的竞争力和抗风险能力。其他地区应关注市场动态和消费者需求变化，制定多元化的市场拓展策略和产品发展规划以适应不断变化的市场环境。

第四节　水多土缺地区保障我国粮食安全的模式构建

一、区域特征分析

根据前文归类可知，湖南、江苏、湖北属于我国水多土缺地区。这几个省份位于我国中南地区，属于温带湿润气候，降水充足，水系湖泊发达，植被覆盖率高，水产和果蔬类产品众多，是我国悠久的鱼米之乡。如表 7-3 所示，这三个省只有全国 9.76% 的耕地资源却拥有全国 14.85% 的人口，生产 13.86% 的粮食和创造 18.72% 的 GDP，水产品和肉禽类产品的产量也颇丰。这些成就的取得主要得益于得天独厚的江河湖海资源，使得农业以水产养殖等产业为主，在现代化科技和发达交通的作用下，成为现在及未来人口迁徙的重要地区，成为粮食主产区中经济水平较高的省份。

表 7-3　2023 年湖南、江苏、湖北农业资源情况统计（%）

省份	人口占全国比例	粮食产量占全国比例	水资源占全国比例	耕地资源占全国比例	GDP 占全国比例	水产品占全国比例	肉禽类产品占全国比例	备注
湖南	4.66	4.41	4.62	2.85	4.00	4.02	5.28	
江苏	6.05	5.46	1.64	3.22	10.26	7.34	4.26	
湖北	4.14	3.99	4.24	3.69	4.46	7.35	5.06	
总数	14.85	13.86	10.50	9.76	18.72	18.71	14.60	

数据来源：《中国统计年鉴 2024》。

从全国来看，以这几个省份为代表的东部地区有着独特的适合种养的自然资源和能够进行国内外贸易的社会条件，便利的国内交通和海运使得此区域适宜内向型发展和外向型拓展相结合，能够做到以"两种资源"和"两种市场"来驱动我国农业现代化发展。

二、构建径向发散的粮食安全模式

径向发散的粮食安全模式是指以保障我国粮食安全为半径，紧紧围绕需求市场，以满足国民消费升级的市场需求为生产供给的目标，结合当地生产资源条件和科学技术水平，以大食物观为指导，生产各类高价值、有营养、促健康的可替代粮食的食物产品，在丰富国民餐桌的同时缓解粮食供给压力，最终达到国家整体粮食安全的目的。

水多土缺地区大多缺少整齐划一的大块田地，地貌结构多为形状各异的水田、湖泊、沼泽，这类区域机械化操作困难，难以进行规模化粮食生产，因地制宜开展农副产品的精耕细作符合当地经济发展需求。这类区域在通过本地适度生产、国家宏观调配、国内外贸易等途径满足粮食和食物需求后，一方面要发挥本地资源禀赋优势，遵循径向发散的粮食安全模式，以大食物观为指导，宜水则水、宜渔则渔、宜林则林、宜牧则牧，发掘和研发各类维持人类生存发展所需的食物产品，向江河湖海要食物、要蛋白、要热量，丰富人们的餐桌，补充人们所需的食物营养，增加对粮食产品的补充，满足人民日益增长的食物多样化和质量高标准需求；另一方面要以产业经济为抓手，发展壮大当地该类食品产业，做强做优具有当地特色的农副产品，向国内外输出本地区名优特产，促进本区域的经济发展，增强我国食品产业竞争力，巩固国家总体粮食安全水平。

三、江苏大食物产业协同发展模式分析

江苏作为中国东部的重要农业大省，近年来依托自然资源优势，在国家各项政策的推动下，农业各产业蓬勃发展，取得了显著成效，实现了整体繁荣，为农民增收、农村经济发展和国家粮食安全做出了重要贡献。

江苏农业各产业蓬勃发展的现状：①多元化产业格局的形成。江苏农业已形成了粮食、油料、蔬菜、水果、茶叶、水产、畜牧等多元化产业格局。各产业之间相互促进，共同推动了江苏农业的整体发展。这种多元化的产业格局不仅提高了农业的抗风险能力，还为农民提供了更多的增收渠道。②高标准农田建设的推进。江苏大力推进高标准农田建设，通过改善耕地质量、提高灌溉效率等措施，增强了粮食和其他农作物的生产能力。高标准农田的普及为农业各产业的蓬勃发展提供了坚实的基础。③科技创新能力的增强。江苏依托科研机构和高校的力量，加强农业科技创新和成果转化应用。通过引进和培育新品种、新技术，推动农业生产的智能化、绿色化转型，提高了农业生产效率和品质。科技创新成为推动江苏农业各产业发展的重要力量。④产业链的延伸与融合。江苏农业正加快构建全产业链体系，从生产、加工到销售各环节紧密相连，形成了完整的产业链条。同时，推动农业与旅游、文化等产业深度融合，拓展了农业功能，提升了农业附加值。

江苏农业各产业蓬勃发展的主要做法：①政策扶持与引导。江苏省政府出台了一系列扶持政策，对农业各产业给予重点支持。通过财政补贴、税收优惠、金融支持等手段，降低了农业生产成本，提高了农民收益，激发了农民从事农业生产的积极性。同时，加强政策引导，推动农业各产业之间的协同发展。②科技创新与应用。江苏注重农业科技创新和应用，加强与科研机构、高校的合作，引进和培育新品种、新技术。通过推广智能农机装备、生物育种技术、绿色储粮技术等，提高了农业生产效率和品质，推动了农业产业升级。③产业链整合与提升。江苏积极推动农业产业链整合与提升，加强农产品加工、流通等环节的建设。通过培育农业产业化龙头企业、建设农产品加工园区

等措施，延长了产业链条，提高了农产品附加值。同时，加强农产品品牌建设，提升了农产品市场竞争力。④绿色发展与生态保护。江苏坚持绿色发展和生态保护理念，推广绿色农业技术和模式。通过实施化肥农药减量增效行动、加强农业面源污染治理等措施，保护了农业生态环境，提高了农业可持续发展能力。

江苏农业各产业蓬勃发展的显著成就：①农业生产能力稳步提升。江苏农业生产能力持续增强，粮食总产量保持稳定增长，为国家粮食安全做出了重要贡献。同时，油料、蔬菜、水果、茶叶、水产、畜牧等产业实现了蓬勃发展，农产品供应充足，品质优良。②农民收入持续增加。随着农业各产业的蓬勃发展，农民收入水平持续提高。通过政策扶持、科技创新、产业链整合等措施，农民获得了更多的收益来源，生活水平不断提高。③农业产业结构优化升级。江苏农业产业结构不断优化升级，形成了多元化、高附加值的产业格局。各产业之间相互促进、协同发展，共同推动了江苏农业的整体繁荣。

江苏农业各产业蓬勃发展的经验借鉴：①强化政策扶持与引导。政府应出台更多扶持政策，保障农民种粮收益和生产积极性。同时，加强政策引导，推动农业各产业之间的协同发展，形成优势互补、共同发展的良好局面。这是江苏农业各产业蓬勃发展的重要经验之一。②注重科技创新与应用。依托科研机构和高校的力量，加强农业科技创新和成果转化应用。通过引进和培育新品种、新技术，推动农业生产的智能化、绿色化转型，提高农业生产效率和品质。这是江苏农业各产业蓬勃发展的另一重要经验。③推动产业链整合与提升。加强农产品加工、流通等环节的建设，延长产业链条，提高农产品附加值。同时，培育农业产业化龙头企业、建设农产品加工园区等，推动农业产业链整合与提升。这是江苏农业各产业蓬勃发展的关键措施之一。④坚持绿色发展与生态保护。推广绿色农业技术和模式，保护农业生态环境，提高农业可持续发展能力。通过实施化肥农药减量增效行动、加强农业面源污染治理等措施，实现农业生产与生态保护的良性循环。这是江苏农业各产业蓬勃发展的宝贵经验。

第五节　水缺土多地区保障我国粮食安全的模式构建

一、区域特征分析

从水—土—粮匹配度来看，黑龙江、内蒙古、辽宁、吉林在我国水缺土多范围内,地处我国北部及东北地区。这类地区在北回归线以北,地域辽阔,以冰川冻土为主要地质地貌,耕地以营养丰富的黑土地和广袤平原为主,可利用的冰雪融水集中在每年 4—9 月,是我国开展大规模机械化作业的重要农业区,也是我国水稻、大豆、玉米的主要供应基地。如表 7-4 所示,这四个省份总人口仅占全国人口总数的 8.50%,以 32.18% 的耕地资源优势生产全国 26.60% 的粮食。该地区作为我国重要粮仓,却由于气候和温度的原因,加之 GDP 总量仅为全国的 6.74%,导致人口严重流失。该地区曾经有过实力雄厚的工业基础,21 世纪以来随着经济结构调整和产业升级发展,逐渐成为地广人稀、经济弱化的区域。对于粮食生产来说,该地区是推动机械化、规模化、产业化、标准化作业的先行地和示范区。

表 7-4 2023 年黑龙江、内蒙古、辽宁、吉林农业资源情况统计(%)

省份	人口占全国比例	粮食产量占全国比例	水资源占全国比例	耕地占全国比例	GDP占全国比例	水产品占全国比例	肉禽类占全国比例	备注
黑龙江	2.17	11.20	3.94	13.35	1.27	1.09	3.27	
内蒙古	1.70	5.69	1.91	9.03	1.97	0.16	2.69	
辽宁	2.97	3.69	1.18	4.01	2.42	7.14	5.90	
吉林	1.66	6.02	1.93	5.79	1.08	0.36	3.04	
总数	8.50	26.60	8.96	32.18	6.74	8.75	14.90	

数据来源:《中国统计年鉴 2024》。

二、构建横向拓展的粮食安全模式

横向拓展的粮食安全模式是指联结现有粮食生产力量,以当前粮食生产资源为基础,发挥现阶段最先进的粮食生产技术和社会化服务,横向拓展粮食生产能力,实现粮食的规模化作业、产业化运作、标准化生产,提高粮食生产效率,降低粮食生产成本,达到粮食产出的帕累托效应。这是破解我国粮食"三量齐增"困局,提升粮食自给率,降低进口依存度,降低外资市场控制力的主要方法。

与该类省份情况相似的还有新疆及新疆生产建设兵团,这类区域土地广袤、地广人稀、农业用水不足,可以通过补齐短板、发挥优势,打造成为我国重要的粮食生产基地。首先,借助社会各界资金、技术、人才,让我国最先进的粮食生产经营理念、社会化服务体系、横向一体化的新农业发展规划得以落地实践。其次，以生产抗旱性粮食作物和推广节水灌溉技术为主，让这类区域能够生产我国社会发展所需的粮食产品。最后，以最新的农业指导思想和先进的粮食生产模式为动力，凭借优质粮食品种和先进机械设备，开展规模化大农业生产，降低粮食生产成本，提高粮食生产效率，提升粮食产出效益，尤其是重点打造我国优质大豆、玉米等粮食供应基地，满足我国饲料粮和工业粮需求。这也是提升我国粮食自给率，降低粮食进口依存度，解决粮食进口单一和粮食进口国集中问题，弱化外资市场控制力的有效方法。通过横向拓展模式，能够大力推动我国粮食的提质增效和高质量发展，推进我国粮食产业现代化发展。

三、吉林粮食生产社会化服务模式分析

粮食是国家安全的重要基础，粮食社会化服务则是提高粮食生产效率、促进农民增收、保障粮食安全的重要途径。吉林作为我国重要的粮食生产基地，近年来在粮食社会化服务模式上进行了积极的探索和实践，取得了显著的成效。

吉林粮食生产社会化服务模式具有以下几个主要特点：①政府引导与市场运作相结合。政府在推进粮食社会化服务过程中，通过制定政策、提供补贴等方式进行引导，同时充分发挥市场机制的作用，鼓励社会资本参与粮食社会化服务。②全产业链服务。服务模式覆盖粮食生产的全过程，包括种子供应、化肥农药使用、田间管理、收割、烘干、储存、销售等环节，形成全产业链服务闭环，提高服务效率和质量。③科技支撑与模式创新。依托科技力量，推广智能农机装备、生物育种技术、绿色储粮技术等，同时创新服务模式，如"统种统收分管""返租倒包＋社会化服务"等，提高粮食生产的科技含量和附加值。④多方参与，利益共享。鼓励农民合作社、家庭农场、农业企业、社会化服务组织等多方参与，通过合作与共赢机制，实现粮食生产的规模化、集约化、标准化。

吉林粮食社会化服务模式的具体做法包括以下几个方面：①"统种统收分管"模式。该模式通过统一安排采购生产资料、提供机械化服务、统一收回烘干销售等方式，降低农户生产成本，解决卖粮难问题，提高粮食附加值。同时，实现合作社和农户的优势互补和利益共享。②"返租倒包＋社会化服务"模式。该模式通过合作社流转给小农户承包地、小农户再流转给种田经营大户的方式，实现土地的集约化和规模化经营。同时，合作社提供农资、田间管理、收割销售等社会化服务，降低种田经营大户的经营风险，提高粮食生产效

率和质量。③"互联网＋吉林粮食"营销模式。该模式利用互联网平台开展网上信息查询、线上销售、网络结算业务，拓宽粮食销售渠道。同时，推动"O2O"营销模式，提升消费者体验，增强吉林粮食的品牌影响力和市场竞争力。④粮食全产业链服务综合体。该模式采取政府主导、企业抱团的方式，集农业生产、工业加工、金融保障、政务服务于一体。通过引入多方主体，实现业务闭环与服务循环，提供一站式服务，解决农民和合作社手中余粮保存买卖与市场脱节等问题。

吉林粮食社会化服务模式的实施取得了显著的成效：①提高了粮食生产效率和质量。通过全产业链服务和科技支撑，吉林粮食社会化服务模式有效提高了粮食生产的效率和质量，增加了粮食产量和附加值。②促进了农民增收。通过降低生产成本、提高粮食附加值、拓宽销售渠道等方式，吉林粮食社会化服务模式有效促进了农民增收，提高了农民的生活水平。③保障了粮食安全。通过规模化、集约化、标准化的粮食生产方式，吉林粮食社会化服务模式有效保障了粮食安全，为国家粮食安全做出了重要贡献。

第六节　本章小结

本章结合前文中实证分析结果和粮食主产区各省份的区位条件及现实发展状况，构建了纵横交错、纵向延伸、径向发散、横向拓展的粮食安全发展模式，既回应了前文实证分析的结果，为我国各个省份维护本地区粮食安全提供一定的参考借鉴，也是在我国当前水土资源禀赋约束情况下实现我国总体粮食安全的重要模式。

第八章 水土资源约束下我国
粮食产业带布局构建

我国耕地数量区域差异大，同时水资源分布不均，尤其是北方地区水资源短缺严重，且粮食生产布局与水土资源空间分布不匹配，农业用水效率不高，传统的高耗水、高污染的农业生产方式亟待转变。粮食安全面临水土资源双重约束，结合各区域水土资源分布特征和粮食作物生产规律，优化布局粮食产业带，以提高水土资源利用效率和粮食生产效益，是实现粮食产业可持续发展的必由之路。

第一节 我国各区域粮食产业变化趋势

一、全国粮食产业区域布局

前文已述，我国 13 个粮食主产区的粮食产量占全国粮食总产量的 78％以上，是国家粮食安全的重要保障。近年来，随着经济发展和产业结构的调整，一些传统主产区的粮食生产地位发生了变化，如江苏从主产区变成主销区后又逆袭成主产区。三江平原、松嫩平原和辽河平原是我国玉米、大豆、粳稻的优势产区，粮食单产水平虽然较低但发展潜力大，提供的商品粮占全国的 1/3 左右。以河南、安徽、河北、山东等地为主的华北平原是我国粮食安全的重要战略区域，既生产粮食又承担粮食调度任务，为粮食的生产、加工、销售、消费和物流提供综合性服务与支持。按收获季节分，我国粮食播种面积与产量均呈现"秋粮＞夏粮＞早稻"的生产结构。分品种来看，粮食播种面积常年呈现"谷物＞豆类＞薯类"的生产结构，粮食产量则常年呈现"谷物＞薯类＞豆类"的生产结构。主要谷物产品生产整体表现为"玉米＞稻谷＞小麦"的面积与产量结构。

二、新发展阶段以来的变化趋势

新发展阶段以来，为了推动我国粮食产业持续健康发展，粮食产业带的变化趋势主要体现在以下几个方面。

一是生产区域布局的优化。①粮食主产区稳定发展。粮食主产区如黑龙江、河南等省份继续发挥其在粮食生产中的重要作用，粮食产量稳步增长。这些地区通过提高农业综合生产能力，确保国家粮食安全的稳定供应。②生产结构调整。随着农业供给侧结构性改革的推进，粮食生产结构不断优化。部分地区根据资源禀赋和市场需求，调整作物种植结构，增加优质专用品种的种植面积，提高粮食生产的效益和质量。③优势产区集中化。粮食生产进一步向优势产区集中，形成了一批规模化、集约化的粮食生产基地。这些基地通过提高单产、降低成本，增强了粮食产业的竞争力。

二是加工与物流体系的完善。①加工企业布局优化。粮食加工企业在全国范围内优化布局，形成了一批具有规模效益和竞争优势的加工产业集群。这些企业通过引进先进设备和技术，提高加工效率和质量，满足市场对多样化、高品质粮食产品的需求。②粮食物流体系现代化。粮食物流体系逐步向现代化、信息化方向发展。通过建设国家级粮食物流核心枢纽城市和示范物流园，提高粮食的集散效率和辐射能力。同时，利用物联网、大数据等现代信息技术手段，提升粮食物流的智能化水平。

三是技术创新与产业升级。①技术创新驱动。基因编辑、智能农业、精准施肥等先进技术在粮食生产中的广泛应用，提高了粮食产量和质量。这些技术的创新应用为粮食产业注入了新的活力，推动了产业升级和转型。②绿色可持续发展。粮食产业更加注重可持续发展，推动绿色生产，减少对环境的负面影响。通过推广节水灌溉、病虫害绿色防控等技术措施，降低农业生产过程中的资源消耗和环境污染。

四是国际化趋势增强。①全球粮食贸易合作。随着全球化的深入发展，我国粮食产业与国际市场的联系日益紧密。通过参与全球粮食贸易合作，引进国外先进技术和管理经验，提升我国粮食产业的国际竞争力。②共建"一带一路"倡议推动。在共建"一带一路"倡议的推动下，我国与共建"一带一路"国家在粮食领域的交流与合作不断加深。通过共建粮食产业园区、开展农业技术合作等方式，促进粮食产业的共同发展。

三、新发展阶段产业带布局政策

新发展阶段以来，我国粮食产业带布局政策发生了深刻变化，这些变化体现了党和国家对粮食安全的深谋远虑，为推动我国粮食产业高质量发展奠定了坚实基础。具体来说主要有以下几个方面。

一是粮食安全战略地位的提升。①高度重视粮食安全。从革命战争年代到新时代，党和国家对粮食安全问题始终高度重视。党的十八大以来，粮食被明确为"头等大事"和"永恒课题"，进一步提升了粮食安全的战略地位。②提出建设国家粮食安全产业带。近年来，特别是 2020 年中央经济工作会议和中央农村工作会议提出建设国家粮食安全产业带的战略安排，旨在通过优化农业生产力区域布局，推动粮食产业高质量发展。

二是粮食产业带布局的优化。①聚焦目标作物。粮食产业带建设聚焦小麦、稻谷、玉米、豆类、薯类等目标作物，充分利用耕地资源条件好、基础设施完善、现代化程度高的区域比较优势①。②推动区域合作。在粮食产销区间建立长期稳定、互惠互利的权责利对等的区域合作机制，稳定和提高粮食主产区和农民重农抓粮的积极性②。

三是政策措施的细化与实施。①加强耕地保护和建设。强调守住耕地这个命根子，坚决整治乱占、破坏耕地违法行为，加大高标准农田建设投入和管护力度，确保耕地数量有保障、质量有提升。②推动科技创新。支持农业科技创新平台建设，加快推进种业振兴行动，强化粮食生产科技支撑，提高关键核心技术攻关能力③。③完善利益补偿机制。探索建立粮食产销区省际横向利益补偿机制，由主销区向主产区进行一定的支持，以调动主产区重农抓粮的积极性，减轻主销区压力④。

四是粮食产业链的整合与升级。①推动产业链整合。粮食产业链各环节之间的联系将更加紧密，通过上下游企业的合作与协同，提高整个产业链的效率和竞争力。②促进绿色可持续发展。在全球环境问题日益严重的背景下，推广生态农业、有机农业等生产方式，减少化肥和农药的使用，降低粮食生产对环境的负面影响。

五是政策效果的初步显现。①粮食产量稳步增长。近年来，我国粮食产量连续稳定在 1.3 万亿斤以上，为粮食安全提供了坚实保障。②粮食产业高质量发展。随着政策措施的逐步落实，粮食产业正朝着高质量发展方向迈进，产业链不断延伸，价值链不断提升。

第二节　东部地区粮食产业带建设

一、东部地区粮食产业特征

我国东部地区的粮食产业在生产、加工和流通等方面均呈现出鲜明的特

---

① 《全国农业可持续发展规划（2015—2030 年）》。
② 《关于在国土空间规划中统筹划定落实三条控制线的指导意见》。
③ 《中华人民共和国土地管理法》。
④ 《关于加快推进农业供给侧结构性改革大力发展粮食产业经济的意见》。

征。这些特征不仅反映了东部地区粮食产业的发展现状和优势所在，也为未来粮食产业的可持续发展提供了有力支撑。

在粮食生产特征方面：①地区差异显著。东部省份由于地理位置、气候条件、土壤类型等因素的差异，粮食生产呈现出明显的地区特色。例如，江苏、浙江等省份在水稻生产上占据优势，而山东、河北等省份则以小麦和玉米种植为主。②产量稳步增长。近年来，随着农业科技的进步和政府对粮食生产的重视，东部地区的粮食产量稳步增长。各地通过推广优良品种、提高机械化水平、加强农田水利设施建设等措施，不断提升粮食综合生产能力。③结构调整优化。面对市场需求的变化和农业供给侧结构性改革的推进，东部地区积极调整粮食种植结构，发展优质专用粮生产。通过减少普通品种种植面积，增加优质、高效、生态友好的粮食品种种植面积，提高粮食生产效益和市场竞争力。

在粮食加工特征方面：①加工能力强。东部地区拥有众多大型粮油加工企业，加工能力强、技术先进。这些企业不仅能够满足本地市场需求，还能够辐射周边地区甚至全国市场。②产业链完善。东部地区的粮食加工产业链相对完善，从原料采购、生产加工到产品销售等环节均有专业的企业和机构参与。这种完善的产业链有助于降低生产成本、提高产品质量和市场响应速度。③品牌效应明显。东部地区的粮食加工企业在品牌建设方面取得了显著成效。通过打造知名品牌、提升产品附加值和市场影响力，这些企业在市场竞争中占据有利地位。

在粮食流通特征方面：①市场体系健全。东部地区的粮食流通市场体系相对健全，拥有完善的粮食批发市场和零售网络。这些市场为粮食购销双方提供了交易平台和信息服务，促进了粮食流通的顺畅进行。②物流体系发达。东部地区的交通运输网络发达，物流体系完善。这为粮食的快速运输和高效配送提供了有力保障，降低了粮食流通成本和时间成本。③信息化水平高。随着信息技术的不断发展，东部地区的粮食流通领域信息化水平不断提高。通过建立粮食市场信息平台和数据中心，及时发布粮食供求信息、价格信息和政策法规等信息，为粮食生产者和经营者提供了重要的参考依据。

二、东部地区粮食产业变化

我国东部地区粮食产业呈现出生产能力稳步提升、产业结构持续优化、政策支持与市场驱动并重、科技创新与绿色发展引领未来的变化趋势。这些趋势将有助于东部地区粮食产业实现更高质量的发展并为国家粮食安全做出更大贡献，具体的变化趋势可以从以下几个方面进行分析。

一是粮食生产能力稳步提升。①种植面积与总产量相对稳定。东部地区虽然土地资源相对紧张，但通过优化种植结构、提高复种指数等措施，粮食种植面积和总产量保持相对稳定。随着农业科技的进步和农业基础设施的完善，东部地区的粮食生产能力有望进一步提升。②单产提高。东部地区注重农业科技的投入和应用，通过推广优良品种、改进栽培技术等手段，粮食单产水平不断提高。这不仅提高了粮食生产的效率，也增强了东部地区粮食产业的竞争力。

二是粮食产业结构持续优化。①产业链延伸。东部地区粮食产业逐渐向上下游延伸，形成了集生产、加工、销售于一体的完整产业链。通过发展粮食深加工产业，提高粮食产品的附加值，东部地区粮食产业的盈利能力显著增强。②品牌化建设。东部地区粮食企业注重品牌建设，通过提升产品质量、加强营销推广等措施，打造了一批具有市场竞争力的粮食品牌。这些品牌不仅在国内市场占有一定份额，还积极开拓国际市场，提升了东部地区粮食产业的国际影响力。

三是政策支持与市场驱动并重。①政策支持。国家和地方政府高度重视东部地区粮食产业的发展，出台了一系列扶持政策。这些政策涵盖了粮食生产、加工、流通等多个环节，为东部地区粮食产业的发展提供了有力保障。例如，加大对粮食生产的补贴力度、完善粮食流通体系等政策措施的实施，有效激发了农民种粮和企业经营的积极性。②市场驱动。随着国内粮食消费市场的不断扩大和消费升级趋势的加强，东部地区粮食产业面临新的发展机遇。消费者对优质、安全、多样化的粮食产品需求不断增加，促使东部地区粮食产业加快转型升级步伐，提高产品质量和附加值以满足市场需求。

四是科技创新与绿色发展引领未来。①科技创新。东部地区粮食产业注重科技创新和成果转化应用。通过加强与科研机构的合作与交流，引进和推广先进的农业技术和装备；通过培育新型农业经营主体和服务主体，提高粮食生产的组织化程度和科技含量；通过加强农业信息化建设和管理水平提升，推动粮食产业向智能化、精准化方向发展。②绿色发展。东部地区粮食产业积极践行绿色发展理念。通过推广节水灌溉、有机肥施用等环保措施，减少化肥农药使用量，保护生态环境；通过加强农业废弃物的资源化利用，提高资源利用效率；通过发展循环农业和生态农业模式，促进农业可持续发展。这些措施不仅有助于提升东部地区粮食产业的生态环境效益和社会效益，也有助于增强其在国内外市场的竞争力。

三、东部地区粮食产业布局规划

东部地区粮食产业布局规划应注重优化生产布局、强化加工转化、完善流通体系、促进绿色发展、加强政策支持与保障等方面的工作，实现粮食产业的持续健康发展，具体来说可以围绕以下几个方面展开。

一是优化粮食生产布局。①稳定粮食种植面积。在确保基本农田得到有效保护的基础上，通过轮作休耕、间作套种等方式，稳定并适当增加粮食种植面积。同时，加强耕地质量建设，提升土壤肥力，为粮食高产稳产奠定基础。②调整种植结构。根据市场需求和资源禀赋，优化粮食品种结构。重点发展优质稻米、专用小麦等口粮品种，以及高蛋白大豆、高油玉米等经济作物，满足消费者对高品质粮食的需求。③推进区域化布局。按照比较优势原则，推进粮食生产区域化布局。鼓励和支持粮食主产区发挥资源优势，扩大粮食生产规模，提高粮食生产集中度。同时，引导非主产区根据当地条件，适度发展特色粮食产业。

二是强化粮食加工转化方面。①提升加工能力。支持粮食加工企业引进先进技术和设备，提高加工精度和附加值。鼓励企业开发多元化、个性化粮食产品，满足消费者多样化需求。②延伸产业链条。推动粮食产业向上下游延伸，形成集生产、加工、销售于一体的完整产业链。加强粮食产业与食品工业、生物技术等产业的融合发展，拓展粮食产业增值空间。③培育龙头企业。加大对粮食龙头企业的扶持力度，支持企业扩大规模、提升竞争力。鼓励龙头企业通过兼并重组、股份合作等方式整合资源，形成一批具有行业影响力的领军企业。

三是完善粮食流通体系方面。①加强仓储设施建设。合理规划布局粮食仓储设施，提高仓储能力和管理水平。加强粮食仓储设施的维修改造和功能提升，确保粮食储存安全。②健全物流网络。依托交通干线和水运优势，构建高效便捷的粮食物流网络。支持粮食运输企业采用先进运输装备和技术手段，提高运输效率和安全性。③推动产销对接。加强粮食产销区之间的合作与交流，推动形成稳定的产销关系。支持粮食企业在主销区建立销售网络和配送中心，拓宽销售渠道和市场空间。

四是促进绿色发展方面。①推广绿色生产技术。鼓励和支持粮食生产主体采用节水灌溉、有机肥施用等绿色生产技术措施，减少化肥农药使用量，保护生态环境。②加强农业废弃物资源化利用。推动农业废弃物如秸秆、稻壳等的资源化利用工作，提高资源利用效率。支持相关企业开展农业废弃物综合利用技术研发和推广应用工作。③发展循环农业。推动粮食产业与养殖业、种植业等产业融合发展，形成循环农业模式。通过种养结合、农牧循环等方式，实现资源高效利用和生态环境保护的双赢目标。

五是加强政策支持与保障方面。①加大财政投入。各级政府应加大对粮食产业的财政投入力度，支持粮食生产、加工、流通等环节的发展。通过设立专项资金、提供贷款贴息等方式，减轻企业负担，激发市场活力。②完善政策体系。建立健全粮食产业政策体系，包括土地政策、金融政策、税收政策等。通过完善相关政策措施，为粮食产业发展提供有力保障和支持。③强化监管服务。加大对粮食生产、加工、流通等环节的监管力度，确保粮食质量安全和市场秩序稳定。同时，加强信息服务和技术指导等服务工作，帮助粮食生产主体提高生产经营水平和市场竞争力。

四、长江流域粮食产业带建设

长江流域粮食产业带①气候温暖湿润，降水丰富，土壤肥沃，适合多种粮食作物的生长。另外该区域交通便利，农业基础设施完善，农业技术先进，为粮食产业的发展提供了有力保障。长江流域主要包含上海、江苏、浙江、安徽、江西、湖北、湖南、重庆、四川、云南、贵州等11个省份，这些地区共同构成了长江流域粮食产业带的核心区域。具体来说，长江流域主要地形区包括：一是长江中下游平原地区，包括江苏、浙江、安徽、江西、湖北、湖南等平原地区，这些地区地势平坦，土壤肥沃，气候适宜，是粮食生产的主要基地；二是位于长江上游的四川盆地，气候温暖湿润，土壤肥沃，是长江流域乃至全国的重要粮食产区之一；三是其他平原和丘陵地区，如鄱阳湖平原、洞庭湖平原、太湖平原等，这些地区也有较好的农业生产条件，是长江流域粮食产业带的重要组成部分。

随着人口的增长和经济的发展，粮食需求不断增加，长江流域粮食产业带通过提高粮食生产能力和优化粮食生产结构，为保障国家粮食安全做出了重要贡献。新时期建设长江流域粮食产业带是一个系统工程，需要从多个方面综合施策。一是明确建设目标和任务。按照《国家粮食安全产业带建设总体方案》的部署，明确长江流域粮食产业带的建设目标和任务；在长江流域内，根据资源禀赋、产业基础和市场需求，优化粮食生产的国土空间布局，确保粮食生产用地得到有效保障。二是加强基础设施建设。深入推进"藏粮于地、藏粮于

---

① 根据2020年12月26日通过的《中华人民共和国长江保护法》和2024年2月5日国务院正式批复的《长江经济带—长江流域国土空间规划（2021—2035年）》，长江流域主要是指由长江干流、支流和湖泊形成的集水区域所涉及的青海、四川、西藏、云南、重庆、湖北、湖南、江西、安徽、江苏、上海，以及甘肃、陕西、河南、贵州、广西、广东、浙江、福建的相关县级行政区域。因为长江流域包含西南地区、中部地区、华东地区，而粮食产业带是一个与多个行政区域有重合的区域，为了便于称谓，本节将中部省份的安徽、江西、湖北、湖南统一归属为长江流域粮食产业带，统称东部地区。

技"战略，重点补齐水利设施短板。在长江流域，加快灌区设施改造升级，提高农田灌溉效率和节水能力；在长江流域的不同区域，如东北、华北和长江流域本身，加强控制性水利工程建设、节水设施建设和渠系配套等，确保农田灌溉稳定可靠。三是强化科技支撑和人才保障。实施良种工程，选育高产优质抗逆新品种，提高粮食作物的单产和品质；加强农业科技推广，加大绿色低碳技术集成推广力度，提高农业生产的科技含量和环保水平；通过免费培训、金融扶持等措施，培养新型农业经营主体。不断壮大新型农业经营主体规模，吸引更多科技人才到粮食生产一线服务。四是完善政策支持和利益补偿机制。加大种粮农民补贴力度，在国际规则允许的范围内，继续加大农业补贴力度，尤其是"绿箱"补贴。同时，提高补贴的精准性和指向性，推动补贴向新型农业经营主体、粮食主产区倾斜；推动"企业＋合作社＋农户""公司＋购销企业＋农户"等多种经营模式发展，建立科学合理的订单粮食利益分配机制，让主产区和粮农充分分享粮食产业发展收益；探索设定面向国家粮食安全产业带区域的专项税收政策，提高地方政府在主要税种上与中央政府的分成比例。五是推动粮食产业融合发展。支持和鼓励粮食加工企业向精深加工方向发展，提高粮食产品的附加值和市场竞争力；鼓励主销区以资金补偿、对口协作、产业转移、人员培训、共建园区等形式与主产区建立互惠互利、长期稳定的产销协作关系。六是加强粮食品牌建设。引导和支持粮食企业实施优势品牌和质量战略，建立全过程质量监督和保障体系；通过媒体宣传、展会推介等多种方式，提高长江流域粮食品牌的知名度和美誉度。

五、华南地区粮食产业带建设

华南地区粮食产业带涵盖了福建、广东、广西和海南这四个省份的部分或全部地区。这些地区因其独特的地理、气候和土壤条件，成为华南地区粮食生产的重要基地。在华南地区粮食产业带中，不同省份的粮食生产各有特色。例如，福建的闽浙丘陵区、两广丘陵区等地，可能以种植水稻、玉米等粮食作物为主；广东和广西的丘陵地带以及沿海地区，除了水稻种植外，还可能发展水产养殖等多元化农业；而海南则因其独特的热带气候，成为热带农产品的重要产区，同时种植水稻等粮食作物。

华南地区虽然地处热带和亚热带，气候条件优越，但也面临着耕地资源有限、水资源分布不均等挑战。因此，在华南粮食产业带的建设过程中，需要注重提高耕地质量、加强水资源管理和利用、推广节水灌溉技术、加强科技创新和推广应用、提高粮食生产的科技含量和附加值、培育高产优质抗逆新品种、推广绿色高效生产技术、加强农产品品牌建设等措施，确保粮食生产的可持续性和稳定性，进一步提升华南粮食产业带的综合竞争力和市场影响力。一是明确建设目标和定位。根据华南地区的自然条件、资源禀赋、产业基础和市场需求，制定华南粮食产业带的发展规划，明确发展目标、空间布局和重点任务；结合华南地区的农业特色，确定粮食产业带的主导产业，如水稻、玉米、薯类等，并注重发展特色粮食产业。二是加强基础设施建设。加大高标准农田建设力度，提升农田排灌能力、土壤肥力和机械化作业水平；加强水利设施建设，提高水资源利用效率，确保粮食生产用水安全；完善粮食仓储和物流设施，提高粮食收储能力和流通效率，降低粮食损耗。三是强化科技支撑和人才保障。加强农业科技研发，推广高产优质抗逆新品种和绿色高效生产技术，提高粮食单产和品质；加强农业人才培养和引进工作，提高农业从业人员的科技素质和管理水平。四是完善政策支持和利益补偿机制。增加对粮食产业的财政投入，支持农田基础设施建设、农业科技研发和推广、粮食加工转化等；完善种粮农民补贴政策，提高补贴的精准性和指向性，鼓励农民种植粮食；推动粮食产业上下游企业之间的合作与联结，建立科学合理的利益分配机制，确保农民分享到粮食产业发展的收益。五是推动粮食产业融合发展。推动粮食产业向精深加工方向发展，延长产业链条，提高粮食产品的附加值和市场竞争力；加强粮食产业与旅游、文化等产业的融合发展，打造粮食产业新业态、新模式。六是加强品牌建设和市场营销。支持粮食企业实施品牌战略，打造具有华南特色的粮食品牌；加强粮食产品的市场营销和品牌建设，拓展国内外市场渠道，提高粮食产品的市场占有率。

第三节　中部地区粮食产业带建设

一、中部地区粮食产业特征

我国中部地区粮食产业具有重要地位和显著特征，未来随着政策的持续扶持和科技创新的不断推进，中部地区粮食产业有望实现更高质量的发展。

一是粮食生产特征。①重要粮食生产基地。中部地区①（包括山西、河南、安徽、江西、湖北、湖南六省）是我国重要的粮食生产基地，在全国粮食生产布局中具有举足轻重的地位。中部六省粮食总产量占全国粮食总产量

---

① 2012年中共中央、国务院发布了《国务院关于大力实施促进中部地区崛起战略的若干意见》，正式将中部地区定义为包括山西、河南、安徽、湖北、湖南和江西六个省份。

的比重较高，如 2023 年中部六省粮食总产量占全国粮食总产量的 29.2%。②粮食生产各具特色。河南被誉为"中原大粮仓"，粮食总产量位列全国第二位，小麦产量位列全国第一位，是全国小麦输出第一大省。安徽被誉为"江淮粮仓"，粮食总产量位列全国第四位。湖南是水稻种子研发高地，水稻总产量处于全国第二位，仅次于黑龙江。湖北水稻总产量常年位居全国第五位。江西被称为"江南粮仓"，粮食总产量连续多年超 430 亿斤。山西是中部地区唯一的粮食产销平衡区，也是全国重要的小杂粮生产基地。③生产稳定增长。中部地区粮食生产总体保持稳定增长态势，尽管面临严峻挑战，但通过政策扶持、科技投入等措施，粮食产量仍实现稳步增长。

二是粮食加工特征。①加工能力较强。中部地区拥有一定数量的粮食加工企业，加工能力相对较强。这些企业在满足本地市场需求的同时，也积极参与市场竞争，提升产品附加值和市场占有率。②产业链延伸。中部地区粮食产业链不断延伸，从原粮生产到加工、销售、物流等环节逐步完善。通过构建完整的产业链体系，提高粮食产业的综合效益和市场竞争力。

三是政策支持与发展趋势。①政策扶持力度大。国家高度重视中部地区粮食生产，通过实施一系列强农惠农政策，如提高粮食最低收购价、加大产粮大县支持力度等，有效调动了农民种粮和地方抓粮的积极性。②推进高质量发展。中部地区粮食产业正逐步向高质量发展转变。通过加强耕地保护和建设、推进高标准农田建设、提高农业防灾减灾能力等措施，不断提升粮食综合生产能力。同时，注重粮食产业的绿色发展和可持续发展，推动粮食产业与生态环境相协调。③科技创新驱动。中部地区粮食产业注重科技创新驱动发展。通过加强农业科技研发和推广应用，提高粮食生产的科技含量和附加值。同时，积极引进和培育粮食加工龙头企业，推动粮食加工产业向高端化、智能化方向发展。

二、中部地区粮食产业变化

我国中部地区的粮食产业变化趋势呈现出生产能力稳步提升、产业结构优化调整、政策支持与市场驱动明显、科技创新与绿色发展并重等。这些趋势将有助于中部地区粮食产业实现更高质量的发展并为国家粮食安全做出更大贡献。具体来说主要有以下几个方面。

一是粮食生产能力稳步提升。①种植面积与总产量。中部地区是全国重要的粮食生产基地，粮食总产量在全国占有很大比重。近年来，中部地区通过实施"藏粮于地、藏粮于技"战略，粮食生产面积保持稳定，甚至有所增加，粮食总产量也稳步提升。例如，湖南、江西、河南等地粮食产量连续多年保持增长，为国家的粮食安全提供了坚实保障。②单产提升。随着农业科技的不断进步和推广应用，中部地区的粮食单产水平也在不断提高。通过推广良种、良法、良机，加强农田基础设施建设，提高土壤肥力等措施，中部地区的粮食单产实现了显著增长。

二是粮食产业结构优化调整。①作物结构调整。中部地区根据市场需求和资源禀赋，对粮食种植结构进行了优化调整。例如，部分地区减少了低产低效作物的种植面积，增加了高产高效作物的种植面积，提高了粮食生产的整体效益。②产业链延伸。中部地区的粮食产业不是局限于生产环节，而是向加工、流通、销售等多个环节延伸。通过发展粮食深加工产业，提高粮食产品的附加值；通过完善粮食流通体系，确保粮食产品顺畅进入市场；通过加强品牌建设，提升粮食产品的市场竞争力。

三是政策支持与市场驱动明显。①政策支持。国家和地方政府高度重视中部地区的粮食产业发展，出台了一系列支持政策。这些政策涵盖了粮食生产、加工、流通等多个环节，为中部地区粮食产业的发展提供了有力保障。例如，提高粮食最低收购价、增加农业补贴、加强农田基础设施建设等政策措施的实施，有效激发了农民种粮的积极性。②市场驱动。随着国内粮食消费市场的不断扩大和消费升级趋势的加强，中部地区的粮食产业也面临着新的发展机遇。消费者对优质、安全、多样化的粮食产品需求不断增加，促使中部地区粮食产业加快转型升级步伐，提高产品质量和附加值以满足市场需求。

四是科技创新与绿色发展并重。①科技创新。中部地区粮食产业注重科技创新和成果转化应用。通过加强与科研机构的合作与交流，引进和推广先进的农业技术和装备；通过培育新型农业经营主体和服务主体，提高粮食生产的组织化程度和科技含量；通过加强农业信息化建设和管理水平提升，推动粮食产业向智能化、精准化方向发展。②绿色发展。中部地区粮食产业积极践行绿色发展理念。通过推广节水灌溉、有机肥施用等环保措施，减少化肥农药使用量，保护生态环境；通过加强农业废弃物的资源化利用，提高资源利用效率；通过发展循环农业和生态农业模式，促进农业可持续发展。

三、中部地区粮食产业布局规划

新发展阶段中部地区粮食产业布局规划是一个综合性、系统性的工作，旨在进一步提升中部地区的粮食生产能力、保障国家粮食安全，并推动粮食产业的转型升级和高质量发展。以下几方面是对新阶段中部地区粮食产业布局规划的分析。

一是总体目标方面。中部地区作为我国重要的粮食生产基地，其粮食产业布局规划的总体目标是：在确保粮食生产总量稳定增长的基础上，通过优化种植结构、提升单产水平、加强科技支撑、完善基础设施等措施，进一步提高粮食生产效率和品质，增强粮食产业的市场竞争力，为保障国家粮食安全做出更大贡献。

二是主要任务方面。①稳定粮食种植面积。中部地区应继续稳定粮食种植面积，通过加强耕地保护、推进土地整治等措施，确保粮食生产的基本资源不受侵蚀。同时，鼓励和支持农民合理轮作休耕，保持土壤肥力，为粮食生产创造良好条件。②优化种植结构。根据市场需求和资源禀赋，中部地区应优化粮食种植结构。一方面，稳定和发展水稻、小麦等传统粮食作物生产；另一方面，积极推广玉米、大豆等优质高效作物种植，提高粮食生产的综合效益。③提升单产水平。通过加强农业科技研发和推广，提升中部地区粮食生产的单产水平。通过推广优良品种、先进栽培技术和高效管理模式，提高粮食生产的科技含量和集约化水平。④加强科技支撑。加大农业科技投入力度，支持农业科研机构和高校开展粮食生产关键技术攻关。加强农业科技人才培养和引进工作，为粮食生产提供强有力的科技支撑和人才保障。⑤完善基础设施。加强中部地区农田水利、道路交通等基础设施建设工作。完善灌溉排水体系，提高农田抗灾减灾能力；加强农村道路建设，改善粮食运输条件；推进仓储物流设施建设，提高粮食收储能力。

三是重点方向方面。①推进高标准农田建设。继续推进高标准农田建设工作，提高耕地质量和粮食生产能力。通过土地平整、土壤改良、灌溉排水等措施，改善农田基础设施条件；通过推广测土配方施肥、病虫害绿色防控等技术，提高农田管理水平。②实施种业振兴行动。加快种业振兴步伐，推动中部地区种业高质量发展。加强种质资源保护和利用工作，支持种业企业开展新品种选育和推广工作，加强种业市场监管和知识产权保护工作。③推动粮食产业融合发展。鼓励和支持粮食加工企业向上下游延伸产业链条，形成集生产、加工、销售于一体的粮食产业融合发展模式。加强粮食品牌建设和推广工作，提高粮食产品的附加值和市场竞争力；加强粮食产业与电子商务、现代物流等新兴产业融合发展，推动粮食产业转型升级。④促进绿色发展。推动中部地区粮食产业绿色发展实现可持续发展目标。加强农业面源污染治理工作，推广化肥农药减量增效技术；加强农业废弃物资源化利用工作，推动循环农业发展；加强农业生态系统保护和修复工作，提高农业生态系统稳定性和服务功能。

四是保障措施方面。①加强组织领导。建立健全中部地区粮食产业布局规划的组织领导体系，明确责任分工和工作任务；加强部门间协调配合，形成工作合力。②加大政策支持。出台一系列政策措施，支持中部地区粮食产业发展，包括财政补贴、税收优惠、金融信贷等方面；加强政策宣传和解读工作，提高政策知晓率和执行力。③强化监督检查。建立健全监督检查机制，加强对中部地区粮食产业布局规划实施情况的监督检查和评估考核工作；及时发现问题并督促整改，确保规划目标顺利实现。

四、黄淮海平原粮食产业带建设

黄淮海平原粮食产业带是一个跨越多个省份的重要农业生产区域，其包含的区域广泛且地理位置重要，具体来说，主要包括以下几个省份的部分地区。①河南的南部以及东部（尤其是中原平原地区）属于黄淮海平原粮食产业带的核心区域之一。这里不仅土地肥沃，而且气候条件适宜，是小麦、玉米等粮食作物的主要产区。②山东的北部、中东部以及南部地区也属于黄淮海平原粮食产业带。山东以其丰富的农业资源和先进的农业技术而闻名，大豆、小麦等作物的生产在全国占据重要地位。③安徽的中东部和北部地区也位于黄淮海平原粮食产业带内。这些地区同样拥有优越的农业生产条件，为粮食作物的生长提供了良好的环境。④江苏的北部和西北部地区也属于黄淮海平原粮食产业带的重要组成部分。这些地区的水利条件优越，土壤肥沃，有利于农作物的生长和产量的提高。

黄淮海平原粮食产业带的建设是一个系统工程，涉及多个方面和层次。以下是根据当前信息和权威来源整理的建设策略。

一是明确建设目标和任务。①突破耕地和种子两大瓶颈，全面提高粮食综合生产能力。通过土地整治、高标准农田建设等措施，增加耕地面积，提高耕地质量。同时，加强种业科技创新，选育高产优质抗逆新品种，提升种子自给率和质量。②推动粮食精深加工和高效养殖，全面提高粮食综合效益。在粮食主产区建设一批粮食加工产业园区，推动粮食就地加工转化，延长产业链，提升价值链。同时，发展高效养殖业，实现农牧结合，循环利用。③建设粮食运输走廊，连接国家粮食储备库和加工基地，形成既能产得出又能调得快、供得上的高效供应链。加强物流基础设施建设，提高粮食运输效率和安全性。

二是制定和实施政策措施。①明确产业带建设战略地位，把建设粮食安全产业带作为区域发展战略的重要内容，制定一揽子支持政策，打造粮食产业集群，形成产业竞争优势。②加大政策扶持力度，对种粮农民和粮食大县给予更多的政策扶持，包括财政补贴、税收优惠、金融信贷等。同时，鼓励粮食加工企业和养殖企业规模化发展，推动产业升级。③加强农田水利设施建设，补齐水利设施短板，提高农田灌溉和排水能力。在华北地区加强节水设施建设和渠系配套，确保高标准农田持续发挥效益。

三是优化产业结构和布局。①聚焦核心片区，在黄淮海平原粮食生产核心区，如河南等地，集中连片建设高标准农田示范区，打造粮食产业带的核心片区。②完善产业链，加强粮食生产、加工、销售等环节的衔接和协作，形成完整的产业链。推动粮食产业与农业、工业、服务业等深度融合，拓展产业发展空间。③推进科技创新，加强农业科技研发和推广应用，提高粮食生产的科技含量和附加值。鼓励农业企业、科研机构和高等院校等开展产学研合作，共同推动粮食产业创新发展。

四是加强生态环境保护和资源节约利用。①推进耕地质量保护和提升，建立健全耕地质量监测评价制度，实施耕地质量提升工程。通过科学施肥、增施有机肥、秸秆还田等措施，改良土壤结构，提升耕地地力。②加强水资源节约利用，推广节水灌溉技术，提高水资源利用效率。加强水资源管理和保护，确保水资源的可持续利用。③推进农业绿色发展，加大绿色低碳技术集成推广力度，减少化肥农药使用量，降低农业面源污染。推动农业废弃物资源化利用，促进农业循环经济发展。

第四节　西部地区粮食产业带建设

一、西部地区粮食产业特征

我国西部地区的粮食产业在生产、加工、流通等方面虽然面临一些挑战和困难，但随着政策扶持力度的加大和产业结构的不断调整与优化，西部地区粮食产业有望实现更快更好的发展。

一是在生产特征方面。①自然条件限制。西部地区地势复杂，高原山地居多，气候干旱少雨，这些自然条件对粮食生产构成了一定的限制。然而，宁夏、新疆等地凭借独特的自然条件，在粮食生产上仍具有一定的优势。②生产结构单一。与东部地区相比，西部地区的粮食生产结构相对单一，粮食作物占比普遍偏高，经济作物和其他作物占比偏低。这种单一的生产结构在一定程度上影响了粮食产业的多样化和抗风险能力。③生产能力差异大。西部地区的粮食生产能力存在显著差异。除宁夏、新疆以外，其余地区的粮食生产能力远低于全国平均水平。这表明西部地区在粮食生产上存在着较大的发展潜力和提升空间。

二是在加工特征方面。①加工能力相对较弱。与东部地区相比，西部地区的粮食加工能力相对较弱。这主要体现在加工企业规模偏小、技术水平较落后、产品附加值较低等方面。这在一定程度上限制了西部地区粮食产业的发展。②机械制造业薄弱。服务于当地面粉工业的粮油机械制造业在西部地区还十分薄弱和落后。这导致西部地区在粮食加工设备的更新和改造上存在一定的困难，影响了粮食加工产业的发展。

三是在流通特征方面。①市场体系尚待完善。西部地区的粮食流通市场体系相对不够完善，物流基础设施和信息化建设相对滞后。这在一定程度上影响了粮食流通的效率和效益。②区域间流通不畅。由于地理位置偏远、交通不便等因素的影响，西部地区与其他地区的粮食流通存在一定的障碍。这导致西部地区在粮食购销和资源配置上存在一定的困难。

四是在政策支持与发展趋势方面。①政策扶持力度加大。近年来，国家对西部地区的粮食产业给予了越来越多的政策扶持。通过实施一系列强农惠农政策，提高粮食最低收购价、加大产粮大县支持力度等措施，有效调动了西部地区农民种粮的积极性。②产业结构调整与优化。西部地区正在积极推进农业产业结构调整与优化，通过发展特色农业、高效农业等方式，提高粮食产业的经济效益和市场竞争力。同时，在加强高标准农田建设、提高农业防灾减灾能力等方面下功夫，为粮食产业的可持续发展奠定坚实基础。

二、西部地区粮食产业变化

我国西部地区粮食产业呈现出粮食生产能力提升、产业链发展不断完善、政策与市场环境积极向好的变化趋势。未来随着绿色可持续发展理念的深入实施、品牌化建设的加强、智能化与信息化进程的加快推进，西部地区粮食产业有望实现更高质量的发展。

一是粮食生产能力提升。①种植面积与结构调整。近年来，西部地区根据自然资源禀赋和市场需求，对粮食种植结构进行了调整。部分地区调减了夏杂粮、春小麦等作物的种植面积，改种玉米等秋粮作物，以提高粮食产量和经济效益。这种结构调整有助于优化资源配置，提升粮食生产的整体效能。②科技支撑与产量提升。西部地区通过农业科技创新，克服了自然不利条件，提高了粮食单产。未来，随着农业科技的不断进步和推广应用的深入，西部地区的粮食生产能力有望进一步提升。

二是粮食产业链发展不断完善。①加工环节。西部地区粮食加工企业不断壮大，加工能力和技术水平不断提高。通过引进先进设备和工艺，企业能够更好地满足市场对优质、多样化粮食产品的需求。同时，加工环节的发展也带动了上下游产业的协同发展，形成较为完整的粮食产业链。②流通环节。随着交通基础设施改善和物流体系完善，西部地区粮食流通更加便捷高效。粮食产品可以通过多种渠道快速进入市场，满足消费者的需求。此外，电子商务等新兴流通方式的发展也为西部地区粮食产业带来了新的机遇。

三是政策与市场环境积极向好。①政策支持。国家及地方政府高度重视粮食安全问题，出台一系列支持粮食产业发展的政策措施。这些政策涵盖了粮食生产、加工、流通等多个环节，为西部地区粮食产业的发展提供了有力保障。②市场需求。随着人口增长和消费升级，市场对优质、多样化粮食产品的需求不断增加。西部地区粮食产业需要抓住这一机遇，加大优质粮食产品的生产和供给力度，满足市场需求并提升市场竞争力。

四是未来发展趋势方面。①绿色可持续发展。未来西部地区粮食产业将更加注重绿色可持续发展。通过推广节水灌溉、有机肥施用等环保措施，减少化肥农药使用量，保护生态环境。同时，加强农业废弃物的资源化利用，提高资源利用效率。②品牌化建设。西部地区将加强粮食品牌建设，打造一批具有地方特色的优质粮食品牌。通过提升品牌知名度和美誉度，增强市场竞争力并拓展国内外市场。③智能化与信息化。随着信息技术的快速发展和应用推广，西部地区粮食产业将加快智能化和信息化进程。通过运用物联网、大数据等现代信息技术手段，提高粮食生产、加工、流通等环节的智能化水平和管理效率。

三、西部地区粮食产业布局规划

新发展阶段西部地区粮食产业布局规划，特别是针对新疆等关键区域的规划，旨在提升粮食安全保障能力，推动粮食产业高质量发展，并促进农业可持续发展。以下是根据相关规划内容归纳的新发展阶段西部地区粮食产业布局规划的主要方面。

一是总体目标方面。确保粮食生产安全，提高粮食产业竞争力，推动粮食产业向绿色、高效、可持续发展方向转变，为西部地区经济社会发展提供坚实支撑。

二是主要任务方面。①稳定粮食生产能力。坚决守住耕地红线，全面落实最严格的耕地保护制度，加强高标准农田建设；通过科技创新和良种推广，提高粮食单产水平，确保粮食总产量稳定增长。②优化粮食产业结构。根据市场需求和资源禀赋，优化粮食品种结构，发展优质、高效、特色粮食生产；推动粮食生产、加工、销售等环节融合发展，形成完整产业链，提高产业附加值。③完善粮食流通体系。推进粮食仓储设施现代化，提高仓储能力和管理水平；依托综合交通运输骨干网及枢纽，构建高效便捷的粮食物流网络。④强化科技支撑。支持农业科研机构和高校开展粮食生产关键技术攻关；加快先进适用技术的推广应用，提高粮食生产科技含量和集约化水平。⑤推动绿色发展。推广节水灌溉、有机肥施用等绿色生产技术措施，减少化肥农药使用量；推动农业废弃物如秸秆、稻壳等的资源化利用工作，提高资源利用效率。

　　三是重点工程方面。①应急保障工程。加强粮食应急保障能力建设，完善粮食应急保障网络，提高应对突发事件能力。②高效物流工程。发展多式联运、多元运输方式和绿色仓储物流，打造综合基础设施支撑、能够提供多样化物流服务功能的物流枢纽。③现代仓储工程。推进高标准仓储设施示范建设，全面提升粮食仓储设施现代化整体水平。④优质粮食工程。深入实施优质粮食工程，提升粮食产品质量和附加值。⑤数字粮食工程。推进粮食产业数字化转型升级，提高粮食产业信息化水平。⑥科技兴粮工程。加强科技创新平台建设，优化人才队伍结构，推动粮食产业科技进步和创新发展。

　　四是保障措施方面。①加强组织领导。建立健全粮食产业布局规划的组织领导体系，明确责任分工和工作任务。②加大政策支持。出台一系列政策措施，支持粮食产业发展，包括财政补贴、税收优惠、金融信贷等方面。③强化监督检查。建立健全监督检查机制，加强对粮食产业布局规划实施情况的监督检查和评估考核工作。④加强宣传引导。加大对粮食产业布局规划的宣传力度，提高社会各界对粮食产业高质量发展的认识和重视程度。

四、内蒙古粮食产业带建设

　　内蒙古的粮食产业带主要集中在东部和西部的部分盟市，具体有以下生产区域：呼伦贝尔市拥有广阔的耕地和优质的土壤条件，玉米和小麦的生产在呼伦贝尔市有着显著的优势；兴安盟的粮食产量在内蒙古名列前茅，该地区主要种植玉米、小麦等作物，对内蒙古粮食产业带的形成和发展起到了积极的推动作用；通辽市是内蒙古的农业大市，粮食生产一直是该地区的支柱产业，尤其以玉米产量最为突出；赤峰市在内蒙古粮食产业带中也占据重要位置，该地区不仅粮食产量高，而且品种丰富，包括玉米、小麦、马铃薯等多种作物；巴彦淖尔市拥有得天独厚的自然条件，特别是黄河水的灌溉使得该地区成为内蒙古乃至全国的重要商品粮基地。除了这些主要粮食生产盟市外，内蒙古还根据

《内蒙古自治区粮食生产功能区和重要农产品生产保护区划定实施方案》的要求，划定了粮食生产功能区和重要农产品生产保护区。其中，粮食生产功能区主要包括水稻、小麦、玉米等作物的生产区域，重要农产品生产保护区则主要关注大豆等作物的生产。

内蒙古粮食产业带的建设是一个综合性的过程，涉及多个方面的努力。要想形成合力，推动内蒙古粮食产业带的粮食产业高质量发展，还要从以下几个方面入手。一是强化政策支持与引导。将内蒙古粮食产业带建设纳入长期发展规划，明确发展目标、任务和措施，确保粮食产业持续稳定发展；加大对粮食产业带的政策支持力度，包括财政补贴、税收优惠、金融信贷支持等，降低企业运营成本，提高市场竞争力。二是加强基础设施建设。继续大力推进高标准农田建设，提升耕地质量，提高粮食单产和总产；加强农田水利设施建设，提高灌溉效率，保障粮食生产用水需求，同时要推广节水灌溉技术，减少水资源浪费。三是推动科技创新与成果转化。在已有育种联合攻关项目基础上，继续加强粮食作物育种创新，培育高产、优质、多抗的新品种；加大农业技术推广力度，将先进的农业技术和管理模式应用到粮食生产中，提高粮食生产效率和品质。四是优化产业结构与布局。在当前国家级和自治区级现代农业产业园和产业集群基础上，持续推动粮食产业向优势区域集聚，形成具有竞争力的产业集群；在玉米、马铃薯等作物的深加工基础上，继续加强粮食深加工和综合利用，延长产业链条，提高产品附加值。五是加强品牌建设与市场开拓。加强粮食品牌建设，打造具有内蒙古特色的粮食品牌。通过举办农产品博览会、展销会等活动，提高内蒙古粮食的知名度和美誉度；积极开拓国内外市场，拓宽粮食销售渠道。加强与国内外粮食企业的合作与交流，推动内蒙古粮食走向更广阔的市场。六是保障粮食安全与可持续发展。建立健全粮食储备体系，确保粮食供应稳定，加强粮食市场监测和预警机制建设，及时发现并应对粮食市场波动；坚持绿色发展理念，推广生态友好型农业发展模式，同时要加强农业面源污染防治和土壤修复工作，保护农业生态环境。

综上所述，内蒙古粮食产业带的建设需要从政策支持、基础设施建设、科技创新、产业结构优化、品牌建设与市场开拓、粮食安全与可持续发展等多个方面入手。

五、西北地区粮食产业带建设

西北地区粮食产业带包含多个区域，这些区域凭借其独特的自然条件和资源禀赋，在西北地区的粮食生产中发挥着举足轻重的作用，主要包含以下几个关键区域。一是位于甘肃西北部，祁连山以北，合黎山以南，乌鞘岭以西，甘肃新疆边界以东的河西走廊。该区域以其肥沃的土地和充足的水源（主要来自祁连山的冰雪融水）支持着大规模的粮食生产，被誉为"西北粮仓"。二是位于新疆天山山脉南北两侧的天山南北麓绿洲，依靠天山融雪形成的河流灌溉。这里光照充足，昼夜温差大，有利于农作物的生长和养分的积累，是西北地区粮食产业带的重要组成部分。三是位于内蒙古和宁夏境内的河套平原。黄河在这里先沿着贺兰山向北流，再由于阴山阻挡向东，后沿着吕梁山向南，形成一个"几"字形，这个"几"字形被称为河套。河套平原通常是指有"塞上江南"之称的内蒙古高原中部黄河沿岸的平原，这里土壤肥沃，灌溉便利，是西北地区又一个重要的粮食产区，素有"塞外粮仓"之称。四是分布在新疆塔里木盆地内部，依靠塔里木河等内陆河流灌溉的塔里木绿洲。这里虽然面积相对较小且分散，但在干旱的塔里木盆地中，这些绿洲地带为粮食生产提供了宝贵的土地资源和水源，是西北地区粮食产业带中不可或缺的一部分。五是位于陕西中部的关中平原，渭河穿流而过，形成了肥沃的冲积平原，是陕西乃至西北地区的重要农业区和粮食生产基地之一。

　　西北地区粮食产业带的建设是一个复杂而系统的工程，需要从以下多个方面综合施策，以下是一些关键的建设措施和方向。一是明确发展目标和规划。结合西北地区的资源禀赋、气候条件和粮食生产现状，制定详细的粮食产业带发展规划，明确发展目标、空间布局、重点任务和保障措施；将粮食产业带建设纳入国家和地方经济社会发展全局，加强顶层设计，确保各项政策措施相互衔接、协同推进。二是加强基础设施建设。加大投入力度，推进高标准农田建设，提升耕地质量，提高粮食单产和总产。特别是在西北地区，要针对干旱、半干旱的气候特点，加强农田水利设施建设，提高灌溉效率；完善粮食仓储和物流设施，提升粮食收储和调运能力。加强粮食流通体系建设，确保粮食供应稳定和市场流通顺畅。三是推动科技创新与成果转化。加强粮食作物育种创新，培育高产、优质、多抗的新品种。依托科研院所和高校等创新资源，推进种业科技攻关和成果转化；加大农业技术推广力度，将先进的农业技术和管理模式应用到粮食生产中。推广节水灌溉、测土配方施肥、病虫害绿色防控等实用技术，提高粮食生产效率和品质。四是优化产业结构与布局。推动粮食产业向优势区域集聚，形成具有竞争力的产业集群。通过政策引导和市场机制，吸引粮食加工企业向产业带集中，延长产业链条，提高产品附加值；加强粮食深加工和综合利用，延伸产业链条。发展粮食精深加工、食品制造等产业，提高粮食产品附加值和市场竞争力。五是加强品牌建设与市场开拓。加强粮食品牌建设，打造具有西北特色的粮食品牌。通过提升产品质量、加强营销推广等手段，提高品牌知名度和美誉度；积极开拓国内外市场，拓宽粮食销售渠道。加强与国内外粮食企业的合作与交流，推动西北粮食产品走向更广阔的市场。六是促进农民增收与产业融合。通过发展粮食产业带，促进农业增效、农民增收。通过提高粮食生产效率和品质、延长产业链条等方式，增加农民收入来源。推动粮食产业与其他产业融合发展，例如，结合乡村旅游、休闲农业等产业，打造粮食产业综合体，实现第一、二、三产业融合发展。七是强化政策保障与支持。加大财政金融对粮食产业带建设的支持力度。通过设立专项资金、提供贷款贴息等方式，降低企业融资成本，支持粮食产业发展；给予粮食产业带建设相关企业税收减免、用地优惠等政策优惠，降低企业运营成本，提高企业竞争力。

第五节　东北地区粮食产业带建设

一、东北地区粮食产业特征

我国东北地区粮食产业具有粮食生产基础坚实、生产特点鲜明、加工能力增强和政策支持有力等特征。这些特征共同构成了东北地区粮食产业的优势和潜力，为保障国家粮食安全和促进区域经济发展做出了重要贡献。具体来说有以下几方面的特征。

一是粮食生产基础坚实。①该地区是重要粮食主产区。东北地区（包括黑龙江、吉林、辽宁三省）是我国重要的粮食主产区和商品粮输出基地，提供了占全国较大比重的粮食产量，对保障国家粮食安全发挥着关键作用。②自然条件优越。东北地区纬度高、光照充足、黑土层深厚、昼夜温差大，这些自然条件有利于农作物的生长，尤其是玉米、大豆、水稻等粮食作物。③农业机械化程度高。东北地区农业机械化水平较高，特别是黑龙江的农业机械化覆盖面积已达较高水平，这是粮食集约、高效生产的重要保障。

二是粮食生产特点鲜明。①作物种类丰富。东北地区主要粮食作物包括玉米、大豆、水稻等，其中玉米是种植面积最广的作物，大豆和水稻也占有重要地位。②商品率高。东北地区粮食商品率较高，是全国重要的商品粮基地。大量粮食通过"北粮南运"满足其他地区的需求。③生产效率提升。尽管与其他一些粮食主产区相比，东北地区在粮食生产效率提升方面还有一定差距，但近年来通过科技支撑、资金支持和管理改进等措施，粮食生产效率正在逐步提高。

三是粮食加工与产业发展方面。①加工能力增强。随着粮食产量的增加，东北地区粮食加工能力也在不断增强。粮食加工企业数量增多，加工链条延长，产品附加值提高。②产业链延伸。东北地区粮食产业链不断延伸，从原粮生产到加工、销售、物流等环节逐步完善。通过构建完整的产业链体系，提高了粮食产业的综合效益和市场竞争力。③科技创新驱动。科技创新在东北地区粮食产业发展中发挥着重要作用。农业科研机构、农业大学等为粮食生产提供了强有力的科技支撑，推动了粮食生产技术的进步和粮食加工产业的升级。

四是政策支持与未来趋势方面。①政策支持力度大。国家高度重视东北地区粮食生产，通过实施一系列强农惠农政策，如东北振兴计划、黑土地保护工程等，为东北地区粮食产业发展提供了有力保障。②绿色发展理念。在保障粮食产量的同时，东北地区也注重粮食产业的绿色发展。通过推广绿色农业技术、加强生态环境保护等措施，推动粮食产业与生态环境相协调。③未来发展趋势。未来，东北地区粮食产业将继续向高质量发展方向迈进。通过加强科技创新、优化产业结构、提高粮食生产效率和加工水平等措施，进一步提升粮食产业的综合竞争力和可持续发展能力。

二、东北地区粮食产业变化

未来东北地区粮食产业将继续保持稳定增长态势。随着农业科技的不断进步和产业链的不断完善，粮食生产的效率和品质将进一步提高。同时，随着品牌建设的加强和市场环境的优化，东北地区粮食产业的市场竞争力和可持续发展能力也将不断增强。此外，随着全球粮食市场的变化和国际贸易形势的演变，东北地区粮食产业还将积极应对挑战，抓住机遇，拓展国际市场空间，提升国际竞争力。东北地区粮食产业的变化趋势可以从以下几个方面进行分析。

一是产量与供给方面。①产量稳定增长。东北地区凭借其肥沃的黑土地、适宜的气候条件和丰富的水资源，粮食产量持续保持稳定增长。特别是近年来，随着农业科技的进步和种植技术的提高，粮食单产和总产量均有所提升。②供给结构优化。在保持总量增长的同时，东北地区粮食供给结构也在不断优化。通过调整种植结构，增加高产、优质作物的种植面积，提高粮食供给的质量和效益。例如，玉米、大豆和水稻等主要粮食作物的种植比例更加合理，能够更好地满足市场需求。

二是科技与创新方面。①农业科技应用广泛。随着农业科技的不断发展，东北地区在粮食生产中广泛应用了现代化农业技术。从选种、育秧、田间管理到收获、加工等各个环节，都融入了科技元素。例如，智能化农机装备、精准农业技术、生物育种技术等的应用，大大提高了粮食生产的效率和品质。②创新驱动发展。创新是驱动东北地区粮食产业发展的重要动力。通过加强农业科研投入，推动农业科技成果转化，培育农业高新技术企业，东北地区粮食产业的创新能力不断增强。这些创新成果不仅提高了粮食生产的效率和品质，还为粮食产业的可持续发展提供了有力支撑。

三是产业链与品牌建设方面。①产业链延伸。东北地区粮食产业链不断延伸和完善，从原粮生产到加工、销售、物流等环节形成了完整的产业链体系。通过加强产业链上下游企业的合作与联动，实现了资源共享、优势互补和协同发展。这不仅有助于提高粮食产业的综合效益和市场竞争力，还能够更好地满足消费者对优质、安全、健康粮食产品的需求。②品牌建设加强。在粮食产业竞争日益激烈的背景下，品牌建设成为东北地区粮食企业提升市场竞争力的重要手段。通过加强品牌宣传和推广，提高品牌知名度和美誉度，东北地区涌现出了一批具有影响力的粮食品牌。这些品牌不仅在国内市场上占据了一席之地，还积极开拓国际市场，提升了东北粮食的国际影响力。

四是政策与市场环境方面。①政策支持力度大。国家和地方政府高度重视东北地区粮食产业的发展，出台了一系列扶持政策。这些政策涵盖了农业生产补贴、农业基础设施建设、农业科技推广等多个方面，为东北地区粮食产业的发展提供了有力保障。②市场环境优化。随着市场机制的不断完善和粮食流通体制的改革深化，东北地区粮食产业的市场环境不断优化。粮食市场体系更加健全，价格形成机制更加合理，粮食购销更加顺畅。这有助于激发粮食生产者的积极性，促进粮食产业的持续健康发展。

三、东北地区粮食产业布局规划

新发展阶段东北地区粮食产业布局规划将围绕提升粮食生产能力、优化种植结构、提升产业竞争力、推动绿色发展和加强科技创新等方面展开一系列工作，推动东北地区粮食产业实现更高质量的发展，巩固其作为国家粮食安全"压舱石"的地位。作为一个全面而系统的工程，主要有以下几方面的内容。

一是总体目标方面。确保粮食生产总量稳定增长，优化种植结构，提升粮食产业竞争力，推动粮食产业向绿色、高效、可持续发展方向转变，巩固东北地区作为国家粮食安全"压舱石"的地位。

二是主要任务方面。①稳定粮食生产面积。确保粮食作物播种面积稳定在合理水平，通过轮作休耕、间作套种等方式提高土地利用率。加强耕地保护，推进高标准农田建设，提升耕地质量和粮食生产能力。②优化种植结构。根据市场需求和资源禀赋，调整粮食品种结构，重点发展优质稻米、专用小麦、高蛋白大豆、高油玉米等高效益作物。推动玉米等粮食作物由单一加工向全株加工转型，由初级加工向精深加工升级。③提升粮食产业竞争力。支持粮食加工企业技术改造和升级，提高产品附加值和市场竞争力。推动粮食产业与上下游产业融合发展，形成完整产业链，提高产业综合效益。④推动绿色发展。推广节水灌溉、有机肥施用等绿色生产技术措施，减少化肥农药使用量。加强农业废弃物资源化利用工作，推动循环农业发展。⑤加强科技创新。加大农业科技研发投入力度，支持农业科研机构和高校开展粮食生产关键技术攻关。推广优良品种和先进适用技术，提高粮食生产科技含量和集约化水平。

三是重点区域布局方面。根据东北地区的自然条件和资源禀赋，粮食产业布局将重点围绕以下区域展开。①在辽河流域，重点发展优质粳稻生产，推动米制品多样化、绿色化、精细化发展。②在辽西北地区，发挥区域优势，打造全国重要的杂粮生产加工流通基地。③在辽西地区，适度扩大花生生产规模，发展以花生休闲食品为主的精深加工。④在其他重点区域，如铁岭市、沈阳市、朝阳市、阜新市等地，将根据各自优势发展特色粮食产业。

四是在保障措施方面。①加强组织领导。建立健全粮食产业布局规划的组织领导体系，明确责任分工和工作任务。②加大政策支持。出台一系列政策措施，支持粮食产业发展，包括财政补贴、税收优惠、金融信贷等方面。③强化监督检查。建立健全监督检查机制，加强对粮食产业布局规划实施情况的监督检查和评估考核工作。④加强科技支撑。加强与农业科技院校和科研机构的合作与交流，推动科技成果转化和应用推广。⑤推进市场化改革。深化粮食收储制度改革和市场化改革，推进粮食产业市场化进程，提高粮食产业的市场竞争力。

四、东北平原粮食产业带建设

东北平原作为我国重要的粮食生产基地，拥有得天独厚的自然条件和资源优势，粮食播种面积占耕地总面积的80％以上，常年粮食产量约占全国粮食总产量的16％。近年来，东北地区每年向国家提供的商品粮占到全国商品粮的1/3。为了持续推进东北平原粮食产量稳步增长，粮食综合生产能力不断提升，吉林长春国家农业高新技术产业示范区作为东北平原粮食产业带建设的重要平台，已获得国务院正式批复并进入建设发展的快车道。黑龙江、吉林、辽宁的水利部门也正在利用增发国债资金项目，加紧推进高标准农田水利工程建设，为粮食生产夯实基础。在国家各项政策和项目资金的加持下，东北土地产出率、资源利用率和劳动生产率还将大幅提高，垦区和具备条件的县（市、区）也将率先实现农业现代化，这对保障国家粮食安全、促进区域经济发展具有重要意义。

东北平原粮食产业带包含了多个重要的农业区域，主要包含以下几个区域。一是玉米产业带，主要分布在黑龙江南部、吉林中部和辽宁北部的各县（市、区）。这些地区以大力发展饲用和加工专用的高油玉米、高蛋白玉米、高淀粉玉米为主，实现了专品种专种、专品种专收，确保了产销的有效衔接。二是优质大豆产业带，以黑龙江的松嫩平原和三江平原为主要基地，并延伸到吉林中部和辽河平原。这一区域形成了东北优质大豆产业带，是我国大豆生产的重要区域。三是优质水稻产业带，主要分布在辽河平原，以及吉林的吉林市、通化市和延边朝鲜族自治州，还有黑龙江的哈尔滨市、牡丹江市等地区的沿江、河一带。这些地区以其优质的水稻种植产业而闻名，是我国重要的粳稻生产基地。

东北平原粮食产业带建设是一个系统性工程，不仅关系到国家粮食安全，而且是推动农业现代化、实现乡村振兴的关键，需要从耕地保护、科技支撑、基础设施建设、产业转型升级、政策支持和区域协调发展等多个方面入手。如何充分发挥东北平原的资源优势，构建高效、绿色、可持续的粮食产业带，是当前亟待解决的问题。

一要加强耕地保护与质量提升。严格耕地用途管制，防止耕地"非农化""非粮化"，确保粮食播种面积稳定。同时要加快新一轮高标准农田建设，优先在粮食生产功能区和重要农产品保护区内实施，提高建设标准和质量，提升农田基础设施水平。从政府层面，要深入推进黑土地保护工程，加强耕地质量调查，推广保护性耕作技术，提高土壤有机质含量和肥力。

二要强化农业科技支撑。在种源创新方面，要实施种源科研技术攻关，支持种业重点企业发展，加强农作物种业基地建设，培育高产优质抗逆新品种。在先进适用技术推广方面，要加强农业科技研发和推广，推广绿色高产高效栽培模式、节水灌溉技术、病虫害绿色防控技术等，提高粮食生产科技含量和效益。还要加强科技服务培训，积极开展农业科技培训和指导服务，提高农民科学种田水平，培育高素质农民。

三要完善粮食生产基础设施。要加快控制性水利工程建设，提高防洪排涝和灌溉能力，确保粮食生产用水安全。要建设粮食仓储物流体系，优化粮食仓储布局，加强粮食仓储设施建设和管理，提高粮食收储能力。同时，完善粮食物流体系，降低粮食流通成本。

四要推动粮食产业转型升级。鼓励粮食加工企业向产区集聚，发展粮食精深加工和副产物综合利用，延长产业链条，提高附加值。同时要依托粮食生产优势区域，打造现代粮食产业集群，形成产业竞争优势。更重要的是要引导企业实施品牌发展战略，打造知名粮食品牌，提高市场竞争力。

五要加大政策支持力度。将建设粮食安全产业带作为区域发展战略的重要内容，制定包括财政、税收、金融、土地等多方面的支持政策。同时要严格落实种粮补贴政策，扩大粮油作物政策性保险覆盖面，强化粮食收购保障，提高种粮农民收益水平。还要深化"放管服"改革，优化粮食企业营商环境，给予龙头企业、民营粮企等更多的政策支持和信贷保障。

六要推进区域协调发展。既要推动东北平原内部各省份之间的合作与交流，共享资源、技术和市场信息，促进区域协调发展。也要鼓励主销区以资金补偿、对口协作、产业转移等形式与主产区建立互惠互利的产销协作关系，畅通粮食流通渠道。

第六节　本章小结

本章根据前文分析结果，结合我国各区域水土资源特征和地形气候特点，根据国家粮食产业带的整体规划，对我国的各个粮食产业带进行分析，并对各个粮食产业带未来的建设提出对策，进一步推动我国粮食产业发展和国家总体粮食安全建设。

第九章 水土资源约束下我国粮食安全的路径选择与保障机制

通过前文理论分析与实证研究可以发现，在国内水土资源约束下，现阶段一系列的水土资源开发与保护措施、粮食安全政策还不能完全化解当前存在的粮食安全问题。基于目前的粮食发展现状和资源约束情况，在经济发展转轨的关键时期，如何立足于国内国际视角，秉承基本的粮食安全准则，通过科学的路径选择和合理的保障机制来应对和解决当前及未来可能存在的粮食安全问题，是摆在我们面前亟待解决的关键问题。

第一节 总体思路与基本原则

国家总体粮食安全目标的实现不仅要有明确的发展思路来指引，更要有基本原则来保障，具体来说就是坚持国家粮食安全新战略，牢牢守住粮食主权原则、粮食安全原则、粮食产业安全原则、可持续发展原则。

一、总体思路

总体思路：构建高水平社会主义市场经济体制，坚持以中央政府宏观调控为主和以市场化资源配置为辅的总体粮食安全导向策略，实施"以我为主、立足国内、确保产能、适度进口、科技支撑"的国家粮食安全新战略，以解决水土资源对我国粮食安全约束为目标，坚持可持续发展理念，构建以国内大循环为主体、国内国际双循环相互促进的新发展格局。促进国内与国际粮食资源的双向互补，兼顾粮食的供给能力和可获得性，做到多取不乱，稳定不僵，全面建设自然资源与粮食双安全的发展体系，推动我国在国际粮食市场建设成为具有更大影响力的粮农资源强国，发展成为世界一流粮食强国。

主要目标：合理开发利用和保护我国粮食生产水土资源，同时统筹国际国内粮食资源，在不违背自然规律和世界发展潮流的前提下，充分发挥主观能动性，强化我国粮食安全。国内通过制定政策和促进人才科技发展等措施来调整水土资源的既有约束，追求自然资源与粮食安全的和谐发展。国际上依托现有组织平台不断开拓其他国家优质粮农资源，并且不断提升在国际组织中的协商议价能力，使得我国在国际粮食市场具有更强话语权和竞争力，降低我国粮食进口集中度和对外依存度，畅通我国粮食资源在新发展格局中的道路。

二、基本原则

（一）粮食主权原则

粮食主权国际会议明确，粮食主权是所有人都能够获得满足健康、文化需求的粮食，能够拥有对粮食和农业系统选择的权利，同时粮食生产要符合可持续发展的生态学理念。我国学者江虹在讨论发展中国家粮食主权时提出，该含义是指，所有人都要对粮食主权重视，并且不能对任何国家进行侵害和胁迫，任何国家都有发展国内粮食、满足国内人民足够粮食的需求，任何国家都有权决定自己国家的农业和贸易政策。

结合国内外学者对粮食主权的理解，面对我国粮食"三量齐增"和价格倒挂现状，习近平总书记强调"中国人的饭碗任何时候都要牢牢端在自己手中，饭碗主要装中国粮"，这很好地回应了粮食安全新战略中的"以我为主、立足国内"的战略目标。只有以国内粮食产能发展为重点，牢牢把握粮食安全主动权的目标，才能把控社会发展大局，抵制外部势力威胁。同时从侧面回答了以"适度进口"为辅的粮食数量上的发展原则。对粮食安全目标的追求不可能在封闭的经济中进行，这也不符合当今经济社会一体化的时代潮流，经济全球化是未来世界发展不可阻挡的势头。粮食政策的选择和完善不能独善其身，应该在风险可控的背景下从国际视角考虑中国粮食安全的未来发展趋向问题，适度利用国际市场调整国内粮食产业结构，发挥农业生产的比较优势，并提高国际竞争力，利用国际贸易来调整国内粮食的产品结构，稳定国际粮食市场价格的波动等。国内的粮食生产要确保品质的安全、健康、营养，在展现我国粮食产品特色的同时尽可能地与国际标准接轨，强化我国粮食产品在国际粮食市场的竞争力，提升在国际粮食市场的话语权[201]。

（二）粮食安全原则

保障粮食安全事关国计民生，是国家政治经济稳定的基础，是社会经济发展和国家繁荣富强的根本。针对当前我国粮食供给侧出现的结构性过剩、陈化粮积压、进口需求大等问题，说明我国粮食数量上的安全已经有保障，但是伴随着粮食连丰出现的水土资源不足、储存质变和消费浪费等问题，凸显我国粮食质量问题还有待进一步解决。粮食安全既应该是数量的充足供应，更应该是质量的营养健康。因此不仅要在国内确保"粮食产能",更要能够从国际粮食市场及时精准地获取我们需要的优质粮食,这就需要我们具有足够强大的"科技支撑"。在保证粮食数量充足原则的前提下,要加大科研人员的培育和科研项目的推进,解决当前存在的种源、种业问题,保证我们能够完全掌握从国际市场调整余缺的粮农产品。保障粮食安全的原则是,数量安全与质量安全并重,在促进社会经济发展的过程中首先保证人民能够获得维持生活所需要的健康食物,在国家富强和社会经济发展的过程中确保粮食的数量充足、种类丰富、质量健康、价格稳定,以此确保粮食安全。

(三)粮食产业安全原则

自从中粮集团提出粮食的"全产业链"之后,国内学者相继对此进行探讨。作为最基础的一个产业,粮食产业是指粮食的整个产业链条,既包含产前、产中、产后的各个环节步骤和每个生产要素,又包含涉及每一个产业链条的各个因素。大致需要经历实验室—农田—餐桌—过腹还田等一整套完整的循环过程,所以对粮食安全的研究和探讨不能忽视全产业链条中的任何一个环节和因素。这是保证我国粮食安全不受国外制约和威胁的必要条件,更是能够坚持"以我为主"的根本。

结合第四章可知,本书的粮食产业安全包含粮食产业对外依存度、产业控制力、产业生存环境、产业国际竞争力四个大方面,具体的三级指标所涉及的内容则更加具体,主要包含粮食产量、消费量、进出口量、国际竞争力等多项指标,再追究每一个指标的影响因素和具体参数时,又涉及许多相关因素,如耕地、水源、气候、化肥、农药、机械、价格、成本收益、劳动力、组织、政治环境等。在追求粮食高数量、高质量的同时,要注重自然资源、生态环境、经济发展、人文关怀等各个方面的相互和谐,忽视了每一个环节都可能导致国内其他产业的冲击,更可能会受到国际粮食产业竞争的威胁,引发各种社会问题。因此,保障国家粮食安全要坚持粮食产业安全原则,让整个粮食产业链条都能够健康协调可持续运转。

(四)可持续发展原则

可持续发展理论的核心概念是在满足当代人需要的同时不对后代人的生存发展构成危害的发展,追求公平、协调、可持续的发展目标,关注人与自然的和谐发展,更是在发展经济的过程中避免技术和产品对自然社会及生态资源的破坏,保证自然社会的循环有序发展[170]。针对粮食安全的可持续发展就是确保以水土资源为主的粮食生产资源持续、合理、永久的循环使用,也就是在区域水土资源的承载力范围内，在确保粮食稳定健康产出的同时能够保证自然生态系统循环更新的发展。这既要求粮食的安全供给，也包含水土资源支撑自然生态循环能力的可持续[202]。水土资源等自然资源是粮食生产的基本保证，生态环境的恶化会影响水土资源等农业资源的数量和质量。粮食安全的可持续问题已经成为社会发展不可回避的重要部分。因此，要正确处理粮食安全与生态保护的关系，实现资源的合理高效利用，避免无序盲目扩张，做到资源节约，环境友好，科学推进。全面统筹山、水、林、田、湖、草、沙系统的规划和治理，打造干净舒适的自然生态环境，营造和谐美好的生活氛围，让人类生存与自然生态相协调，实现粮食安全与生态系统的长久、持续、健康、稳定发展[203]。

第二节　水土资源约束下我国粮食安全的路径选择

我国粮食安全的实现要与国家总体发展战略相一致，在现阶段我国粮食安全的路径选择要坚持粮食安全新战略。本部分根据前文中实证分析结果，结合最新的粮食安全政策，并坚持"以我为主""立足国内""确保产能""科技支撑""适度进口"的粮食安全新战略中的总体要求，构建以下路径来保障水土资源约束下我国的粮食安全。

一、坚持以我为主，宏观调控粮食水土资源

面临世界百年未有之大变局下更为复杂的政治经济环境，"十四五"时期我国要适应所面临的这些新形势，把握战略机遇，尊重客观国情粮情，坚持以我为主，宏观调控粮食水土资源，形成与粮食生产大国、消费大国、贸易大国战略地位相符的高水平、高质量、高效能的国家粮食安全保障体系，由粮食大国向粮食强国迈进[204]。

宏大远景的实现要坚持"立足国内"，宏观调控国内和国际水土资源。要着眼国家战略需要，稳住农业基本盘，严守 18 亿亩耕地红线，确保 1.3 万亿斤以上粮食的稳产保供，保障初级粮食产品的充足供应，端稳自己的饭碗，并且饭碗主要装中国粮[205]。同时要全面评估我国用于粮食生产水土资源的分布格局和匹配情况，根据各区域水土资源及粮食生产现实情况，因地制宜布局粮食生产规划，制定相应的政策，推进土壤改良、水源涵养、生化产品使用控制等耕地和水资源的生态修复工作来保护粮食生产资源，并制定耕地资源和水资源的利用和修复标准，对农用化学品的使用也提出科学的要求。保护好粮食的

基本生产资源，要全国一张图，合理布局，主产区、主销区、产销平衡区都要保面积、保产量、保耕地。抓好耕地保护建设硬措施，严格守住"三条红线"，落实耕地保护责任，加强耕地用途管制，建设节水灌溉农田和高标准农田。另外，要根据市场需求，结合地区水土资源和气候的差异，宏观调控国内省域间水土资源，根据高标准农田建设的要求来开发利用水土资源，协调各区域各流域之间粮食生产，合理调整粮食种植结构，战略布局我国粮食生产地域结构，以产区特征规划粮食种植品种，生产供给名优特色的地理标志粮食产品，以此弥补进口调剂的粮食品种和数量，降低对外依存度，提升我国粮食自给率，增强我国粮食产品的市场竞争力。

我国水土资源有限，现有的自然资源在满足人们逐渐提高的粮食数量和质量需求方面存在压力，灵活运用"适度进口"政策符合我国国情、粮情、民情，同时为了避免国际市场对我国粮食安全的冲击，要"以我为主"，让国际市场的粮食水土资源"为我所用"，坚持以"政府搭台，企业唱戏"为总纲。政府要坚持正确义利观，推动国际合作平台的搭建，在上海合作组织等多边合作组织的作用下，积极主动参与世界粮食安全治理，提供国际紧急粮食援助计划。政府可以采取政策支持、贷款优惠、技术服务等措施，鼓励我国农业企业通过利用好国际平台参与到全球粮农资源市场中，通过购买或者租赁国外土地资源的形式到境外投资种植粮食、建立海外粮食生产基地，使粮食供应渠道多元化，打破国际粮商对粮食的货源垄断，提高我国粮食进口安全和贸易自主选择程度，提升我国在国际粮食市场的竞争力。

二、秉持立足国内，落实"藏粮于地"战略

在我国粮食科研成果不能解决现阶段问题的背景下，以时间换空间，在耕地要素端提升粮食产能的"藏粮于地"战略是保障粮食安全最可行的选择。落实"藏粮于地"战略应以科学保护耕地数量为前提，以耕地产能挖掘提升为核心，以严格管控耕地空间规划为重点，以耕地制度优化为保障，促进我国耕地资源科学开发与用养结合相协调。这是立足国内，从更深层次来实现"藏粮于地"战略的重要途径。

首先要保证耕地数量充足。在严格落实 18 亿亩耕地红线之外，更重要的是要有长远意识。耕地后备资源开发是关乎未来粮食安全的重要议题，是落实耕地占补平衡政策的基础，也是科学实施"藏粮于地"战略的支撑。我国的耕地后备资源主要分布在中西部边缘地区，其中在黑龙江、吉林、新疆等地区的连片耕地后备资源约占全国连片耕地后备资源的 69.6%，东部地区则仅占

11.0%。对于耕地后备资源数量少且空间分布不均衡、新开发耕地质量较低等问题，通过完善农田基础设施、调整土地利用结构等过程，有效促进以粮食生产能力提升为核心目标的实践活动，将其作为补充耕地数量的重要手段[206]。

其次要挖掘提升耕地产能。在我国粮食产量不断增长的同时，部分地区土壤肥力下降、地下水位降低等问题凸显，制约耕地资源可持续利用与生态安全保障。随着农业土地利用工程科技创新取得显著成效，围绕高标准农田建设、土地复垦、耕地质量提升等方面形成了一系列关键成果，可以通过调整土地利用结构、完善农田基础设施等工程措施的合理利用，有效增加耕地数量、提高耕地质量、修复耕地生态，全方位优化提升耕地产能。

然后要严格耕地空间规划管控。耕地保护的目标不只是保护耕地的生产能力，更重要的是通过科学合理的耕地空间布局来保证耕地质量。以耕地保护为重任的土地利用规划要妥善协调开发、利用、管控与修复之间的关系。因此，耕地保护规划的关键务实做法是有针对性地采取不同的耕地保护方式，即对不同种植类型、质量效益、区域属性的地块制定差异化耕地"红线"保护类型，进而在我国土地资源分布失衡以及在守住"三条红线"的背景下为维护优质健康耕地数量和空间布局提供路径选择。各地区应该因地制宜地制定更具针对性的地方施政措施和调控细则，动态识别耕地变化热点区域，提升耕地资源管理的精准定位和因地施策能力，为特定地区的特定目标单独设计可持续土地管理政策和计划，结合轮作休耕与多样化种植，在粮食主产区着手推行保护性休耕，推动不同粮食品种生产优势区发展。

最后要确保耕地保护制度优化。多年来我国在耕地数量保护、质量建设、用途管制、健康维护等方面建立了一套完善的耕地保护体系，包含永久基本农田、占补平衡、轮作休耕等相关制度。然而在具体的实施过程中出现了一些问题，在一定程度上导致全国区域土地利用结构优化和土地资源科学配置的效果弱化。耕地保护政策落实难，造成粮食产能的隐性降低。因此，占补平衡侧重型的耕地保护制度有必要转换为永久基本农田保护并重型制度，以数量、质量、健康、可持续循环利用为综合目标，促使耕地利用方式由短期过渡型向长久保护型转变，建立"弹性与刚性"相结合的差异化耕地占补平衡机制，以耕地保护制度的持久生命力来达到"藏粮于地"。

三、管控水土资源，确保我国粮食生产能力

现阶段的"确保产能"就是，依托国内既有的粮食生产资源，能够持续稳定地供给足量、优质、健康、营养的粮食。这离不开健康绿色的生产要素和优

良品种的培育。合理管控国内水土资源的有序开发利用，让有限的耕地和水资源能够持续不断地供给粮食生产，保证粮食的生产能力可持续开发，提升粮食自给率，降低粮食的对外依存度。

一要确保 18 亿亩耕地红线，确保优质良田的数量，同时保护黑土地。珍惜和合理利用有限耕地，防止耕地污染。管控土地开发利用，牢牢守住"三条红线"，划足划实永久基本农田，切实遏制耕地"非农化"、防止"非粮化"，让粮食产能不低于 1.3 万亿斤。

二要以现场勘测的方式了解我国农业水土资源开发利用现状，掌握各区域水土资源具体情况，采用切实可行的测算方法对我国耕地的水土资源质量进行评估分析，了解和掌握各类粮食作物种植特点及对水土质量的需求情况，科学规划粮食的区域生产布局，提升水土资源利用效率。

三要合理开发利用水资源，提高农田灌溉效率，提升灌溉水平。开展节水农业，推广水肥一体化生产作业，减少水污染。修建水利设施和水利工程，通过跨流域调水解决水资源的区域性不平衡问题。

四要正确处理水土等自然资源与经济发展的关系，重点解决水土资源不足和分布不均问题，严格管控耕地资源的侵蚀，科学处理农用化学品的过度污染，在各个地区之间形成水土资源的有效配置，协调水土资源与粮食生产的合理布局。

五要积极主动地调整地区的区域生产结构。根据国民对粮食的需求变化，结合各地区水土资源优势，科学合理布局粮食产业带，形成"一村一品""一地一粮"等具有特色优势的粮食结构布局，丰富粮食品种，摆脱粮食供给单一特征。加大对粮食特色产业带的投资建设，提升粮食品质，突出粮食特色。

六要依托农业技术和生化科技，推动粮食朝着高产、优质、健康、抗性强的品种发展，结合田间管理手段提高粮食单产，并加强高标准农田建设，通过地力的提升和单产水平的提高来挖掘粮食增长潜力、提高粮食产能。

四、夯实科技支撑，实现"藏粮于技"战略

保障国家粮食安全离不开科技支撑，科学技术是确保我国粮食稳定发展和提升国际竞争力的根本保证。

首先，加大农业科研资金的投入支持力度，完善科研人员的奖评机制，吸引科研人才在粮食领域的探索创新，调动科研队伍的研究热情和动力，打造一支服务于保障我国粮食安全的高素质科研队伍，为我国粮食发展提供充足的人才保障和智力支撑。

其次，以新型农业经营主体为主要服务对象，开展产学研、农科教大协作，加快创新粮食科技研发体系，推动产学研一体化建设，建设协同创新机制，有效组织全国优秀科研技术力量，加快对区域性粮食产品问题的技术突破和特性掌握，集成能够适应不同优质区域、不同种养模式、不同品种类型的优质高产、节本增效的栽培技术体系，形成产业化发展和适度规模化运作的粮食生产模式，根据地域特征实施测土配方施肥、节水灌溉、抗病抗虫害、机械化生产等先进实用技术。同时健全准确高效的病虫害预报和防范应对体系，注重研究与推广的结合，加强分子生物学技术在现代植物保护中的应用，追踪世界学科前沿，力争在病虫害分子快速监测、抗病虫基因克隆、粮食与病虫害互作的分子机理方面有较大突破。选取和推广优良产品，推进种子核心技术攻关，大力推动种业振兴，培育我国种业的"航空母舰"。将粮食育种、耕种方法、培肥育肥、节水抗旱、生态保护等领域作为科研重点，根据产品特性和区域特征筛选和推广优质产品，充分发挥科研在粮食领域的作用。加快推动《中华人民共和国粮食安全保障法》的应用，加强对粮食科技和种子技术等知识产权的保护，推动粮农科技的产出和科研成果的转化。

再次，在生产管理过程中要推广运用数字信息化技术，利用其高渗透性和共享性特征，加速知识、技术等创新要素流动，推动生产技术智能化[207]，让大数据管控农业耕作，从会种地到"慧"种地，提高水土资源的粮食生产效率。根据现阶段我国粮食水土资源不足的现状以及我国区域特征，研究和布局水土资源调配方案，深化水土资源的开发利用技术，尤其是要升级现有灌溉系统，重点发展节水农业，因地制宜建立科学的水价标准、精准有效的节水补贴和奖励措施等，结合抗旱种子的推广应用，达到农业节水的目的。以数字技术精准操纵有限耕地的科学耕种和收割管理，让有限的耕地产出充足健康营养的粮食。同时在种子选取和播撒的过程中依托大数据和先进机械的联合操纵，运用精准施肥技术，减少农用化学品的污染和浪费，降低污染物的排放，改善生态环境质量，促进农资的合理施用和节约使用，推动水土资源的可持续开发利用。在粮食的储备和运输管理中也要运用现代科学技术和精准管理方式，不仅要保证颗粒归仓，更要在整个运输和仓储过程中达到节粮减损的效果。让现代科技驱动智慧农业，助力粮食产业的"五优联动"，让科技助力粮食高质量发展，切实夯实粮食安全这个"压舱石"。

然后，要强化防灾减灾机制，坚持预防为主的基本原则，在全国范围内建立粮食安全的预警和应急系统。国家要坚持以宏观调控为主，按照主要部门负责、关联部门配合的原则，建立信息来源广泛、情报消息准确、反应速度灵敏的粮食安全预警和应急协调机制。从国内粮食供需的生产、消费、贸易等动态变化出发，通过动态监测、风险评估、安全预警、危机预防等环节，构建我国粮食安全的"预警机""防火墙"和"灭火器"。在粮食安全预警和应急技术方面也要加大对数字技术的应用，建设独立的粮食安全预警和应急系统，编制特殊的配套信息处理语言，使用我国自主的信息处理和分析软件，设置单独的网络系统，在各个预警和应急环节做好安全防范措施，提高粮食安全预警和应急系统的运行质量，建立系统完善、方法科学、信息完整、技术领先的粮食安全预警和应急系统。重点关注国内粮食生产环节生产资源的开发利用状况，避免过度开发造成的资源枯竭，做好粮食生产资源的保护和修复工作。也要防范粮食贸易环节国际粮商对我国粮食产业的侵入，保持我国粮食产业在全球粮食市场的国际竞争力，通过科学的反制手段和灵敏的防范机制为保障我国粮食安全的核心利益保驾护航。

最后，积极实施科技入户工程，以现代农业示范工程、规模化良种培育基地、机械化生产示范基地和新型科技创新基地建设为载体，提高新技术、新装备、新器材的集成装配使用率，促进生产效率提升和产业集约化发展[208]。推进农村基层农技推广体系建设，切实抓好资金、责任、人员、工作落实，推进体制机制创新，加强试验示范基地建设，积极培育科技示范户，搞好农技人员培训，做好农村农技推广体制改革与建设工作。提升粮食产业化水平，强化粮食生产组织管理，鼓励农业企业、合作社在农业领域的投资和发展，推进农业科技的应用和创新发展。做好粮食作物病虫害的预防工作，健全粮食生产过程中的预警和监控体系，提升粮食作物的保护能力。加强农业气象灾害预警监测，防止自然灾害的发生。强化良种推广、农作物病虫害防治及农业公共信息等公益性职能。健全农业教育体系，发展农业职业教育，开展农业科技培训，提升种粮农民懂科学、爱科学、用科学的热情，提升科学种粮水平，同时加大对县、乡、村科技部门的政策和资金支持力度，通过培训等措施，全面提高基层农业生产人员的素质。

五、加强多边合作，适度进口虚拟水土资源

在世界经济一体化的带动下，现阶段我国已经成为世界最大的粮食贸易国，与国际粮食市场紧密相连。在利用国际粮食市场调剂国内余缺的同时，也在客观地消耗进口来源地的水土资源。水土资源是粮食安全的基本载体，其本身特有的稀缺性和不可流动性特征让水土资源的区域属性更加明显。然而全球水土资源分布的不均衡性也就决定了世界范围内水土资源密集型产品的供给与需求是错位的，这就让国际水土资源跨区域合作更有必要的现实意义。

　　"适度进口"是根据我国国情、粮情、民情的现实情况，与"中国人的饭碗要牢牢端在自己手中"互为补充，也与"以我为主、立足国内"相协调。然而根据要素禀赋理论和资源配置理论可知，对于一个国家来说，在贸易一体化的国际环境中，过高的粮食自给率会失去国际产品贸易的比较利益，缺少与世界先进国家的产品竞争难免会让自己缺少竞争优势，在阻碍本国发展的同时也影响到经济全球化的进程。为了缓解由此产生的出口国水土资源压力，也为了分散粮食进口集中度和掌握市场话语权，要积极参与世界粮食贸易市场，充分发挥国际市场水土资源高效配置的优势，坚持"走出去"与"引进来"相结合，用好两个市场、两种资源，保障我国粮食安全。

　　根据新形势下的国家粮食安全新战略，我国长期以来以农用化学品的高投入和水土资源的高强度消耗换取产量，这种掠夺式的粮食生产方式已经不足以维持我国粮食的可持续发展，并且粮食的"三量齐增"也在一定程度上影响了我国粮食的供需平衡，增加了我国的财政负担，降低了农民的种粮收入，甚至已经威胁到了未来我国的粮食安全。因此，现阶段有必要从"适度进口"角度出发，探索解决当前我国所面临的粮食安全问题。我们应从虚拟水土资源出发，努力构筑水土资源可持续利用管理的新模式，在实现国家尺度上的优势互补与全球资源合理配置的同时，更注重我国典型的区域间虚拟水土资源量化分析与虚拟水土资源战略研究。面对水土资源具有区域绑定性的特征，除了对国内主产区、主销区、平衡区进行跨区域调配粮食资源之外，更要加强多边合作，扩大对外开放水平，结合上海合作组织等世界合作发展平台，鼓励我国企业向国外扩张[209]，借鉴韩国、日本等人多地少粮足的国家粮食安全保障模式，在全球范围内大力开展"飞地"战略，直接掌握粮农产品供应链的源头——水土资源。同时，在国内通过宏观调控开展轮作休耕制度，让国内水土资源得到休养生息，逐步恢复耕地地力，确保我国耕地的产能保存。一旦遭遇自然灾害、经济危机等突发事件，当国际粮食市场供给出现困难时我国"藏粮于地"的措施保证粮食可以得到迅速恢复。

第三节　水土资源约束下我国粮食安全实现路径的保障机制

　　我国粮食安全路径的实现要有与之相辅相成的保障机制，这是确保水土资源约束下我国粮食安全能够持续、稳定、健康发展的根本。所以本部分从政策制定、组织管理、利益补偿、法律法规、责任追究等方面构建一系列保障机制，以维护我国粮食安全路径的畅通运转。

一、强化政策制定机制

针对我国粮食安全新战略和最新的粮食发展要求，结合我国现实情况，从财政资金、人才政策、优化国内外环境等方面制定积极有效的保障政策，构建粮食安全政策支持体系，让我国粮食体系更加健全和稳健运行。

首先从财政资金入手，综合调整财政资金在粮农领域的投放结构，建好科研奖励补助机制，激发科研人才研究动力。同时通过风险补偿、贷款优惠、财政补贴等多种方式吸引更多社会投资，做大、做活、做强粮食产业。

其次是夯实人才支撑政策，依托地方农业类院校、科研单位、农业部门等对从事农业经营的主体加强技能和科学知识培训，培养一支愿意和能够为乡村振兴和农业发展做贡献的高素质人才队伍。

然后要发挥政府在国内水土资源宏观调控的指导作用，针对粮食水土资源的不合理分布，对粮食主产区、主销区、平衡区制定水土修复、开发利用及利益补偿的相关政策，在保证粮食提质增效的同时推动高标准农田建设，实现各区域粮食种植结构科学高效，推动我国粮食产业的高质量发展。

最后是综合考虑我国粮食政策与国际规则的适应性，继续优化与完善我国的农业支持保护政策。我国农业改革发展的道路要与时俱进，基于国内农业政策基础，创新国际规则约束下的政策空间，提升运用国际规则的意识和能力，积极主动地在国际农业规则的谈判和制定中发挥大国作用，推动和引领国际农业规则的重塑。要在粮食安全支持政策、进出口限制、检疫标准制定等议题上发挥引领主导作用，推动我国粮农政策与国际规则接轨。

二、创新组织管理机制

粮食生产的适度规模化是未来发展的必然趋势，粮食生产主体结成的现代化的组织团体是提升粮食产能的重要力量，根据主体多元化、形式多样化、服务专业化的组织管理原则，培育多类型、多专业、多功能的粮农组织队伍。

首先是发挥组织管理的优越性，以保护好我国既有水土资源为基础，合理规划和开发水土资源，协调好现有水土资源与后备粮食生产资源的平衡有序发展，让基层组织团体成为我国"藏粮于地"的最后一道坚实防线。

其次是发挥行政管理部门和社会公益组织的能动性，鼓励多种类型农业合作组织模式的发展，积极宣传和引导广大有志青年和技术能人加入粮农组织队伍中，同时支持组建有经验、有技术、有活力的农业企业和各类合作社，带动和引领这些组织加入生产链条中，在农田托管、收割运输、农机化肥、技术服务等环节形成分工专业、市场运营、工作高效的专业化组织队伍，保障农作期间提供全程化、标准化、精准化的技术指导服务，推动"藏粮于技"战略的落地发展。给予专业化服务公司足够的市场优惠和政策红利，让其发挥资金优势和组织优势，积极进入农业市场和田间地头，运用各种推销模式推动农业现代化发展，让农民感受到组织化管理的好处，以便尽早地接触和融入现代化农业生产中，让有限的农业资源在组织管理的作用下发挥最大的效能[210]。

最后是统一运作粮食的产、购、储、加、销各个环节，降低生产成本，提升价值链、延长产业链、打造供应链，朝着"五优联动""三链协同"的方向发展，让各级组织管理体系为我国的粮食安全构筑一堵坚实的铜墙铁壁。

三、完善利益补偿机制

现阶段国际粮食贸易环境受到单边贸易保护势力、全球疫情、局部地区冲突等政治经济因素的影响，加剧了我国当前及未来利用外部粮源和国际粮食市场的不确定性。因此需要平衡国内粮食利益补偿机制，化解国内粮价倒挂与农民增收之间的矛盾，解决粮食产销区粮食生产机会成本问题，激发我国粮食生产积极性，提高粮食生产能力，构建高效稳定的国内粮源供应机制，不断深化和完善开放型国家粮食安全保障体系建设。

完善我国粮食利益补偿机制，有利于水土资源丰富的粮食产区在工农业剪刀差的情况下保存和保护现有耕地，种粮农民愿意继续从事粮食生产；同时有利于水土资源良好地区推行粮食安全新战略，落实"藏粮于地、藏粮于技"战略，打造高标准农田。

一是完善我国粮食价格与农民增收的利益补偿机制。随着国内外市场环境的变化，当前实行的粮食价格政策已经不再适应现阶段的粮食增产与粮农增收要求，也不完全符合不同品种与品质粮食的比价关系。当供过于求时，市场价格与最低收购价都会降低，农民收益减少。当供给不足时，短期内国内粮价上涨，但国内市场很快就会被国际低廉的同种类粮食抢占。这就容易出现"谷贱伤农"和国内粮食市场被国际粮商控制的现象。对此，在国内农业转型升级与改革发展的背景下，迫切需要发挥政策引导作用，理顺粮价关系，形成合理粮食比价，以科学合理的生产引导政策和市场价格制度，引导农民按照供给侧结构性改革的要求进行农业作业，促使不同种类、不同品质的粮食供给结构合理、市场价格稳定，确保粮食生产供应稳定、农民持续增收、政策行之有效。

二是完善我国粮食主产区与主销区利益补偿机制。我国长期坚持宏观调控的粮食安全政策，粮食主产区担负着保障全国粮食安全的重任。根据"谁受益、谁补偿"的原则，以粮食主产区亩均成本和收益为最低标准，国家协调财政资金和粮食需求地区对粮食主产区进行补偿。完善粮食主产区种粮奖补标准，建立科学合理的粮食利益补偿体系，落实财政转移支付工作。依据粮食的流入流出数量，对标人均 GDP 水平和劳动力价格，科学计算转移支付和财政补贴规模，保证粮食生产地区的财政收入和农民的种粮收益。制定合理的休耕补偿机制及标准，缓解日益凸显的人地水矛盾，促进农业可持续发展和推动粮食安全保障体系建设[211]。健全对粮食主产区的粮食生产建设补贴项目，完善对高标准农田、水利设施工程、农业开发项目等的补贴标准，整体规划和使用农业专项资金，让各类农业项目能够高标准地建设和运行。

四、健全法律法规机制

法律法规是确保"藏粮于技"战略落实和实现科技兴农的有力法宝，能够让科研成果和发明专利的知识产权得到保护，为壮大科研队伍、提升科研热情、激发研发潜力、提高科研人员收入、实现科研价值提供有力支撑；能够丰富科研成果，促进成果转化，实现科研创收，更为我国掌握最新的科学产品和推广运用先进的农业技术、建立现代化的粮食安全预警和应急系统、实现科技入户工程、提升广大民众的科学素养等保驾护航。法律法规机制体系的健全完善和行之有效的落地实施能力是从制度上保障我国粮食安全的一项重要内容，也是稳健运行国家各项政策的重要保证。因此要坚决推进依法治粮，把粮食种子研发、生产作业、仓储流通、食品加工、风险预警等机制作为一项重要内容纳入立法程序，建立完备的粮食相关法律制度，改善宏观调控的滞后性，摆脱计划经济体制下依靠行政命令配置资源的路径依赖，增强粮食安全预期调控的前瞻性，为提高宏观调控能力提供坚实的法律保障。

面对已经实行的《中华人民共和国粮食安全保障法》，认真借鉴国外有关粮食法律法规的成功经验，全面梳理国内现行的《中华人民共和国乡村振兴促进法》《中华人民共和国耕地占用税法》《中华人民共和国土壤污染防治法》等与粮食相关的法律法规，从国内水土资源等环节出发，做好资源管控、知识产权和专利保护等，并与粮食宏观调控机制相衔接。坚持"以我为主""立足国内"，在保障国家粮食生产供应充足的前提下通过"适度进口"来调整国内粮食余缺，坚持国家对粮食的宏观调控政策和省长责任制的管理机制，让粮食工作科学合理开展。通过制定粮食法律法规约束参与者的行为，严格控制生化产品的投入和使用标准，规范过程中的操作行为，让生产者、经营者、消费者的合法权益得到保护。坚持法律法规内容与粮食产业发展现实情况相符合，切实提高粮食立法质量。同时要加强行政执法，通过各种案件经验不断填充法律漏洞，健全粮食法律法规。还要坚持有法可依、有法必依、执法必严、违法必究，加大对粮食安全事件违法犯罪活动的震慑力度，防范违法事件的发生。健全粮食安全管理机制，完善粮食安全检验检测体系，让粮食安全相关法律法规成为保障我国粮食安全的一道坚实屏障，从而使粮食安全长效机制得以构建。

五、明确责任追究机制

责任追究制度是社会民主制度的阶段性产物，对于监管和规范行政执法人员的责任和执法行为、推进民主制度的规范化进程、建设服务型政府具有重要的现实意义。粮食安全是国家安全的重要组成部分，基于《中华人民共和国粮食安全保障法》，在粮食领域建立责任追究制度具有重要意义。考虑到现存粮食安全监管责任追究机制存在的不足，个人认为实现粮食监管责任追究保障机制的途径，可以从以下几方面实施。

建立系统完善的责任追究体系是工作开展的基础。第一，明确责任追究的主体和客体。一旦遇到粮食安全相关事件，要明确责任人，既要同体问责，也要异体问责。同体问责主要是指在本行业系统内部明确责任人和相关所属关系负责任人的责任，每件事具体到单位和个人。异体问责是指人大和司法机关对粮食安全问题的问责。严格执行"权责一致"的制度原则，避免出现重复监管和真空监管。按照当前的法律法规，我国粮食安全是多部门共同负责和多部门共同监管的体制，所以除了现在明确的粮食安全党政同责外，还要明确粮食安全的责任追究的主体和客体。第二，合理制定责任追究方式。粮食安全的特殊性和问题的复杂性决定了粮食安全的责任追究方式不能只是行政处分，要采用多种方式监管和多种方法并用的问题解决途径。这样既能提高监管主体的工作效率，也能保护受害群体的既有利益，加强对监管主体的监督和制约作用。第三，完善责任追究程序监管。现阶段的粮食安全责任追究和监管机制是比较薄弱的，责任追究体系的完善只是明确了追究的主体与客体，然而社会的发展要求我们不仅要有科学合理的责任追究程序，还要利用互联网大数据技术补充监管的方式和方法，与时俱进地保障粮食安全责任追究机制的高效运行，确保责任追究的公平公正。

构建责任追究与监督机制是保证工作完成的重要抓手。一方面，补充外部主体追究机制，主要是加强人大、司法机关、广大人民群众的监管。人大是行政机关的责任追究主体，具有最高的问责权力，所以要从立法和制度设计方面加强人大对粮食安全相关问题的责任追究作用。法治社会中要完善司法制度改革，保障司法执行过程中的独立性和公正性，补充行政诉讼法在粮食行业的应用范围，扩大司法机关对粮食领域的监管范围，让与粮食有关的行政活动都符合法律法规的要求。广大人民群众是发挥社会监督的重要力量，让公民、团体、媒体等参与粮食安全的监督管理工作，充分发挥他们的民主积极性。外部监管机制主要是一种事后监督，通过层级审查、审计监督、行政问责等方式进行。另一方面，监管机构内部的监督也是一支不可忽视的队伍，是推动传统监管机制改革的重要力量。内部监督是一种涉及事前、事后、事中的监督方式。这种方式更加高效便捷，降低犯错概率，减少监管成本。

第四节　本章小结

本章主要结合我国水土资源与粮食安全的研究结果和当前我国粮食安全遇到的相关问题，从国际政治经济大环境和国家以国内大循环为主体、国内国际双循环相互促进的新发展格局，按照粮食安全新战略的要求，基于粮食主权原则、粮食安全原则、粮食产业安全原则、可持续发展原则，从"以我为主、立足国内、确保产能、科技支撑、适度进口"等方面提出水土资源约束下我国粮食安全的实现路径，并以"政策制定、利益补偿、组织管理、法律法规、责任追究"为保障机制来维护我国粮食安全。

第十章　结论及展望

第一节　研究结论

本书重点分析水土资源约束下我国粮食安全的制约因素及其实现路径和保障机制。结合理论与实证分析并用的研究方法，首先对我国现阶段的粮食安全基本状况进行阐述。其次根据 2001—2021 年我国 13 个粮食主产区的面板数据，就我国实体水土资源对粮食安全的制约因素进行分析，同时用粮食贸易数据对我国粮食虚拟水土资源国际贸易的影响因素及潜力进行分析。然后根据实证分析结果与国家粮食安全新战略的要求，结合粮食主产区各省份水土资源各不相同的状况，构建水土资源约束下我国粮食安全发展模式。接着以实证结果为依据，按照国家粮食产业带的建设思路，结合不同品种粮食生产规律、各区域水土资源和气候资源状况，在全国勾勒出符合各种粮食生产和各地域需求的粮食产业带。最后依据国家粮食安全新战略和国家粮食安全战略总纲，提出符合粮食安全实际需要和能够落地实施的实现路径和保障机制。本书的研究结论具体如下。

（1）我国粮食的"三量齐增"现象说明国内粮食总量充足，结构性缺口较大。城市化进程的快速发展提升了人民的生活水平，带动了工业用粮和饲料用粮的需求增长。玉米和大豆作为主要原料，具有进口数量庞大、品种单一、集中度高的特点，这种特征容易受制于粮食出口大国，同时受国际政治情况、经济金融情况、自然灾害等影响较大，国际粮食资源来源不稳定。国内大量使用农用化学品所生产的粮食引发了一系列的粮食质量安全和生态环境污染问题。再加上水土资源的高强度利用与养护措施缺乏，让本就不充足、不均衡、地区分布差异大的水土资源再次陷入不可持续发展的困境。

（2）研究发现，我国连丰的粮食产量是以水土资源的高消耗和农用化学品的高投入为代价。粮食主产区水—土—粮的匹配系数较低，远低于全国平均水平，并且处于继续降低趋势。粮食主产区既有的水土资源是极不匹配的，资源要素对粮食的制约作用较强，多年来粮食主产区为国家产出了充足的粮食，同时付出了极大的资源和经济代价。为了能够保障我国粮食的长久安全，可以考虑采用"飞地"战略，建设"海外粮仓"，这也是让国内的水土资源得到休养生息的一种调整策略，让我国粮食"藏粮于地"，实现国内自然资源的可持续发展与粮食的长久安全。

（3）研究期内我国粮食主产区粮食作物虚拟水土资源盈余量充足、平稳运行、空间变化也符合规律，粮食主产区能够保证本地区的粮食安全。粮食主销区对粮食的需求则需要通过国内省际宏观调控和国际粮食贸易来获取粮源，因此国家需要对粮食主销区和主产区进行利益平衡，从全国的层面进行宏观调控。自由贸易协定、出口国经济水平、临海等因素对国际粮食资源贸易具有促进作用，其中俄罗斯是有较大粮食资源贸易潜力的国家。在接下来的国际粮食资源获取中，我国应继续积极倡导和组建国际合作组织，共建合作平台，通过多种方式寻找更加优质、便捷、安全的粮源对象。

（4）探索新的粮食安全发展模式和建设国家粮食产业带是未来我国粮食产业发展和保障国家粮食安全的重要举措。中国式现代化建设是在深刻把握我国特殊的国情和民情基础上进行的，而我国特殊的国情决定了我国的粮食产业发展不能完全走国外规模化、产业化、标准化道路。依据全国水土资源的不同分布和粮食生产的不同状况，以粮食产业带建设为重点，以各种粮食发展模式为参考，以各地区粮食产业需求为导向，在确保各地区粮食稳产保供的前提下，探索各区域适宜发展的粮食安全模式，建设科学高效的粮食产业带，是未来保障我国粮食安全的重要举措。

（5）我国未来的粮食安全需要基于粮食安全新战略，从国内国际双循环中寻找和探索出路。首先要从政策层面着手，高屋建瓴地从自然资源、科研队伍、利益机制等方面整体布局国内粮食资源。其次要从国内出发，从粮食主产区入手，确保国内能够生产充足、健康、安全的粮食产品，保证国内具有充足的粮食产能。然后要重视科技对粮食安全的重要作用，从粮种研发到生产再到粮食储备等，让科学技术为粮食安全保驾护航。最后不能拒绝国外优质的粮食资源，不仅要让国外优质粮食补充我国粮食的结构性余缺，更要让世界粮农资源为我国生产粮食，把握粮食安全主动权，增强国际竞争力。

第二节　未来展望

本书认为，近年席卷全球的新冠疫情以及各种突发事件，是对我国粮食安全的一次考验，更是对世界粮食安全的一次考验。在新发展格局下，我国更要立足国内粮食安全状况与世界粮农资源发展现状，不断充实和完善我国粮食安全实现路径与保障机制。水土资源是约束我国粮食安全的重要影响因素，而粮食安全是一个体系庞大的系统性工程，关系到自然资源、社会稳定、政治经济等方方面面，所以本书对我国粮食安全的研究与探索也只是一个工作的起点，还有更多、更广、更复杂的问题需要进一步深化。随着研究队伍的扩大、数据资料的更新、研究方法与理论的完善，未来针对我国粮食安全问题的研究可以尝试从以下内容中继续深入。

（1）继续尝试将经济管理理论运用到粮食安全研究领域。粮食作为第一产业中的重点产品，与社会学中很多基础理论息息相关。在经济管理方面的很多理论可以尝试用于研究和分析粮食安全存在的很多现象，为新时期粮食安全问题的解释和解决提供新的研究视角和思路。

（2）不断完善用各种分析方法实证检验我国粮食安全状况。在分析我国粮食安全和水土资源对粮食安全约束的实证研究部分，本书构建了一系列指标体系并运用了一些常用的实证方法，但是受制于本人能力和时间问题，再加上数据的可量化等原因，有些指标和数据的选取难免不尽如人意。在接下来的研究中，应该注重实证分析中指标选取的准确性、科学性、实用性，以期能够更好地测度和分析实证研究的对象，提高粮食研究的客观准确性。

（3）持续深化我国粮食安全模式研究和不断加强各区域粮食产业带建设。我国地域辽阔、人口众多、地域类型多样、粮食生产资源丰富，从多角度多层面探寻符合我国新发展阶段需求的粮食安全模式是农业新质生产力发展的重要源泉。聚焦不同地区、不同品种、不同条件的粮食产业带建设，是一个长期且充满挑战的系统工程，也是未来我国粮食产业多样化、多元化和差异化发展的必然趋势。这对保障国家粮食安全，提升农业竞争力和掌握粮食行业话语权具有重要意义。

（4）进一步深入探索用国际粮农资源来保障我国粮食安全。虽然在本书中采用描述性分析和实证研究相结合的方法就国际粮农资源对保障我国粮食安全的研究做了实证检验和总结，但是在研究过程中也只是从效率和潜力方面探讨了影响我国进口国际粮食资源的因素和潜力，并没有考虑更具体的粮食品种、作物生长环境、自然资源等因素。因此，为拓展我国粮食进口资源、提升粮农市场国际竞争力、加强粮农资源控制力来保障我国粮食资源的稳定充足供给，接下来应该充分考虑国际及国内相关的粮农政策和发展变化等情况，完善相关研究。

参 考 文 献

［1］ Brown L R. Who will feed China? Wake‐Up Call for a Small Planet ［M］. London：W W Norton ＆ Company，1994.

［2］ 罗必良．小农的种粮逻辑与中国粮食安全策略 ［N］. 粮油市场报，2020‐09‐15 （B03）.

［3］ 联合国粮食及农业组织．2022 年世界粮食安全和营养状况报告 ［R］. 2022‐07‐06.

［4］ 曲颂，屈佩，谢亚宏．维护世界粮食安全的积极力量 ［N］. 人民日报，2022‐04‐08 （003）.

［5］ Global Network Against Food Crisis，2020 Global Report on Food Crises ［R］. 2020：25‐30.

［6］ 黄季焜．中国粮食安全与农业发展：过去和未来 ［J］. 中国农业综合开发，2020 （11）：8‐10.

［7］《国务院办公厅关于防止耕地"非粮化"稳定粮食生产的意见》.

［8］《中华人民共和国粮食安全保障法》.

［9］《中共中央 国务院关于学习运用"千村示范、万村整治"工程经验有力有效推进乡村全面振兴的意见》.

［10］ 习近平．坚持把解决好"三农"问题作为全党工作重中之重 举全党全社会之力推动乡村振兴 ［J］. 求是，2022 （4）：4‐10.

［11］ http：//www. moa. gov. cn/ztzl/ymksn/rmrbbd/202412/t20241219＿6468169. htm.

［12］ 刘志强，郁静娴．我国粮食年产量首次迈上 1.4 万亿斤新台阶 ［N］. 人民日报，2024‐12‐14 （001）.

［13］ 程国强．中国需要新粮食安全观 ［J］. 乡村科技，2017 （6）：10‐11.

［14］ https：//baijiahao. baidu. com/s? id＝1816098059561502471＆wfr＝spider＆for＝pc.

［15］ Nawaz A，Farooq M，Ul‐Allah S，et al. Sustainable Soil Management for Food Security in South Asia ［J］. Journal of Soil Science and Plant Nutrition，2021，21 （1）：258‐275.

［16］ 联合国人口基金会．2020 年世界人口状况报告 ［R］. 2020：20‐23.

［17］ 王国敏，侯守杰．新冠肺炎疫情背景下中国粮食安全：矛盾诊断及破解路径 ［J］. 新疆师范大学学报（哲学社会科学版），2021 （1）：1‐14.

［18］ 魏君英，夏旺．农村人口老龄化对我国粮食产量变化的影响：基于粮食主产区面板数据的实证分析 ［J］. 农业技术经济，2018 （12）：41‐52.

［19］ Zhang H. The Characteristics of China's Aging Population and its Impact on the Socioeconomic Development ［J］. Anhui Agricultural Science Bulletin，2018.

［20］康绍忠. 中国农业节水十年：成就、挑战及对策 ［J］. 中国水利，2024，（10）：1-9.

［21］冯欣，刘子萱，姜文来. 基于模糊数学模型的中国农业用水价值研究 ［J/OL］. 中国农业资源与区划，1-12 ［2024-12-28］.

［22］董洁芳，李德山，张亮林. 中国农业用水效率区域差异与空间交互机理研究 ［J］. 水生态学杂志，2023，44 (3)：26-34.

［23］石玉林，唐华俊，王浩，等. 中国农业资源环境若干战略问题研究 ［J］. 中国工程科学，2018，20 (5)：1-8.

［24］吴普特，赵西宁. 气候变化对中国农业用水和粮食生产的影响 ［J］. 农业工程学报，2010，26 (2)：1-6.

［25］艾慧，郭得恩. 地下水超采威胁华北平原 ［J］. 生态经济，2018，34 (8)：10-13.

［26］尚旭东，朱守银，段晋苑. 国家粮食安全保障的政策供给选择：基于水资源约束视角 ［J］. 经济问题，2019 (12)：81-88.

［27］Wesenbeeck C，Keyzer M A，Veen W，et al. Can China's overuse of fertilizer be reduced without threatening food security and farm incomes? ［J］. Agricultural Systems，2021，190 (108)：10-30，93.

［28］O'Neill B，Sprunger C D，Robertson G P. Do soil health tests match farmer experience? Assessing biological，physical，and chemical indicators in the Upper Midwest United States ［J］. Soil Science Society of America Journal，2021，85 (3).

［29］Zhou Y，Li X，Liu Y. Cultivated land protection and rational use in China ［J］. Land Use Policy，2021，106 (1).

［30］马瑞明，郧文聚. 耕地退化敲响粮食安全警钟 ［N］. 中国科学报，2019-12-03 (005).

［31］王钢，赵霞. 市场持续开放背景下中国粮食贸易自主权面临的风险及应对之策 ［J］. 新疆社会科学，2020 (1)：33-42，151.

［32］Jessica W，William M. Stringency of Movement Restrictions Linked With Higher Retail Food Prices but Not Overall Frices for All Consumer Goods During COVID-19 Pandemic ［J］. Current Developments in Nutrition，2021 (Supplement_2)：Supplement_2.

［33］Wesenbeeck C，Keyzer M A，Veen W，et al. Can China's overuse of fertilizer be reduced without threatening food security and farm incomes? ［J］. Agricultural Systems，2021，190 (108)：103093.

［34］Shang Li. A Study on China's Food Trade Dilemma and Solutions from the Perspective of Sino-US Trade Friction ［C］//0.

［35］Yi W. Analysis of the Difficulties inthe Integration of Grain Supply Chain ［J］. Modern Food，2017.

［36］高群，曾明. 全球化与能源化双重视角下的国内粮食安全研究 ［J］. 江西社会科学，

2018，38（11）：68－77.

[37] 尹成杰. 关于提高粮食综合生产能力的思考［J］. 农业经济问题，2005（1）：5－9.

[38] 樊闽，程锋. 中国粮食生产能力发展状况分析［J］. 中国土地科学，2006（4）：46－51.

[39] 郭燕枝，郭静利，王秀东. 我国粮食综合生产能力影响因素分析［J］. 农业经济问题，2007（12）：22－25.

[40] Cao X，Wu Mg，Zheng Y，et al. Can China achieve food security through the development of irrigation？［J］. Regional Environmental Change，2018，18（2）.

[41] Cheng M，Ming Liang L I，Chen Z H，et al. Empirical study on the effect between agricultural mechanization and grain yield in China［J］. Guangdong Agricultural Sciences，2013.

[42] 何蒲明，王雅鹏. 我国粮食综合生产能力的实证研究［J］. 生态经济，2008（5）：28－30.

[43] Sun S，Hu R，Zhang C，et al. Do farmers misuse pesticides in crop production in China？Evidence from a farm household survey［J］. Pest management science，2019，75（8）：2133－2141.

[44] Wu J，Ge Z，Han S，et al. Impacts agricultural industrial agglomeration on China's agricultural energy efficiency：A spatial econometrics analysis［J］. Journal of Cleaner Production，2020，20（6）：1－10.

[45] 傅龙波，钟甫宁，徐志刚. 中国粮食进口的依赖性及对粮食安全影响［J］. 管理世界，2001（3）：135－140.

[46] 刘晓梅. 我国粮食安全战略与粮食进口规模［J］. 宏观经济研究，2004（9）：16－41.

[47] 李晶晶. 直面粮食进口安全［J］. 中国外资，2005（8）：20－22.

[48] 汤洋，刘书琪. 适度进口粮食确保粮食安全［J］. 黑龙江粮食，2007（6）：15－17.

[49] 沈茂胜. 我国粮食进口自给率及粮食安全问题的思考［J］. 粮油加工，2010（1）：42－47.

[50] 操信春，吴普特，王玉宝，等. 中国灌区粮食生产水足迹及用水评价［J］. 自然资源学报，2014，29（11）：1826－1835.

[51] 刘聪. 中国粮食生产水资源利用特征评价［J］. 华中农业大学学报（社会科学版），2017（4）：22－29，146.

[52] 吕娜娜，白洁，常存，等. 近50年基于农作物种植结构的新疆绿洲农田蒸散发时空变化分析［J］. 地理研究，2017，36（8）：1443－1454.

[53] 罗海平，黄晓玲. 我国粮食主产区粮食生产中的水资源利用及影响研究［J］. 农业经济，2020（2）：3－5.

[54] Nordhuas W. Lethalmodel2：the limits to growth revisited［J］. Brookings Papers on Economic Activity，1992（2）：1－59.

［55］Romer D. Advanced Macroeconomics ［M］. Second Edition，Shanghai：Shanghai University of Finance，Economics Press，2003：31 - 33.

［56］薛俊波，王铮，朱建武，等 . 中国经济增长的"尾效"分析 ［J］. 财经研究，2004 (9)：5 - 14.

［57］谢书玲，王铮，薛俊波 . 中国经济发展中水土资源"增长尾效"分析 ［J］. 管理世界，2005 (7)：22 - 25，54.

［58］章恒全，张陈俊，张万力 . 水资源约束与中国经济增长：基于水资源"阻力"的计量检验 ［J］. 产业经济研究，2016 (4)：87 - 99.

［59］李明辉，周林，周玉玺 . 水资源对粮食生产的阻尼效应研究：基于山东 2001—2016 年数据的计量检验 ［J］. 干旱区资源与环境，2019，33 (7)：16 - 23.

［60］Allan T. School of Oriental. Fortunately there are substitutes for water：other wise our hyd ropolitical fiitures would be impossible. ［J］. 1993.

［61］程国栋 . 虚拟水：中国水资源安全战略的新思路 ［J］. 中国科学院院刊，2003 (4)：260 - 265.

［62］Chapagain A K，Hoekstra Y. Virtual water trade：A quantification of virtual water flows between nations in relation to international trade of livestock and livestock products ［C］//Hoekstra Y. Virtual water trade：Proceedings of the international expert meeting virtual water trade. The Netherlands：IHE Delft，2003.

［63］钟华平，耿雷华 . 虚拟水与水安全 ［J］. 中国水利，2004 (5)：5，22 - 23.

［64］徐中民，龙爱华，张志强 . 虚拟水的理论方法及在甘肃省的应用 ［J］. 地理学报，2003 (6)：861 - 869.

［65］周俊菊，王静爱，石培基 . 虚拟水及其缓解区域水资源短缺中应用研究 ［J］. 生态经济，2005 (9)：26 - 30.

［66］尚海洋，徐中民，王思远 . 不同消费模式下虚拟水消费比较 ［J］. 中国人口·资源与环境，2009，19 (4)：50 - 54.

［67］尚海洋 . 虚拟水视角下居民消费特征分析：2006—2012 年河南省与甘肃省的比较 ［J］. 资源开发与市场，2014，30 (11)：1324 - 1328.

［68］柯兵，柳文华，段光明，等 . 虚拟水在解决农业生产和粮食安全问题中的作用研究 ［J］. 环境科学，2004，(2)：32 - 36.

［69］刘红梅，李国军，王克强 . 中国农业虚拟水国际贸易影响因素研究：基于引力模型的分析 ［J］. 管理世界，2010 (9)：76 - 87，187.

［70］马超，许长新，田贵良 . 中国农产品国际贸易中的虚拟水流动分析 ［J］. 资源科学，2011，33 (4)：729 - 735.

［71］孙才志，韩雪，秦晓楠 . 中国区际间农产品虚拟水流动格局稳定性 ［J］. 地理研究，2014，33 (3)：478 - 489.

［72］王红瑞，王岩，王军红，等 . 北京农业虚拟水结构变化及贸易研究 ［J］. 环境科学，2007 (12)：2877 - 2884.

[73] 徐中民，宋晓谕，程国栋．虚拟水战略新论 [J]．冰川冻土，2013，35（2）：490 - 495.

[74] 田贵良，贾琨颢，孙兴波，等．干旱事件影响下虚拟水期权契约的提出及其定价研究 [J]．农业技术经济，2016（9）：28 - 40.

[75] 陈佑启．我国耕地利用变化及其对粮食生产的影响 [J]．农业工程学报，2000，16（6）：29 - 32.

[76] 郭毅，赵景波．咸阳市建国 60 年来耕地利用因素与粮食生产相关分析 [J]．干旱地区农业研究，2010，28（5）：203 - 210.

[77] 胡岳岷．中国未来粮食安全论 [M]．北京：科学出版社，2006：61.

[78] 张凤荣，张晋科，张迪，等．1996—2004 年中国耕地的粮食生产能力变化研究 [J]．中国土地科学，2006（2）：8 - 14.

[79] 傅泽强，蔡运龙，杨友孝，等．中国粮食安全与耕地资源变化的相关分析 [J]．自然资源学报，2001（4）：313 - 319.

[80] 张士功，王建湘．从粮食安全角度审视加强我国耕地资源保护的重要性 [J]．中国食物与营养，2005（5）：12 - 14.

[81] 聂英．中国粮食安全的耕地贡献分析 [J]．经济学家，2015（1）：83 - 93.

[82] 苏小姗，祁春节，田建民．水资源胁迫下基于粮食安全的现代农业技术创新趋势及策略 [J]．农业现代化研究，2012，33（2）：207 - 210.

[83] 马述忠，叶宏亮，任婉婉．基于国内外耕地资源有效供给的中国粮食安全问题研究 [J]．农业经济问题，2015，36（6）：9 - 19，110.

[84] 饶应祥，陆红生，徐勋光，等．如何测算人均耕地警戒值 [J]．农业技术经济，1999（3）：32 - 34.

[85] 饶应祥，陆红生，徐勋光，等．如何测算人均耕地警界值 [J]．中国土地科学，1999（6）：30 - 32.

[86] 蔡运龙，傅泽强，戴尔阜．区域最小人均耕地面积与耕地资源调控 [J]．地理学报，2002（2）：127 - 134.

[87] 谭术魁，张路，齐睿．基于系统动力学区域耕地压力指数研究 [J]．自然资源学报，2012，27（5）：757 - 765.

[88] 王燕辉，陈卓，曹禺，等．河北省近 20 年耕地生态安全动态变化及阻力分析 [J]．水土保持研究，2017，24（1）：194 - 199，206.

[89] 黄亚捷，叶回春，张世文，等．基于自组织特征映射神经网络的中国耕地生产力分区 [J]．中国农业科学，2015，48（6）：1136 - 1150.

[90] 匡丽花，叶英聪，赵小敏，等．基于改进 TOPSIS 方法的耕地系统安全评价及障碍因子诊断 [J]．自然资源学报，2018，33（9）：1627 - 1641.

[91] 罗翔，曾菊新，朱媛媛，等．谁来养活中国：耕地压力在粮食安全中的作用及解释 [J]．地理研究，2016，35（12）：2216 - 2226.

[92] 林正雨，何鹏，李晓，等．基于耕地压力指数的四川省粮食安全状况研究 [J]．中国

农业资源与区划，2015，36（7）：19-24.

[93] 胡聪，邓正苗，谢永宏，等.1984年以来湖南省耕地压力与粮食安全初步研究［J］.
农业现代化研究，2015，36（2）：259-264.

[94] 喻保华.河南省耕地压力指数动态分析与预测［J］.中国农业资源与区划，2015，36
（6）：17-21.

[95] 杨伟州，郭硕，于莉，等.沧州市人口—耕地—粮食协调发展关系时空变异［J］.水
土保持研究，2016，23（1）：253-259.

[96] 张鹏岩，庞博，何坚坚，等.耕地生产力与粮食安全耦合关系与趋势分析：以河南省
为例［J］.地理科学，2017，37（9）：1392-1402.

[97] 瞿商，杨祖义.粮食安全与中国耕地关系的动态调整：基于1980—2004年中国虚拟
耕地及其贸易的研究［J］.当代中国史研究，2009，16（2）：69-75，127.

[98] 吴锋，毛德华，王红.粮食安全背景下的虚拟耕地研究［J］.国土资源科技管理，
2009，26（2）：51-55.

[99] 陈伟华，张琼，毛德华，等.中国虚拟耕地贸易分析及战略选择［J］.甘肃农业，
2010（4）：40-42.

[100] 曹冲，夏咏，丁晨晨.虚拟耕地资源与农业经济增长：作用机理及贡献份额研究
［J］.长江流域资源与环境，2020，29（12）：2816-2826.

[101] Chapagain A K，Hoekstra A Y. Virtual water trade：A quantification of virtual water
flows between nations in relation to international trade of livestock and livestock prod-
ucts［C］//Hoekstra A Y. Virtual water trade：Proceedings of the international
expert meeting on virtual water trade. The Netherlands：IHE Delft，2003.

[102] Hoekstra A Y，Hung P Q. Globalisation of water resources：international virtual
water flows in relation to crop trade［J］. Global Environmental Change，2004，15
（1）：45-56.

[103] Hoekstra A Y，Chapagain A K. Water footprints of nations：Water use by people as a
function of their consumption pattern［J］. Water Resources Management，2007
（21）：35-48.

[104] Huang J K，Rozelle S. Environmental Stress and Grain Yields in China［J］. Ameri-
can Journal of Agricultural Economics，1995，77（4）：853-864.

[105] Zimmerman A，Heckelei T，Dominguez I P. Modeling Farm Structural Change for
Integrated Ex-ante Assessment：Review of Methods and Determinants，Environmen-
tal Science & Policy，2009（5）：601-618.

[106] Tamea J A，Carr F Laio，et al. Drivers of the virtual water trade［J］. Water
Resources Research，2014，50（1）：17-28.

[107] 成丽，方天堃，潘春玲.中国粮食贸易中虚拟耕地贸易的估算［J］.中国农村经济，
2008（6）：25-31.

[108] 马博虎，张宝文.中国粮食对外贸易中虚拟耕地贸易量的估算与贡献分析：基于

1978—2008 年中国粮食对外贸易数据的实证分析 [J]. 西北农林科技学报（自然科学版），2010，38（6）：115 - 119，126.

[109] 闫丽珍，石敏俊，闵庆文，等. 中国玉米区际贸易与区域水土资源平衡 [J]. 资源科学，2008（7）：1032 - 1038.

[110] 贾培琪，吴绍华，李啸天，等. 中国省际粮食贸易及其虚拟耕地流动模拟 [J]. 地理研究，2016，35（8）：1447 - 1456.

[111] 刘红梅，王克强. 中国粮食虚拟土地资源进口的实证分析 [J]. 中国农村经济，2007（11）：26 - 33，51.

[112] 封志明，李香莲. 耕地与粮食安全战略：藏粮于土，提高中国土地资源的综合生产能力 [J]. 地理学与国土研究，2000（3）：1 - 5.

[113] 余振国，胡小平. 我国粮食安全与耕地的数量和质量关系研究 [J]. 地理与地理信息科学，2003（3）：45 - 49.

[114] 吕新业，冀县卿. 关于中国粮食安全问题的再思考 [J]. 农业经济问题，2013，34（9）：15 - 24.

[115] 柯新利. 我国耕地保护目标责任及区域补偿研究进展 [J]. 华中农业大学学报（社会科学版），2014（1）：117 - 123.

[116] 朱晶. 农业公共投资、竞争力与粮食安全 [J]. 经济研究，2003（1）：13 - 20，92.

[117] 曾福生. 建立农地流转保障粮食安全的激励与约束机制 [J]. 农业经济问题，2015，36（1）：15 - 23，110.

[118] Yunusa I A M, Zerihun A, Gibberd M R. Analysis of the nexus between population, water resources and Global Food Security highlights significance of governance and research investments and policy priorities [J]. Journal of the ence of Food & Agriculture, 2018.

[119] 李国祥. 2020 年中国粮食生产能力及国家粮食安全保障程度分析 [J]. 中国农村经济，2014（5）：4 - 12.

[120] 姚成胜，邱雨菲，黄琳，等. 中国城市化与粮食安全耦合关系辨析及其实证分析 [J]. 中国软科学，2016（8）：75 - 88.

[121] 韩立民，李大海. "蓝色粮仓"：国家粮食安全的战略保障 [J]. 农业经济问题，2015，36（1）：24 - 29，110.

[122] 孙致陆. 贸易开放改善了粮食安全状况吗：来自跨国面板数据的经验证据 [J]. 中国流通经济，2022，36（3）：80 - 92.

[123] Duggan N, Naaraj Rvi T. China in Global Food Security Governance [J]. Journal of Contemporary China, 2015, 24 (95): 1 - 18.

[124] Sartori M, Schiavo S. Connected we stand: A network perspective on trade and global food security [J]. Food Policy, 2015, 57: 114 - 127.

[125] Carr J A, D'Odorico P, et al. Recent history and geography of virtual water trade [J]. PlOS ONE, 2013, 8 (2): 1 - 9.

[126] 肖春阳. 中外粮食、粮食安全概念比较 [J]. 黑龙江粮食，2009 (2)：40-43.

[127] 王晨. 预期利润、农业政策调整对中国农产品供给的影响 [J]. 中国农村经济，2018 (6)：101-117.

[128] 欧璇，侯杰. 国内外粮食安全指标分析与对策研究 [J]. 世界农业，2010 (8)：7-9.

[129] 吴志华. 粮食安全收益、成本与均衡探析 [J]. 农业技术经济，2003 (2)：10-14.

[130] 中国水资源短缺形势严峻 粮食安全面临挑战 [EB/OL]. 中国新闻网，2012-03-22. https：//news. qq. com/a/20120322/001006. htm.

[131] 普雁翔，张海翔. 云南边疆民族地区粮食安全问题的多重安全视野 [J]. 生态经济（学术版），2012 (2)：157-160.

[132] 李孟刚. 产业安全理论研究 [M]. 北京：经济科学出版社，2012.

[133] 刘昌明，陈志恺. 中国水资源现状评价供需发展趋势分析 [M]. 北京：中国水利水电出版社，2001.

[134] Gupta P，Singh J，Verma S，et al. Impact of climate change and water quality degradation on food security and agriculture [M]. 2021.

[135] 姜文来，雷波，唐曲. 水资源管理学及其研究进展 [J]. 资源科学，2005 (1)：153-157.

[136] 罗海平，罗逸伦. 中国粮食主产区水资源安全与粮食安全耦合关系的实证研究及预警 [J]. 农业经济，2021 (2)：3-5.

[137] Turpault M P，Kirchen G，Calvaruso C，et al. Exchanges of major elements in a deciduous forest canopy [J]. Biogeochemistry，2021，152 (1)：1-21.

[138] Serrano R，Martinez-Argudo I，Fernandez-Sanchez M，et al. New titanocene derivative with improved stability and binding ability to albumin exhibits high anticancer activity [J]. Journal of Inorganic Biochemistry，2021，223：111562.

[139] Herrera-Cuenca M，Jimenez M L，Sifontes Y. Challenges in Food Security，Nutritional，and Social Public Policies for Venezuela：Rethinking the Future [J]. Frontiers in Sustainable Food Systems，2021，5.

[140] Mumtaz M，Hussain N，Baqar Z，et al. Deciphering the impact of novel coronavirus pandemic on agricultural sustainability，food security，and socio-economic sectors—a review [J]. Environmental Science and Pollution Research，2021：1-15.

[141] 刘宝勤，封志明，姚治君. 虚拟水研究的理论、方法及主要进展 [J]. 资源科学，2006 (1)：120-127.

[142] 杨志峰，支援，尹心安. 虚拟水研究进展 [J]. 水利水电科技进展，2015，35 (5)：181-190.

[143] Daniel Renault. La valeur de l'eau virtuelle dans la gestion de l'alimentation [J]. La Houille Blanche，2003 (1).

[144] YiCheng Fu，et al. The virtual Water flow of crops between intraregional and interre-

gional in mainland China [J]. Agricultural Water Management，2018，208：204 - 213.

[145] 罗贞礼，龙爱华，黄璜，等. 虚拟土战略与土地资源可持续利用的社会化管理 [J]. 冰川冻土，2004 (5)：624 - 631.

[146] 张燕林. 中国未来粮食安全研究 [D]. 成都：西南财经大学，2010.

[147] 亚当·斯密. 国民财富的性质和原因研究（下卷）[M]. 北京：商务印书馆，1979.

[148] 萨缪尔森·P，诺德豪斯·W. 经济学 [M]. 17 版. 萧深，译. 北京：北京人民邮电出版社，2004.

[149] 范里安·H. 微观经济学：现代观点 [M]. 费方域，译. 上海：上海人民出版社，1994.

[150] 于新东. 中国加入 WTO 后产业保护和产业安全研究及对策 [J]. 学习与探索，2000 (2)：4 - 12.

[151] 杨公朴，王玉，朱舟，等. 中国汽车产业安全性研究 [J]. 财经研究，2000 (1)：22 - 27.

[152] 王学人，张立. 产业安全问题制度非均衡成因探讨 [J]. 求索，2005 (4)：18 - 20.

[153] Zhou Y. Human Nature & Natural Human—Sustainable Development of the Twentieth Century's Population and Resources and Environment [J]. SYSTEMS ENGINEERING - THEORY & PRACTICE，2000.

[154] Moreno - Pizani M A. Water Management in Agricultural Production, the Economy, and Venezuelan Society [J]. Frontiers in Sustainable Food Systems，2021，4：624066.

[155] 钟华平，耿雷华. 虚拟水与水安全 [J]. 中国水利，2004 (5)：5，22 - 23.

[156] 周迪等. 我国人均水资源量分布的俱乐部趋同研究：基于扩展的马尔科夫链模型 [J]. 干旱区地理，2018，41 (4)：867 - 873.

[157] Lin X，Wang Z，Li J. Identifying the factors dominating the spatial distribution of water and salt in soil and cotton yield under arid environments of drip irrigation with different lateral lengths [J]. Agricultural Water Management，2021，250 (6)：106834.

[158] 中国水资源短缺形势严峻　粮食安全面临挑战 [EB/OL]. 中国新闻网，2012 - 03 - 22. https：//news. qq. com/a/20120322/001006. htm.

[159] 李利英. 粮食经济问题 [M]. 北京：中国农业出版社，2015.

[160] 曹秀清，许浒. 江淮丘陵区粮食生产主要影响因素灰色关联分析 [J]. 安徽农业科学，2010，38 (33)：18705 - 18706，18708.

[161] 确保国家粮食安全：农化一体 [N]. 中国化工报，2014 - 03 - 10.

[162] 孙玉娟，孙浩然. 粮食安全视阈下中国粮食进口贸易研究 [J]. 价格月刊，2020 (3)：41 - 52.

[163] 周利，阮娴静. 粮食自由贸易、粮食安全和农民收入的三元关系研究 [J]. 商业经

济研究，2021（10）：145 - 147.

[164] 廖开妍，杨锦秀，曾建霞 . 农业技术进步、粮食安全与农民收入：基于中国 31 个省份的面板数据分析［J］. 农村经济，2020（4）：60 - 67.

[165] 白玮 . 粮食生产中的水土资源利用与保护：基于公共管理学原理的分析［J］. 中国经贸导刊，2012（36）：88 - 91.

[166] Dugiel W. WTO and sustainable development：concept，possibilities of delivering development goals，effects［C］//Proceedings of International Academic Conferences. International Institute of Social and Economic Sciences，2018.

[167] 栾健，周玉玺，李明辉 . 山东省粮食生产时序变异及其影响因素分析［J］. 经济论坛，2015（11）：9 - 13.

[168] 贾凡 . 农业供给侧结构性改革背景下粮食生产安全问题研究［D］. 长春：吉林大学，2020.

[169] Zhang D，Wang H，Lou S，et al. Research on grain production efficiency in China's main grain producing areas from the perspective of financial support［J］. PLoS ONE，2021，16（3）：24 - 76，10.

[170] 王瑞峰，李爽，王红蕾，等 . 中国粮食产业高质量发展评价及实现路径［J］. 统计与决策，2020，36（14）：93 - 97.

[171] Zeng F F，Fan F，Xue W Q，et al. The association of red meat，poultry，and egg consumption with risk of hip fractures in elderly Chinese：A case - control study［J］. Bone，2013，56（2）：242 - 248.

[172] 曾子樱 . 我国粮食供给侧结构性改革问题研究［D］. 长沙：湖南农业大学，2018.

[173] Zhang C，Di L，Hao P，et al. Rapid in - season mapping of corn and soybeans using machine - learned trusted pixels from Cropland Data Layer［J］. International Journal of Applied Earth Observation and Geoinformation，2021，102：10 - 23，74.

[174] Cecchin A，Pourhashem G，Gesch R W，et al. Environmental trade - offs of relay - cropping winter cover crops with soybean in a maize - soybean cropping system［J］. Agricultural Systems，2021（189）.

[175] Liu Y，Guo S. Distribution of microorganism in soybean grain and its effects on the process of soybean products［J］. Soybean Science，2007，26（4）：578 - 582.

[176] Zaitsev A M，Solodun V I，Orobej M N. The Influence of Forecrops，Tillage Techniques and Chemicalization Levels on Soil Moisture，Spring Wheat Grain Dockage and Yield in the Forest - Steppe conditions of Irkutsk Region［J］. IOP Conference Series：Earth and Environmental Science，2021，852（1）：12 - 112.

[177] Nugroho A，Widyastutik，Irawan T，et al. Does the US - China trade war increase poverty in a developing country? A dynamic general equilibrium analysis for Indonesia［J］. Economic Analysis and Policy，2021（71）.

[178] Tai X，Lu L，Jiang Q，et al. The perception of desertification，its social impact and

the adaptive strategies of ecological migrants in the desertification area，China [J]．2021.

［179］张启楠，张凡凡，李福夺，等．粮食虚拟水流动对水资源和区域经济的影响研究 [J]．中国农业资源与区划，2018，39（7）：21-28.

［180］黄季焜．中国粮食安全与农业发展：过去和未来 [J]．中国农业综合开发，2020 （11）：8-10.

［181］陈明星．基于粮食供应链外资进入与中国粮食产业安全研究 [J]．中国流通经济，2011，25（8）：57-62.

［182］李孟刚，贾美霞，刘晓飞．基于 DEA 模型的中国文化产业安全评价实证分析 [J]．吉首大学学报（社会科学版），2018，39（5）：45-54.

［183］雷平．中国粮食安全的系统评价和实现机制研究 [D]．北京：中国农业科学院，2016.

［184］李琳凤．我国粮食产业安全问题研究 [D]．北京：北京交通大学，2013.

［185］何维达，何昌．当前中国三大产业安全的初步估算 [J]．中国工业经济，2002，（2）：56-63.

［186］王瑞峰，李爽．基于资源配置效率视角的我国粮食安全保障能力研究 [J]．南方农业学报，2018，49（9）：1880-1886.

［187］David Willer，David C. Aldridge. Microencapsulated diets to improve bivalve shellfish aquaculture [J]．Royal Society Open Science，2017，4（11）：142-171.

［188］杨晓东．危机后世界粮食贸易发展及其对中国粮食安全的影响 [J]．内蒙古社会科学（汉文版），2017，38（3）：120-124.

［189］高江涛，李红，邵金鸣．基于 DEA 模型的中国粮食产业安全评估 [J]．统计与决策，2020，36（23）：61-65.

［190］阴柯欣，商庆凯，米文宝．宁夏耕地生产力与粮食安全耦合关系及趋势预测 [J]．干旱区资源与环境，2020，34（7）：37-45.

［191］杨建辉，杨伦．农产品质量安全内部协调度和耦合度测算及影响因素分析 [J]．自然资源学报，2022，37（2）：494-507.

［191］王艺洁，刘国勇，刘晓虎，等．三权分置背景下农地流转与劳动力转移耦合协调分析：基于新疆的农户调查 [J]．干旱区资源与环境，2022，36（7）：62-69.

［192］杨肖杰，秦明周，张鹏岩，等．河南省耕地压力与经济发展耦合特征的时空分析 [J]．地域研究与开发，2020，39（3）：144-149.

［193］丁宇峰．中国省际农产品虚拟水土贸易变动与影响因素分解研究 [D]．上海：上海师范大学，2016.

［194］Bulsink F，Hoekstra A Y，Booij M J. The water footprint of Indonesian provinces related to the consumption of crop products [J]．Hydrology and Earth System Sciences Discussions，2009，6（4）：5115.

［195］刘红梅，邓光耀，王克强．中国农产品虚拟水消费的影响因素分析：基于省级数据

的动态空间面板 STIRPAT 模型 [J]. 中国农村经济，2013 (8)：15 - 28.

[196] 白雪冰，许昭，周应恒. 中俄农产品贸易特征及合作前景分析 [J]. 俄罗斯研究，2021 (4)：176 - 196.

[197] 张红侠. 中美贸易摩擦背景下的中俄农业合作 [J]. 俄罗斯东欧中亚研究，2020 (02)：38 - 49，155.

[198] 周曙东，赵明正，陈康，等. 世界主要粮食出口国的粮食生产潜力分析 [J]. 农业经济问题，2015，36 (6)：91 - 104，112.

[199] 高江涛，李红，邵金鸣，等. 中俄粮食资源走廊建设：潜力及影响因素分析 [J]. 贵州财经大学学报，2021 (1)：22 - 29.

[200] 王乾润，布娲鹣·阿布拉，陈俊科. 中国与丝绸之路经济带沿线国家棉产品贸易潜力及提升路径研究 [J]. 新疆大学学报（哲学·人文社会科学版），2021，49 (6)：35 - 44.

[201] 邓国清. 中国粮食供给侧结构性改革研究 [D]. 武汉：武汉大学，2018.

[202] 陈志刚，姚娟. 环境规制、经济高质量发展与生态资本利用的空间关系：以北部湾经济区为例 [J]. 自然资源学报，2022，37 (2)：277 - 290.

[203] 刘忠宇，热孜燕·瓦卡斯. 中国农业高质量发展的地区差异及分布动态演进 [J]. 数量经济技术经济研究，2021，38 (6)：28 - 44.

[204] 崔奇峰，王秀丽，钟钰，等. "十四五"时期我国粮食安全形势与战略思考 [J]. 新疆师范大学学报（哲学社会科学版），2021，42 (1)：134 - 144.

[205] 关于做好 2022 年全面推进乡村振兴重点工作的意见 [N]. 新华每日电讯，2022 - 02 - 23 (002).

[206] 梁鑫源，金晓斌，韩博，等. 藏粮于地背景下国家耕地战略储备制度演进 [J]. 资源科学，2022，44 (1)：181 - 196.

[207] 邓峰，冯福博，杨小东. 市场分割、数字经济与区域创新效率 [J]. 统计与决策，2022，38 (9)：17 - 20.

[208] 胡青江，陈彤，邓羽佳. 中国农业劳动生产率的时空演化、区域差异及收敛特征 [J]. 统计与决策，2022，38 (8)：5 - 10.

[209] 钱静斐，宋玉兰，原瑞玲，等. 开放条件下我国棉花产业安全问题及发展策略 [J]. 中国农业资源与区划，2020，41 (5)：140 - 145.

[210] 刘洋，余国新. 农业社会化服务对土地规模经营的影响：基于棉花产业的实证研究 [J]. 经济问题，2022 (1)：93 - 100.

[211] 马相平，刘新平，曾庆敏，等. 农户响应耕地休耕政策的影响因素分析：以乌鲁木齐县为例 [J]. 中国农业资源与区划，2021，42 (5)：237 - 244.

后　记

当书稿画上最后一个句号，我深感这是一段充满挑战与收获的旅程，犹如一场漫长而艰辛的跋涉，终于抵达了一个阶段性的站点。这本书的创作源于我对国家粮食安全问题的深切关注，以及对水土资源约束这一关键因素的深入研究。

在撰写过程中，我有幸与许多专家学者交流，也参阅了众多国内外研究文献，他们的见解和建议对本书的完成起到了至关重要的作用。我要特别感谢我的博士导师李红老师，他的指导和鼓励使我能够坚持下来，在写作过程中不断拓展我的思路、挖掘我的潜能、激发我的心志，让我能够完成这项艰巨的任务，老师的豁达精神和乐观态度将成为鼓励我持之以恒深耕科研工作的强大动力！同时更要感谢我的硕士导师朱坤林老师，是他在我硕士阶段将我带入"粮食经济与安全"这个领域，对我的论文写作、思维建构、价值观培养等方面都有深刻影响，并且直到现在还一直对我的科研工作进行指导和点拨。在研究和写作的过程中，也离不开家人和朋友的支持，他们的包容和理解是我前进的动力。尤其要感谢邵金鸣师弟、许明威师弟、邰怡师妹、万丽霞师妹、黄玉洁师妹等，他们在数据查找和实证分析方面给予我很多帮助。

在本书中，我试图揭示水土资源约束对我国粮食安全的影响，并提出一系列相对应的对策和建议。然而，粮食安全问题在全球气候变化、地区冲突加剧、经济高速发展、社会矛盾多发、资源环境约束的大背景下，依然严峻且多变。但我期望这本书能够起到抛砖引玉的作用，引起更多人对粮食安全问题的关注，激发更多的研究和讨论，为后续的研究与实践提供些许助力，让更多人关注到水土资源的珍贵与粮食安全的重要性。也希望能为政策制定者、农业从业者以及关心粮食问题的各界人士，在寻求资源可持续利用和粮食永久性安全之路上点亮一盏微光，为我国资源利用与粮食安全问题的解决贡献一份力量。在这本书即将付梓之际，我要向所有参与出版工作的人员表示衷心的感谢。编辑们细致入微的校对、出版社精心的排版设计，每一个环节都倾注了他们的专业精神和辛勤努力。

高江涛

2025 年 1 月